1990—2015

上海陆家嘴金融贸易区规划和建设丛书 COLLECTION OF SHANGHAI LUJIAZUI
FINANCE AND TRADE ZONE PLANNING AND CONSTRUCTION

梦缘陆家嘴

LUJIAZUI: WHERE ALL DREAMS BEGIN

第二分册 重点区域规划和专项规划

Volume II Key Area Planning and Subject Planning

上海陆家嘴（集团）有限公司
上海市规划和国土资源管理局　编著

中国建筑工业出版社

编委会

寄语陆家嘴

（浦东开发以来主要领导寄语，以在浦东任职时间先后排序）

沙　　麟（1990年5月初任上海市人民政府浦东开发办公室主要负责人）

　　开发浦东的目标是建设一个全新的上海，它不是加一块，更不是单纯地疏解浦西的压力，而是以一个新的浦东的开放为契机，真正形成一个西太平洋的金融、贸易和多功能的城市明珠。浦东的开发必须而且是首先要开放浦东，而开放浦东，必须深化改革。浦东的新的格局、新的改革被突破，会带动整个上海的一个全新的机制，现在浦东的问题还不是一个给优惠政策的问题。我认为，单纯地给优惠政策所具有的作用是有限的，更重要的是像保税区、土地批租、允许经营第三产业，尤其是投资基础设施、外资银行进来可以发行股票、进行证券交易等等，使我们经济运行机制有一个新的格局。（摘自《沙麟：亲历上海对外开放》）

沙麟

杨昌基（1990年5月任上海市人民政府浦东开发办公室主任）

今年是陆家嘴公司的二十五周年寿辰，我真挚地向你们表示祝贺。

二十五年来，公司从艰苦创业到茁壮成长，公司的领导和全体职工以忘我劳动赢得辉煌的胜利成果，我衷心地向你们致敬。

二十五年来，你们为浦东开发作出了巨大贡献，已经载入了浦东开发的史册，人们会永志不忘的。

如今，中央和市、区领导又交给你们新的重要任务，我为你们高兴，也相信你们一定能再立新功、再创新的辉煌。

陆家嘴集团公司从来都很重视史料的收集整理工作，已经出版过几个丛书和画册，2013年开始又筹备了另一套丛书，我认为这些都很有意义。希望能订定一些制度，一代又一代的坚持和发扬。

出版丛书和画册是一项重要的工作，它如实反映实际情况。而另一方面更重要的是科学总结经验教训，使"实践—认识—再实践—再认识"的不断深化和提升。这比编写丛书和画册更具有指导今后工作的重要意义。编写丛书和画册只是"知其然"，总结经验则是"知其所以然"。我认为陆家嘴集团公司可以为自己或他人共享的应该是"授人以鱼、不如授人以渔"。陆家嘴有陆家嘴的客观条件，当初的客观条件现在也已发生了变化，自己和他人都不能照抄照搬当时的某些经验。而总结经验则是"日新、日新、日日新"的面向未来的重要基本素质。要青春常驻就要求我们不断地加强学习，提高善于总结经验的本领。这件最难最重要的任务，我认为陆家嘴集团公司应该已具备了较好的条件。而中央、市、区领导交给公司的新的重要任务也更加迫切地要求公司在总结经验的基础上，以新的思维和精神状态确立新的工作目标、新的人员素质、新的工作效率，才能圆满地完成。

万事开头难，党的十八大以来，首先是总结了经验教训，经过顶层设计全面制定了新政，吹响了全面复兴中华民族的号角。习近平总书记深入浅出地作了许多讲话，其实都是经验的总结，所以大家越读越爱读。我们在认真总结经验时，可以从中吸取许多智慧。特别是其涉及城市建设和规划的有关片段，对我们从事开发、规划和建设的工作的人感到更为亲切。

浦东开发和陆家嘴集团公司创业初期都很难，但是后来的转型和规划建设都要比初创更有难度，今后的任务则比过去25年会更难。因为能否"华丽转型"、"华丽转身"也都有"万事开头难"的过程。我们从事过首创时期工作的人们，不要去迷恋过去初创时期的"难"的历史和光荣，而是要总结初创时期的"经验和教训"，去理解后继工作人员的难在哪里，不论"先创者"和"后建者"都把心思放在如何使今后更美好上，因为他们的心本来就是相通的。

习近平总书记的讲话中提到提升城市和提升城市基础设施的质量以及适度超前、适度留有余地等问题，也提到城市建设为经济服务、为人民生活服务；以及绿山青水和金山银山的相互关系等方面。短短几句话，讲出了极深刻的哲理，都是值得我们认真学习和深思的。陆家嘴（集团）公司初创期间规划和建设的目标是国际一流现代化城市，是开发浦东、振兴上海、服务全国、面向世界。而现在的目标提升了，要求成为全世界的金融贸易中心、科技创新中心，原来是基本一张白纸，可以画成美丽的图画，但由于目标提升了，要在建成的城市建设格局上再提升基础设施的质量和数量，加上弥补原来规划和建设造成的人民生活设施上的欠账，显而易见是非常困难的。我们如何去"知难而行"呢？就得靠群策群力，激发更多方面的积极因素去"心往一处想，劲往一处使"，努力促其圆满解决。当年浦东人民编演的话剧"情系浦东"使很多人感动得流下了热泪，我至今记忆犹存。"情系浦东"不只是浦东的梦，它是和中国梦、民族梦、人民的梦紧紧相连的"梦"，也是"陆家嘴的梦"，这个梦现在还在路上！

杨昌基
2015年6月3日

夏克强（1991年8月任上海市人民政府浦东开发办公室主任）

　　我在浦东开发办工作的一年，是令我终生难忘的一年。想起那紧张、高效的岁月，我至今仍感受颇深。

　　在起步阶段，浦东新区就紧紧瞄准世界一流城市的目标，建设具有合理的产业发展布局、先进的综合交通网络、完善的城市基础设施、便捷的通信信息系统和良好的自然生态环境的现代化城区。

　　我到浦东开发办时已经有了一批政策文本，后又制定了一些新的法规条文。对此要进一步加以细化和完善，抓紧制定社会经济发展和能够体现一流城市水准的总体规划。做好详细规划的超前准备工作和开发建设规划的应急制定工作，及时向中外投资者提供相关资料。同时，简化外商投资审批程序，提高办事效率，为外商投资提供"一条龙"服务，切实改善投资"软"环境。（摘自《2号楼纪事/难忘的一年》）

赵启正（1993年1月任浦东新区管委会主任、党工委书记）

　　今天中共上海市委浦东新区工作委员会和浦东新区管委会同时成立了，这标志着浦东新区的开发开放又翻开了新的一页。

　　回顾历史，开发浦东曾是几代人的夙愿，但是都未能付诸行动。只有贯彻执行了邓小平同志所创导的建设有中国特色的社会主义理论之后，才使开发开放浦东成为现实，浦东大地上才能开始发生历史性的伟大变化。

　　十四大报告指出，以上海浦东开发开放为龙头，进一步开放长江沿岸城市，尽快把上海建成国际经济、金融、贸易中心之一，带动长江三角洲和整个长江流域地区经济的新飞跃。刚刚闭幕的上海市第六届党代会又以浓重的笔墨描绘了浦东新区光辉的未来和开发浦东的指导方针。（摘自1993年1月1日赵启正同志在浦东新区党工委、管委会正式挂牌仪式上的讲话）

周禹鹏（1995年12月任浦东新区党工委书记、1998年2月兼任浦东新区
管委会主任）

在陆家嘴建设国际化的现代金融贸易区，是开发浦东、振兴上海、服务全国的重大战略举措。在全国、全市人民的大力支持和参与下，经过上世纪90年代的拼搏和开发建设，陆家嘴地区的形态、功能发生了质的飞跃，知名度不断提高。特别是去年的APEC盛会，以及1999年的财富论坛上海年会，更是陆家嘴成为上海国际化大都市的重要标志。

我相信，二十一世纪第二个十年的陆家嘴金融贸易区新一轮开发建设，必将以更新的视野进行规划，更新的步伐向前迈进，并必将以更新的神韵和面貌展现在世人面前。

周禹鹏

2015年8月30日

胡　炜（1993年1月任浦东新区管委会副主任、2000年8月任浦东新区区长）

　　二十一世纪的头二十年，对我国来说，是一个必须紧紧抓住并且可以大有作为的重要战略机遇期。对上海来说，今后二十年，是建成社会主义现代化国际大都市和国际经济、金融、贸易、航运中心之一的关键时期。浦东开发开放进入了全面建设外向型、多功能、现代化新城区的新阶段，浦东新区在上海建设世界城市的进程中担负着重要的责任，要进一步发挥浦东改革开放的体制优势，围绕上海建设国际金融中心的目标，基本建成陆家嘴中央商务区，形成中外金融机构、要素市场和跨国公司总部（地区）的高度集聚以及比较完备的市场中介和专业服务体系。（摘自2003年浦东新区政府工作报告）

姜斯宪（2003年2月任浦东新区区委书记、区长）

陆家嘴金融贸易区是上海在过去二十五年中最令人叹为观止的发展成就之一。其中，犹以其高起点的规划，高品质的建设和对塑造、强化城市功能开发为各方称道而载入史册。我坚信，陆家嘴金融贸易区将在提升上海乃至区域中心之竞争力方面持续、发挥加速器的作用。我祝愿陆家嘴集团再尺竿头，再创新辉煌！

姜斯宪

2015年5月8日

杜家毫（2004年5月任浦东新区区委书记）

陆家嘴是中国改革开放的象征和缩影，是中国道路、中国力量、中国精神的体现和标志。它不仅是浦东人的骄傲，也是每一位中国人乃至全球华人的骄傲。我坚信在实现两个一百年的中国梦的进程中，陆家嘴一定能够奏响无与伦比的华美乐章。

杜家毫

二〇一五年五月十一日

张学兵（2004年5月任浦东新区区长）

　　以陆家嘴金融贸易区为主要载体，以资源集聚和金融创新为抓手，推动以金融为核心的现代服务业快速发展，努力做好加快自身发展和服务全国两篇文章。发挥浦东要素市场集聚、资源配置能力强的优势，为国内企业走向国际市场提供便捷的服务。用好鼓励大企业在浦东设立地区总部的政策，支持国内企业把浦东作为拓展国际市场的基地。（摘自2005年浦东新区政府工作报告）

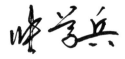

徐　　麟（2008年2月任浦东新区区委书记）

　　在"十二五"期间，我们通过全力推进十大工程建设再打造一批以金融为主的机构入驻的载体是非常必要的，与此同时，也还更要体现陆家嘴的深度城市化，要按照"以人为本"的理念，更好地营造一个适合在这里工作、生活、娱乐、休闲、文化和购物的良好环境。未来的发展，不仅仅是一个办公楼宇的量的释放，同时还伴随着深度城市化的进程，在配套设施、城市功能的进一步提升和完善上更下功夫。今天所介绍的十大工程，其实都是综合性的，不仅仅是办公功能，也是相关的文化、商业等其他配套的供给。我们要坚持做到这两者的有机结合，不断地在载体建设和环境优化上、在城市功能的提升和完善上尽到我们的努力。（摘自2012年5月14日陆家嘴金融城十大重点工程建设推进大会上的讲话）

李逸平（2008年3月任浦东新区区长）

陆家嘴作为国家级的金融贸易开发区，要着力营造良好的金融发展环境，不断提升上海国际金融中心核心区功能。要切实解决办公楼宇用餐难等"三难"瓶颈问题，积极创新理念、完善规划、加快实施，进一步提高陆家嘴地区生活服务综合配套水平，吸引更多的金融机构、人才集聚。对于陆家嘴金融区东扩，要不断完善规划，突出规划的引领作用，努力促进要素集聚和功能优化。陆家嘴集团公司要继续发挥好开发区建设主力军的作用，紧紧围绕"金融聚焦"的战略目标，探索创新发展模式，不断改善陆家嘴金融生态环境。（摘自2008年5月4日在陆家嘴公司调研时的讲话）

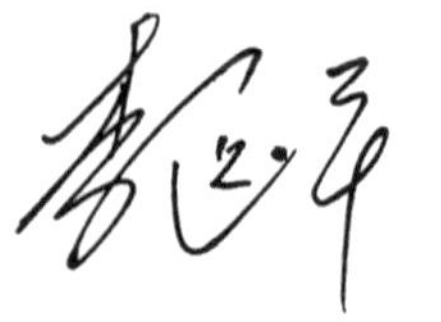

2015. 5. 7

姜　樑（2009年5月任浦东新区区长）

　　今后，我们仍然要注重金融中心核心功能区的建设，以金融市场体系建设为核心，以功能提升为导向，以陆家嘴金融城为主要载体，以先行先试、机构集聚、空间拓展、环境配套等为主要抓手，积极争取金融创新，推动证券、期货、产权、股权等要素市场拓展功能、提升能级，完善多层次金融要素市场体系。要继续大力引进高能级金融机构，争取大型国有商业银行在浦东设立第二总部，争取金融业增加值占地区生产总值的比重达到20%左右。要继续大力提升金融城的品牌知名度和影响力，加快推进上海中心等重点楼宇建设，完善商业、文化等综合服务配套功能。（摘自2012年浦东新区政府工作报告）

姜樑

沈晓明（2013年5月任浦东新区区委书记）

　　浦东是国家改革开放的旗帜，是国家战略的集中承载地，党中央和市委、市政府对浦东寄予厚望。浦东应改革而生，因改革而兴，过去浦东的成就靠改革，今后浦东的发展还要靠改革。目前浦东正处在二次创业的新时期，分水岭就是两区合并。我们推进浦东二次创业，只有把改革这个看家本领传承好、发扬好，二次创业才有坚实的基础，二次创业的目标才有可能完成。（摘自2014年3月浦东新区区委常委会讲话）

孙继伟（2013年10月任浦东新区区长）

　　围绕"四个中心"核心功能区建设，创新陆家嘴金融城管理体制机制，拓展金融城发展空间，推进金融机构集聚，优化金融发展环境，支持航运金融、航运保险、海事法律等高端航运服务业发展，促进高能级跨国企业总部集聚，创新监管模式，主动承接自贸试验区在金融、航运、贸易等方面开放创新的溢出效应，加快要素资源集聚，增强核心枢纽功能，提升全球资源配置能力。（摘自2014年浦东新区政府工作报告）

孙继伟

编者序

浦东开发开放至今已走过25年历程。过去25年，如果将中国比作全球增速最快的列车，上海浦东无疑是最为强劲的发动机之一；而陆家嘴，堪称其中设计最为精巧的"核心部件"。它身负重任，历经打磨，日渐散发出巧夺天工的光彩和磁石般的引力。

一切，都源自敢于"做梦"。20世纪80年代初，上海对改革开放、对浦江东岸的开发跃跃欲试，"吃不到饼就先画饼"，规划、建设的蓝图开始涂上梦想的底色。1990年4月18日，党中央、国务院在上海宣布了开发开放浦东的决策，至此，原本充满地缘情结的"上海梦"、"浦东梦"，一跃上升为国家战略，承载着国强民富的"中国梦"。作为全国唯一以"金融贸易区"命名的国家级开发区，陆家嘴的"金色梦想"，也就此起航。

以今人的眼光审视陆家嘴，也许并不完美。但追溯至25年前，那"无中生有"的魄力，敢想敢做的担当，科学周密的论证，注定给后世留下一份惊叹。规划方案面向全球征集，最终没有照搬照抄其中任何一个，而是结合各方案之长，因地制宜，描绘出一个属于陆家嘴自己的"梦想空间"。一如陆家嘴的梦，从懵懂到清晰，不变的，是那份激情与荣光。

最初参加过陆家嘴规划方案征集的英国建筑设计大师理查德·罗杰斯也曾感慨，没想到中国人能对国外设计方案当中的理念理解得这么好，也没有想到他们能把各家的优点结合起来，并运用得这么巧妙，令人刮目相看。这位被业界奉为"教科书"式的大师还大胆断言，世界城市规划的教科书上很快就会出现中国的东西。

桃李不言，下自成蹊。改革开放总设计师邓小平当年的寄语："抓紧浦东开发，不要动摇，一直到建成"，像一面鲜明的旗帜，不仅牢牢地印在陆家嘴的地标建筑外墙上，更深深地镌刻在每一个参与这片热土规划和开发建设者的心中。他们，脚踏实地，不忘初心，一步步朝着梦想前行。

Preface

The opening and development of Pudong District, Shanghai has been going on for 25 years. In the past 25 years, Pudong has doubtlessly been one of the most powerful engines propelling China, the fastest train that runs among the global machines. Lujiazui Area is the most delicate part that has ever been designed of this engine. It bears on its shoulder a great task that through times has burnished this part to its glorious splendor and mesmerizing charm.

It all started because of a daring dream. Back in the early 80s of the last century, Shanghai adopted the reform and opening-up policy and started to develop the east bank of Pujiang River, later called Pudong District. Everything was built from scratch with the blueprint of planning and construction beginning to shape up. On April 18th 1990, Party Central Committee and State Council issued a policy of developing and opening-up of Pudong District. From that day onward, the local "Shanghai Dream" and "Pudong Dream" up-scaled to a national strategy, carrying the Chinese dream of strengthening the nation and improving people's livelihood. Being the only national development zone as a financial trade area, the vessel of Lujiazui sailed to its golden dream since then.

From today's point of view, Lujiazui may not be the prefect area in terms of its planning and development. But the fact that it took enough courage and wisdom to realize the dream 25 years ago would always startle generations to come. The planning projects were collected from all around the world. Instead of adopting a single project, the final plan took different advantages of each project in accordance with local conditions, yielding to a unique dream space of Lujiazui. With the outline starting to shape, passion and glory never receded.

Richard Rogers, the world-renowned English architect who was one of the many architects participated in Lujiazui planning project, never thought the Chinese would thoroughly understand the concepts in foreign projects, nor that they would even combine all the advantages from different ones to come up with a more refined one. He then predicted that in the near future the Chinese projects would be introduced in the global urban planning textbooks.

As a Chinese idiom goes, a trust-worthy and loyal man attracts admiration. Deng Xiaoping, the general designer of the reform and opening-up policy, once suggested that governments should spare no efforts to carry out the development of Pudong District until its completion. His words are not only just some banners that are painted on the façades of

正是因为他们的执着与奋进，才让今日陆家嘴的繁华与绚丽成为可能。

从单一到融合，从园区到城市。黄浦江畔的这片热土，见证了一个时代的变迁，一座"金融城"的崛起。今天的陆家嘴，作为上海建设国际经济中心、金融中心、贸易中心和航运中心的核心功能区，集聚效应突显，直入云霄的天际轮廓线与"站立的华尔街"美名，深入人心，不仅是中国改革开放的样本和标志，更以傲人的姿态参与全球竞争。

当梦想照进现实，所有的心血和付出，意义非凡。把逐梦的点点滴滴，留存、记取，仿佛一个个清晰的脚印，可供后人追寻、思考。这，也是本套丛书诞生的初衷。

15年前，上海陆家嘴（集团）有限公司就曾与上海市规划局合作，编辑出版了《上海陆家嘴金融中心区规划与建筑丛书》，忠实记录了陆家嘴梦想蓝图的诞生经过；15年后，1.7平方公里的"陆家嘴中心区"长成31.78平方公里的"陆家嘴金融贸易区"，经济、金融、贸易等复合功能突显，政企再度携手，推出本套《梦缘陆家嘴——上海陆家嘴金融贸易区规划和建设丛书》，继续秉承亲历者编写的宗旨，以约300万字、图文并茂的形式，还原一段为梦想而亦步亦趋、精耕细作的历程，回答一个"陆家嘴何以成为陆家嘴"的问题。

第一册**"总体规划"**，详细记录了陆家嘴金融贸易区规划编制的历程及演变、陆家嘴金融贸易区规划的意义、经验和思考；

第二册**"重点区域规划和专项规划"**，将陆家嘴金融贸易区重点功能区域规划和交通、基础设施、城市景观、立体空间等规划、城市设计和盘托出；

第三册**"开发实践"**，生动讲述了以上海陆家嘴（集团）有限公司为开发主力军，滚动开发陆

landmarks in Lujiazui, but also etched in the minds of each and every person who took part in the process. They had always been keeping a humble heart towards their dreams. It is due to their devotion and endeavor that Lujiazui can see its own prosperity and splendor now.

From industrial parks to the entire city with gradual integration, Pudong District witnessed the change of an era and the rise of a financial town. As a major function zone integrated with international economic center, financial center, trade center and shipping center in Shanghai, Lujiazui nowadays shows strong aggregation effect. Skyscrapers in this area give it the name Standing Wall Street, which echoes with every one's heart. All its achievements, setting as examples that mark China's reform and opening-up policy, enjoy great competitiveness among global markets.

When dream finally came true, all the dedication and hard works were doubtlessly of great significance. It is the very goal of these volumes that records every step along the way that leads to the dream so that they can be seen by later generations.

15 years ago, Shanghai Lujiazui Development (Group) Co.,ltd. and Shanghai Planning Bureau co-published a series Shanghai Lujiazui Finance and Trade Zone Planning and Construction which recorded in detail the entire process of how Lujiazui's blueprint was being born. The 1.7-square-kilometre Lujiazui Central District now grows to 31.78-square-kilometre Finance and Trade Zone integrated with economic, financial and trade functions. The government works with corporations again to publish this new series *Lujiazui: Where All Dreams Begin-Collection of Shanghai Lujiazui Finance and Trade Zone Planning and Construction*. Just like the former series, this one is also written by the participants who take part in the course. About 3-million words along with pictures restored the entire process of inexhaustible devotion and delicate designs, all of which are answers to why Lujiazui being the Lujiazui today.

Volume I , *Overall Planning*, gives the planning process of Lujiazui Financial Trade District, its evolution, significance, experiences and thoughts in detail.

Volume II , *Key Area Planning and Subject Planning*, introduces planning of key functional regions, as well as of

家嘴的"筑梦"经历；

第四册**"功能实现"**，利用详尽的数据和图表展现了陆家嘴围绕"四个中心"建设目标而实现的复合功能及城市形态和经济社会发展成果；

第五册**"建设成果"**，则选取最能反映城市形象变化的楼宇、道路和景观雕塑等建设成果，勾勒陆家嘴金融贸易区独特的气质和神韵……

这里，永远是梦开始的地方，追梦的脚步永不停歇。

2015年初，中国（上海）自由贸易试验区"扩区"，陆家嘴金融贸易区纳入其中；在上海市新一轮总体规划编制中，提出上海要在2020年基本建成"四个中心"和社会主义现代化国际大都市的基础上，努力建设成为具有全球资源配置能力、较强国际竞争力和影响力的"全球城市"。为打造中国经济升级版，陆家嘴作为核心功能区责无旁贷。

抚今追昔，展望未来。一个更加美好的陆家嘴，渐行渐近……

更多的惊喜，未完待续……

杨小明　庄少勤

2015年9月

transportation, infrastructure, urban landscape, stereoscopic space.

VolumeⅢ, *Development and Practice*, is about the experiences of realizing the Lujiazui dream that was led by Shanghai Lujiazui Development (Group) Co., Ltd.

VolumeⅣ, *Function Implementation*, lays out Lujiazui's multi functions of international economic center, financial center, trade center and shipping center, as well as the achievements of urban morphology, economic and social development.

VolumeⅤ, *Construction Achievements*, outlines the distinctive quality and charm of Lujiazui Financial Trade District reflected on the buildings, roads, views and sculptures.

Here is the place where all dreams begin. The steps of seizing them never cease.

In early 2015, China (Shanghai) Pilot Free Trade Zone included Lujiazui into its map as the expansion goes. The undergoing Shanghai's new overall planning states that on the basis of form up the four centers in 2020, Shanghai will strive to build a global city with strong international competitiveness and influence and the capability of global resource distribution. To promote China's economy to a new high, Lujiazui bears unshakable responsibility as a major functional district.

Looking into the future with the recollection of the past, a better Lujiazui is bound to happen.

More surprises are about to come.

Yang Xiaoming, Zhuang Shaoqin

September, 2015

目录 Contents

寄语陆家嘴

编者序

第一章 概述

第二章 开创先河：重点区域的规划

第三章 顺畅通行：城市脉络的革新

第四章　驱动城市：基础设施保障体系

第五章 城市设计与景观设计

第六章 交互空间：从平面走向立体

专家视角

后记

第一章

概述

第一节　背景：科学规划开创城市新空间

一、高起点，高标准编制规划

（一）浦东开发，高起点的规划

浦东新区的开发开放是我国对外开放的一个重要里程碑。1990年4月，国务院宣布开发开放浦东。1992年10月，党的十四大报告进一步确定了开发浦东的战略目标是"以上海浦东开发开放为龙头，进一步开放长江沿岸城市，尽快把上海建成国际经济、金融、贸易中心之一，带动长江三角洲和整个长江流域地区经济的新飞跃"，这标志着上海城市的战略地位发生了巨大的改变。2009年国务院19号文件指出，上海加快建设国际金融中心和国际航运中心，更好地服务长三角地区、服务长江流域、服务全国。

浦东新区的开发建设是一个跨世纪工程，为了要体现21世纪国际大都市的城市功能定位要求，必须有高起点的城市规划为引领。早在1985年，上海市政府向国务院提交的《上海经济发展战略汇报提纲》中就提出了浦东开发的初步建议，1992年7月编制完成的《浦东新区总体规划》中，就明确了浦东新区的发展目标是按照"面向21世纪、面向现代化"和建设社会主义现代化国际城市的战略思想，建设成为有合理的发展布局结构、先进的综合交通网络、完善的城市基础设施、现代的信息系统以及良好的生态环境的现代化新区，为把上海建设成为国际经济、金融、贸易中心之一奠定基础。

在这样的背景下，初登舞台的浦东新区提出了陆家嘴中心区的先行开发，对于陆家嘴而言，它在国家及地方层面大量政策与规划的指导下，从起步之初就已经站在了高点。围绕功能开发、基础开发、形象开发的目标和要求进行城市开发建设，到如今短短几十年，无论是高楼林立的城市形象还是作为金融贸易中心所带来的效益，陆家嘴早已经成为上海的标志。如果没有战略层面对规划的重视，没有高起点、接轨世界水平、国际化视野的规划方案，很难想象陆家嘴会成为现在的样子，陆家嘴的开发建设从一开始就是"高起点的规划"。

今日陆家嘴

（二）陆家嘴先行，高标准的规划

陆家嘴作为浦东的重要组成部分，其开发规划是浦东开发的第一枚棋子。20年打造一个新区史无前例，作为引领，陆家嘴地区的城市规划编制工作从一开始就受到党中央、国务院和市委市政府的高度重视，在其编制过程中汲取了国内外知名专家、机构智囊们的集体智慧，按照"规划先行"的思路，坚持以高标准、系统化的规划指导高起点开发。陆家嘴金融贸易开发区在全国率先采用国际规划方案征集竞赛的形式，借鉴国际经验，历时两年，高质量地完成了陆家嘴中心区城市规划。

城市基础设施的规划编制工作作为地区开发的重要保障，在陆家嘴金融贸易区的开发建设过程中也被提升到了一个全新的高度。按照精细化高标准的要求，陆家嘴金融贸易区先后完成了一系列基础设施规划，如陆家嘴中心区交通规划国际咨询、陆家嘴中心区交通市政规划、陆家嘴花木分区交通市政规划等。基础设施建设对陆家嘴开发起着积极作用，同时也是陆家嘴未来快速发展的基础。

正如上文所说的，陆家嘴的开发建设是"高起点的规划"，而在高起点的背景之下需要的是高标准的规划方法和开发模式。陆家嘴金融贸易区正是在高质量的陆家嘴城市规划方案以及基础设施等支撑体系规划的双重作用下，才能不负众望，成为今日影响世界的陆家嘴。

二、引领，重点区域规划首当其冲

高起点的规划之下，陆家嘴金融贸易区重点区域的规划建设，是整个金融贸易区开发建设的重要载体，起着非同小可的推动作用。从1991年初登世界舞台，再到1996年从陆家嘴中心区到陆家嘴金融贸易区。陆家嘴重点区域从起初楼宇酒店等物质要素的聚集，到商业及景观质量的提升，再逐渐地对

高起点规划在陆家嘴的实施

功能空间进行拓展和完善，并落实发展重心，更新城市功能，塑造人文空间，保证了核心区域的运作，是陆家嘴地区发展的重要先驱。

　　这是一个循序渐进的过程，伴随陆家嘴金融贸易区的发展，重点区域规划的方法和理念也在不断更新。陆家嘴金融贸易区的开发建设经历了物质开发到物质功能并行的阶段，重点区域的规划也逐渐从物质空间规划转为更加多元的模式，楼宇要素聚集之后，商业、景观、人文要素开始成为发展的重点，各个重点区域的规划则发挥了模范引领作用，越来越注重细节和人的体验，功能引领、生态人文开始为陆家嘴注入活力。重点区域规划，如陆家嘴中心区、竹园商贸区、花木行政区、塘东地区、联洋社区等等有代表性的重点地区的合理开展和落实，是陆家嘴金融贸易区发展进程中意义重大的中坚力量。

三、驱动，基础设施先行战略

　　1990年国务院宣布浦东开发开放以来，浦东新区的社会经济持续高速发展，城市面貌日新月异，这得益于最初制定的发展战略。特别是"金融贸易先行、基础设施先行和高新技术产业化先行"的"三个先行"战略，是促进浦东新区高速协调发展的强有力的推进器。"三个先行"战略的提出，尤其是基础设施先行，1990年起所投入的大规模基础设施和高强度的资金极大改善了陆家嘴金融贸易区的城市形态、投资环境和生活设施，其结果是有效地改善投资硬环境，吸引外商来浦东投资。

　　据统计，"八五"时期（1990～1995年）浦东新区用250亿人民币完成了跨越黄浦江的两座大桥及道路、通信、水、电、煤气等十大基础设施工程，极大地改善了投资环境；同时，加快推进城区建设，沿黄浦江建设了一大批居住小区，吸引浦西外迁人口和外来人口，城市面貌和城市空间明显改观，初步搭起了现代国际化新城的基本框架。"九五"时期（1996～2000年）浦东新区以惊人的速度，耗资

陆家嘴的现代城市景观

四通八达的轨道交通网络

近千亿元人民币，完成了以浦东国际机场、深水港一期工程、浦东国际信息港、地铁2号线一期工程、外高桥电厂二期工程、外环线、给水排水工程、黄浦江越江隧道工程、东海天然气工程、地铁2号线等新一轮的十大基础设施工程建设。

基础设施先行战略对于陆家嘴、浦东乃至上海来说都是具有重大意义的。对于整个上海而言，浦东开发开放以来的"八五"和"九五"时期的历史性成就为上海跨世纪发展奠定了基础，实现了"一年一个样，三年变大样"的奋斗目标，城市面貌发生深刻变化，这一时期是上海城市基础设施建设步伐最快的时期。

对于浦东新区而言，这一时期的主要基础设施工程项目在规划先行的理念指导下，列入全市重大市政工程建设年度计划中，并且形成"建成一批、新开一批、达标一批、储备一批"滚动发展的良好格局。两轮十大基础设施工程项目的建成，不仅拓展了浦东外向型功能的内涵，完善了浦东的城市空间架构，而且构筑了上海跨世纪国际大都市的框架。浦东新区的集中城市化地区从44km²扩大到100km²，新增道路总长1000km，新增各类建筑近5000万m²，东方明珠塔、金茂大厦等一批标志性建筑相继落成，成为上海现代化城市的新景观。

对于陆家嘴而言，超前理念的基础设施规划建设，同样改善了陆家嘴地区的交通和设施条件，有力地保障了浦东开发开放的良好发展势头，推动了全市开放型经济新格局的形成，也为陆家嘴金融贸易区的发展打下了坚实的基础。

规划引领、基础设施先行是浦东新区，也是陆家嘴金融贸易区开发建设取得今天成功的重要经验。在陆家嘴发展过程中，提倡的是"基础开发、功能开发和城区开发"并举的策略，功能开发必须依托基础设施建设和交通体系建设的支持。在1990年以后的十年里，陆家嘴贯彻实施基础设施先行战略，

陆家嘴滨江大道景观

实现了外延式扩张的快速发展，通过楼宇建设、配套完善，做好重要金融机构迁至陆家嘴的准备工作，同时通过加强公共绿地建设，以及浦东滨江绿地、道路、桥梁、隧道、燃气、雨污水泵站、邮政通信等基础设施建设来提升环境。基础设施的骨干框架已经完善，陆家嘴未来的土地价值将不断提升，也为未来的产业和人口转移做好了最佳的准备。

四、提高，大尺度下的精细设计

陆家嘴的开发建设离不开大量规划体系的支撑，基础设施和交通体系建设搭建了骨架，城市设计与景观开发则是对其注入了灵魂，只有综合运用各类支撑规划，陆家嘴金融贸易区才能避免发展过程中的一系列问题。

自1990年算起，经过十多年的建设，陆家嘴中心区取得了巨大的成绩，这从气势恢宏的空间格局以及一幢幢竖立起来的摩天大楼可见一斑。然而城市实际建成环境却未能向着预期"理想城市"的方向前进：公共空间的缺失，巨大的空间尺度，内向、孤立的建筑单体，消极的外部环境，高端的单一产品定位导致的日常生活空间丧失，机动车主导，以及中心感的缺乏，一系列问题很快随之出现。在设施架构完善的背景下，陆家嘴金融贸易区开始进入了功能与形态并重的时期，随着生活与工作人员的入驻，当时的建成环境开始受到日常生活的检验，城市空间的问题必然会随之显现，而城市设计、景观设计及立体开发等支撑体系修正了很多大尺度开发下的不人性化问题。

其中，陆家嘴区域的城市设计实践充分彰显环境品质，景观设计体现生态优先理念，立体空间开

世纪大道沿线景观

发侧重人性化的空间体验，充实完善支撑保障体系，提升陆家嘴的城市氛围，保驾浦东航行，是陆家嘴开发规划的重要拼图。

陆家嘴的开发建设是一个过程，而一个成功的开发项目需要过程当中的环环相扣。对于陆家嘴来说，正是诸如城市设计、基础设施规划、立体空间规划等支撑体系各司其职、相互补充，才能有现在陆家嘴无论在物质建设还是人文环境层面的巨大成功，在其背后的支撑体系缺一不可，也正是在众多政策的支持、众多规划的实施以及众多前辈的智慧下，陆家嘴才得以不负国家的期望，在浦东、上海乃至长三角，发挥着它无与伦比的价值。

第二节 触发：以点带面联动全区

陆家嘴区域的发展离不开重点区域如商贸商业、景观通廊、博览会展、商务办公、旅游购物、行政文化、工业艺术、生态居住等的支撑，陆家嘴金融贸易区的重点规划起着以点带面的作用，驱动着整片陆家嘴地区联动发展。多个重点地块发挥举足轻重的功能，为浦东提供重要的交通枢纽、服务及配套等现代化设施。

每片重点地区的规划不是一蹴而就，从20世纪90年代地块的初次探索、初期规划编制，到各个地块开发、功能确定，到后建地块对前面地块的功能补充调整，地块性质与范围的调整完善，划分的可操作性，开发成本的限制性，其他配套体系的匮乏性，历经多个阶段。陆家嘴地区具体的重点区域规划包括：主导功能的拓展延伸区域、重点配套服务区域、城市副中心、产业转型示范区和国际典范社区等五大类重点区域。

（一）主导功能的拓展延伸区域

从陆家嘴区域建立起，金融贸易区的主导功能即不断拓展、丰富、完善，形成多个陆家嘴中心区的功能延伸、补充区域，包括商贸区域、复合的商务办公、旅游购物、高档居住的综合园区、博览会展区域等等。商贸区域内省部楼宇、要素市场、星级酒店的集聚，进一步统筹该地块和周边及区域的关系；功能复合的综合园区进一步为整个区域提供商务金融总部，缓解区域需求压力，提升区域竞争能力；博览会展区域进一步拓展贸易功能，为区域产业链的延伸提供空间载体。

（二）重点配套服务区域

随着陆家嘴区域的建设，大量企业投产，人口迅速增长。为满足区域内人群生活生产需求，综合配套服务区的后续跟上为可持续发展奠定基础，提供坚实的保障。陆家嘴重点地区的配套服务建设有利于整个区域配套体系的建立，有利于区域的经济发展。

商业商贸设施的建立为大规模增长的人口提供规模化的商业中心，提高陆家嘴区域内的商业设施质量，提升商业竞争力和层次；世纪大道中段两侧地区：重点景观功能轴的完善，建立起连贯立体的交通体系，提升了建筑空间层次，塑造地标式城市风貌，起到了统筹全区的作用。

（三）城市副中心

陆家嘴城市副中心的建设在区域经济中发挥着相当重要的作用：① 副中心占据优越的地理优势，往往拥有独特的资源和产业优势，对周边地区具有一定辐射力和带动力，具有以点带动周边区域长远发展的巨大潜力；② 建立副中心可与陆家嘴中心区形成优势互补、分工协作、相互支撑、互相依赖的关系；③ 城市副中心内特色的地标和综合商贸体建设，有利于营造良好的文化氛围，提升城市品位和聚集人气。

（四）产业转型示范区

经过多年发展，老城市工业区与新区新城的发展定位不符，亟需转型升级。升级转型后的新型都市工业园区，与城市区域形成紧密联系，借助陆家嘴与浦东的区位优势，依托上海腹地，面向海外，集科研、贸易、会展、金融、培训、高附加值加工等多种功能于一体。陆家嘴新型都市工业园区的形成，有助于区域内高新技术产业的发展，强化外资等重点产业的招商引资，作为产业龙头重点提升整个陆家嘴区域的自主创新能力；几个重点都市工业园区的联动有助于构建区域内高端服务业的产业体系，打造生态经济的绿色发展示范区群；同时，在工业区集约集聚发展的基础上更加促进产城融合，撬动民生支点。

（五）国际典范社区

随着陆家嘴金融贸易区的逐步完善，国内最为完善的金融机构及金融基础设施拔地而起，国内外众多金融人才集聚于此。国际化元素的注入，使得区域内规模化、集约化的高标准国际社区的建设被提上日程。国际社区的建设，以其开放友好的社区环境、超前先进的配套设施、人性多元的居住氛围吸引区域内的国内外人士；并提供高端的教育医疗配套，塑造区域内独特的空间形态和人文环境。

第三节 支撑：瑰丽背后的规划保障体系

一、支撑保障体系的五大因子

陆家嘴支撑保障体系由交通网络、基础设施、城市设计、景观设计、地下空间设计等五大因子构成，共同为城市开发建设夯实基础。

（一）交通网络畅通无阻

当前全球化的宏观背景下，综合交通对于国际性的超大城市来说具有重要意义，交通网络是城市生命力的基础保障。现代化的综合交通运输方式包括公路运输、铁路运输、水路运输、航空运输和管道运输及这五种运输方式的综合，并构成一个分工协作、有机结合、布局合理、联结贯通的综合体系。

功能强大的机场、港口，体现了城市与全球经济、贸易联系的紧密程度；高效快捷、覆盖面广的高速铁路、高速公路网络，则支撑着城市在区域城市群中的核心地位；而网络密布、环境舒适的轨道交通网络、公共交通网络、道路网络和慢行交通网络，则是数以千万计城市居民日常生活、工作、交往等活动最基本的保障。

浦东开发25年来，陆家嘴金融贸易区的综合交通发展迅速，尤其东西联动战略下的越江交通设施如南浦大桥、杨浦大桥的建设，改变了过去黄浦江的阻隔而导致的浦东浦西两岸发展不平衡的状况，直接沟通了上海市中心区和浦东地区的联系，陆家嘴金融贸易区已经建成了越江交通（桥梁、观光隧道、车行隧道）系统。此外，1993年9月上海市政府决定建造延安东路隧道复线以解决延安东路隧道通车量饱和的问题，1999年轨道交通2号线（一期工程）建成通车。2001～2014年期间，复兴东路、大连路、新建路、人民路等四条隧道和4号线、6号线、7号线、9号线等四条地铁线的陆续建成，即将规划建设的民生路、公平路、浦建路3条越江隧道，使得经过20多年开发建设的陆家嘴金融贸易区的城市道路网络规划——城市快速路、主干路、次干路和支路四个等级初步形成。路网布局形态基本呈方格网，规划道路网密度4.3km/km²，道路面积率23%，干道长度79.8km。根据城市总体规划，陆家嘴金融贸易区规划轨道交通共7条线路，全长约40公里，轨道交通网密度为1.3km/km²。

随着新区政府持续的高强度投入和大规模建设，轨道交通网络加快形成，道路容量不断扩大，公交服务质量改善，交通管理水平提高，城市交通面貌显著改善。畅通无阻的交通网络有力地推动了陆家嘴金融贸易区经济和社会的迅速发展。

（二）基础设施奠定基础

城市基础设施规划主要包括以下主要内容：① 城市能源及能源生产，如城市电源和输变电线路；② 城市水源和供水、排水及污水处理；③ 煤气厂和输配管网、集中供热；④ 城市交通和道路桥梁；⑤ 城市邮电通信；⑥ 城市园林绿化；⑦ 环境保护及监测和环境卫生；⑧ 城市防灾（防火、防洪、防

浦东地区道路系统

复兴东路隧道浦东出入口

杨浦大桥

震、防地基下沉）等，简称市政公用设施。

　　城市基础设施体系从一开始就在陆家嘴规划中明确体现，奠定了稳固的基础。20世纪90年代浦东开发开放以来，就遵循着金融贸易、基础设施和高新技术产业化先行的"三个先行"战略，基础设施先行在一开始就加速改变投资的硬环境，为中后期吸引外商投资入驻奠定充实基础；1992版浦东新区总体规划提出发展目标，按照"面向21世纪、面向现代化"和建设社会主义现代化国际城市的战略思想，把浦东新区建设成为有合理的发展布局结构，先进的综合交通网络，完善的城市基础设施，现代的信息系统以及良好的生态环境的现代化新区，明确提出完善城市基础设施的重要性；1991～2000年十年间，浦东制定实施了"八五"和"九五"时期十大基础设施工程，共耗资超过千亿元人民币，完成一整套基础设施工程建设；2003版浦东新区综合发展规划提出，全面提升外向型经济层次、高科技产业能级和现代化管理水平；尤其加快"三港"、"三网"等基础设施建设，建成现代化、功能型、枢纽型、网络化的城市基础设施框架；建成面向国际的区域性金融服务中心、现代物流中心、跨国营运管理中心、旅游会展中心和内外贸易中心。基础设施健全完善更加速了目标的达成。

（三）城市设计塑造形象品质

　　为提高浦东陆家嘴的整体形象，丰富、充实该地区的使用功能，高水平、高起点地建设好与上海国际经济、金融、贸易中心相匹配的中心城地区，各个重要节点的城市设计受到密切关注而陆续开展，以陆家嘴中心区城市设计、黄浦江两岸滨水区城市设计等项目推进为代表。

　　1995年陆家嘴中心区城市设计通过街道景观的设计、轴线大道的绿化设计，以及滨江地区、中心

陆家嘴中央绿地

绿地公园与核心区三座塔式超高层建筑的水体设计为陆家嘴中心区创造出强有力的特征与整体性；并为陆家嘴中心区的中高层建筑区域创造完整与和谐的形象；2000年之后的黄浦江两岸滨水区的城市设计方案，塑造滨水形象、打造品牌，建成与上海"四个中心"和社会主义现代化国际大都市地位相匹配的世界级滨江发展带，营造良好的滨江公共环境，增强大众休闲活动体验感和公共活动参与性，建设成为市民公众亲近自然、休闲娱乐、享受生活的高品质场所。

（四）景观设计拉近自然

随着城市设计的逐步深化和加紧辟建，大尺度规划方面也暴露出许多问题。良莠不齐的城市界面对进一步完善提升环境品质提出了更高的要求。从景观角度提出规划设想及近期的景观整治，使陆家嘴"一道三区"及其他城市节点逐渐进行深化设计。

陆家嘴景观设计项目包括以世纪大道景观设计、陆家嘴滨江大道景观设计为主的道路工程设计，以陆家嘴中心绿地、世纪公园等公共绿地为主的绿色空间设计，以及以横贯浦东新区的东西向骨干河道张家浜河道综合整治为代表的河道工程等一系列实践。近十几年的景观规划、国际咨询方案、深化设计和建设施工等阶段深化了城市设计的程度，进一步挖掘地区区位潜在价值，展示地区丰富文化风貌。

同时，通过景观规划得以体现的还有陆家嘴环境质量以及人与自然和谐的主题。中心区的街道景观设计运用景观分区的理念并更加重视城市的尺度，通过街道来反映上海的传统和都市风貌；世纪大道是浦东开发的重点，而针对其所开展的景观设计国际咨询，是为了将来能够体现这个大型公共空间的未来活力；陆家嘴中心绿地作为陆家嘴金融贸易区内重要的自然资源，从1996年建成后就不断提升，建设步道、绿化种植、小品维修等，不光是完善中心绿地的质量，也使得陆家嘴中心区愈发人性化。

世纪公园

（五）立体空间规划建立人性空间

立体空间规划在陆家嘴中心区发展中就一直从早期贯穿到中后期。在早期规划中，陆家嘴中心区规划编制指导思想就十分重视地下空间利用。1993年编制的《陆家嘴中心区深化规划》和1998年编制的《陆家嘴中心区交通市政规划》，对陆家嘴中心区地下空间利用问题的研究结果明确提出了规划设想，规划路堑式地下环路，与核心区地下商场之间联成地下共同层的轨道站点，并综合开发地下公共活动空间，并设置Y形共同沟。1997年，为适应陆家嘴中心区21世纪发展要求，陆家嘴开发公司提出了编制陆家嘴金融中心区的地下空间实施性专业规划的请示。

中期以陆家嘴地区地下空间的开发利用作为重大问题进行研究。2005年陆家嘴已竣工建筑物配建的地下建筑面积约为47.5万m²，其中地下停车泊位约为5100个；已建、在建项目配建的地下建筑面积约为76万m²；并规划建成地下空间公共利用设施如一条轨道交通2号线和陆家嘴车站、延安路越江隧道、两处车行地道、外滩人行观光隧道及一座滨江3.5万V地下变电站。在此期间，将前期各自为政，缺乏整体性和系统性的地下空间进行综合开发利用，对完善地下空间开发进行规划研究并提出建议，对地下环路、轨道交通、公共活动空间和人行通道等重要节点进行深化分析，为下阶段的工作提供依据和创造条件。

立体空间的开发解决了一系列诸如交通环境、生活尺度等问题。陆家嘴中心区二层连廊系统的设计能够缓解步行和车行空间的矛盾，随着连廊系统的形成，地铁2号线陆家嘴站、正大广场、中心绿地等主要城市要素会联系到一起，使原先被大尺度机动交通分割的城市空间再次聚合。地下空间体系已成为陆家嘴发展的一个重要举措，地下空间由地下建筑、地面绿化以及与周边地标性建筑相连的多条地下通道组成，行人可通过地下空间依靠步行直达各类设施，不会受地面交通的影响，同时通过地下

陆家嘴二层连廊

空间的塑造所带来的细微空间，诸如下沉庭院、明珠广场等一系列小尺度城市空间开始出现，人们对空间的使用将更有可选性，空间尺度也愈发宜人，通过地下空间开发，陆家嘴中心区的城市空间愈发多样化与人性化。

二、支撑保障体系的意义：从框架到多维融合

支撑保障体系在陆家嘴开发建设不同阶段起不同侧重点意义。

（一）初期框架搭建

1990年代的初期阶段是浦东开发的初期，是浦东城市空间开发的基础阶段，支撑保障体系以道路交通和基础设施的建设来带动城市形态开发为主要标志。根据市委市政府"发挥浦东开发开放的龙头作用"的指示精神，浦东新区在陆家嘴金融贸易区的发展过程中，提出继续坚持基础开发、功能开发和城区开发并举的策略，强调了功能开发必须依托基础设施和交通体系的开发建设。此后综合交通和基础设施专业规划逐步在陆家嘴开展起来，为陆家嘴金融贸易区开发建设提供先行之路。

通过陆家嘴的建设，加快陆家嘴城市格局的建设；通过银行证券交易所等金融机构东迁陆家嘴，初步展现陆家嘴与外滩交相辉映的现代化建筑群形象；通过加强统筹协调及联合开展招租招商活动，吸引国内外著名的金融、证券、贸易机构及跨国公司进驻，使金融贸易产业进一步进驻陆家嘴；通过《陆家嘴中心区市政公共设施规划》，对绿化系统"滨江绿地+中央绿地+沿发展轴绿带"，供水、供电、供气、邮电系统进行详细规划设计；通过大力加强公共绿地建设，包括浦东滨江绿地、浦东中央公园

浦东张杨路

（即世纪公园）一期等工程，增设了一批道路、桥梁、隧道、变电站、雨污水泵站、燃气、邮政通信基础设施，改善了投资发展环境。陆家嘴初期以基础设施为主的支撑保障体系迅速搭建起城市框架，为之后城市开发建设打下基础。

（二）中期骨骼支撑

进入2000年以后，随着上海"人才高地"战略和"聚焦张江"的系列重大政策出台，上海的城市发展也步入城市功能建设和能级提升时期。前期以浦东开发区建设为主要特征的土地空间利用开始由粗放转向集约，由注重规模转向注重能级。这一阶段向城市建设的全面纵深展开，以越江交通和地铁为代表的支撑保障体系加快了发展步伐。黄浦江上建起了5座跨江大桥，5条越江隧道，4条轨道交通及磁悬浮线。另有2座大桥，5条隧道和3条轨道交通线在建。支撑保障体系以枢纽型、功能型、网络型的交通和基础设施为主。

这一阶段，新一轮总体规划即上海市城市总体规划（1999～2020），明确了上海建设社会主义现代化国际大都市和国际经济、金融、贸易、航运中心之一的目标。市政府工作报告提出，把握加入世贸组织的机遇，进一步扩大开放，在城市建设方面继续坚持"建管并举"方针，在大力加强城市管理和环境保护的同时，以枢纽型、功能性重大基础设施建设为重点，推进新一轮城市建设，以"三港三网"为重点的城市基础设施建设力度进一步加大。2000年，浦东新区政府正式成立，标志着浦东开发开放进入了全面建设外向型、多功能、现代化新城区的新阶段。浦东新区规划到2010年，基本完成功能组团发展的城市布局和郊区城市化进程；基本形成功能性、枢纽型、网络化的城市基础设施构架；基本形成社会全面进步，人与自然和谐融合的可持续发展局面，浦东外向型、多功能、现代化新城区

浦东人民路隧道

展现新的形象和活力。2000～2010年期间，浦东新区基础设施建设以"三港"（深水港、航空港、信息港）、"三网"（轨道交通网、市区道路网、越江交通网）和"三能"（电力、燃气、集中供热）建设为核心，进一步完善了以交通通信网络、综合交通体系、能源和水供应系统为主的支撑保障体系，累计基础设施投资达2380亿元。

这一阶段枢纽型、功能性、网络化的重大基础设施继续推进城市开发建设的能级提升与集约发展，支撑起新时期发展的新要求。

（三）未来多维整合

随着集约发展、能级提升的进一步推进，支撑保障体系朝着更加立体化、综合化、智能化的方向发展。

"三港三网"期间，位于浦东陆家嘴金融中心区的"浦东信息港"工程是上海信息汇集、处理、存贮、交换、传送的枢纽，运用多媒体、光纤通信、计算机和卫星通信技术，为新区中外客商提供智能化和全球24小时经贸通信和信息服务。陆家嘴配置的信息技术设备，与浦西及国内国际信息装备联为有机一体，为实施上海信息高速公路发展计划奠定基础。"十二五"（2011～2015年）期间，浦东新区按照"三港三区"和"7+1"产业新布局、国际金融中心和航运中心的新要求，进一步完善综合交通体系和基础设施系统规划内容，加大了基础设施建设的投资力度。

2015年之后的未来，陆家嘴支撑保障体系将进一步同网络计算机、光纤通信、智能服务等行业组合碰撞，发挥更加举足轻重的作用，构筑与全球城市地位相匹配的保障体系，整合提升整个城市综合实力。

迈向全球城市的浦东陆家嘴核心区

第二章

开创先河：重点区域的规划

第一节　主导功能的扩展和延伸区域

一、楼宇、要素和酒店的集聚：竹园商贸区

（一）规划背景

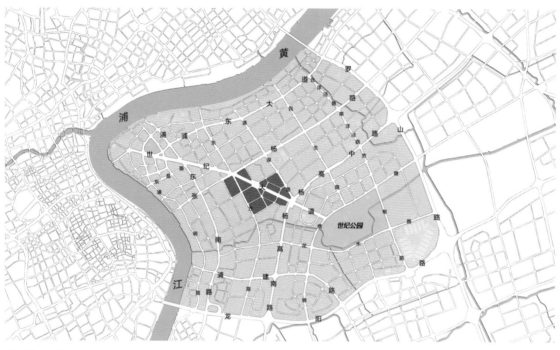

竹园商贸区区位示意图

在最早一轮的浦东新区总体规划中，就确定沈家弄路、张杨路以南，张家浜、杨高路以北，崂山东路（现崂山路）、东方路以东，福山路、源深路以西的约97hm²的用地为浦东新区的副中心，在陆家嘴—花木分区规划中，该区域被确定为竹园商贸区（地块编号以2开头）。早在1991年，由上海市城市规划设计院编制了《陆家嘴竹园地区开发规划》，对该区域提出了具体开发设想；1993年，由华东建筑设计院编制了《陆家嘴金融贸易区2-10至2-15地块实施性详细规划》，随后，在《陆家嘴开发区（19平方公里）控制性详细规划》（1995年），明确了竹园商贸区具体开发地块的控制指标，作为该区域开发建设的依据；随着地区区位价值提升，以及内外部发展条件的变化，商贸区的多个地块陆续进行了规划调整，1995年，编制的《竹园商贸区调整规划》适当调整了区内部分地块的控制指标，在较长时期内直接指导了竹园商贸区的开发建设；至2010年，按照市规划局中心城控规全覆盖要求，由上海市城市规划设计研究院梳理编制了竹园商贸区所在的《潍坊社区C000401单元控制性详细规划》，是目前最能体现竹园商贸区整体建设和规划情况的详细规划。

竹园商贸区规划从1990年代初至今，基本规划理念、定位、布局都得到了良好的延续。如今，来自国内各省、部、委及国外的几十家大集团、大企业在该区内投资建设了浦项、期货、宝钢、齐鲁、裕安等30多个楼宇项目，使竹园商贸区成为省部楼宇、要素市场和星级酒店的集聚地。

陆家嘴金融贸易区2-10至2-15地块实施性详细规划平面图（1993年编制）

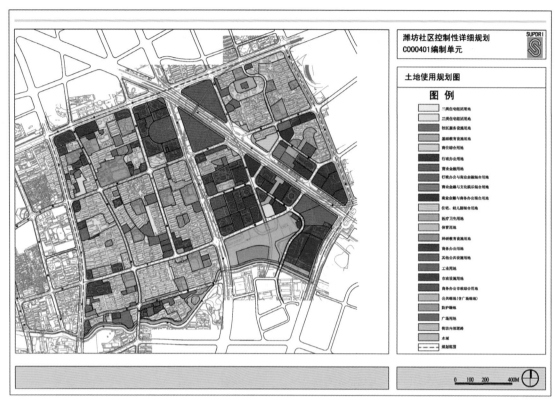

潍坊社区C000401单元控制性详细规划用地图（2000年编制）

（二）规划演变

1. 早期规划：陆家嘴竹园地区开发规划（1991年）

1）规划范围关系

由于当时规划编制时陆家嘴—花木分区规划尚未进行，为了统筹考虑与周边的关系，该规划将规划范围扩大至浦东南路以东，张家浜、杨高路以北，民生路以西，沈家弄路、张杨路以南，约3.5km²的用地，作为竹园地区统一规划。范围内包括陆家嘴金融区第一期开发范围的2字号基地（即含竹园商贸区）、张杨路商业中心、竹园新村、潍坊新村、源深路绿带及桃林路以东居住区。其中，2字号基地（即含竹园商贸区）范围为：沈家弄路、张杨路以南，张家浜、杨高路以北，崂山东路（现崂山路）、东方路以东，福山路、源深路以西的5个街坊，总用地97.3hm²。

2）功能定位

2字号基地（即竹园商贸区）根据当时的浦东总体规划要求，为浦东新区的副中心，通过东西向轴线（即世纪大道），北连陆家嘴CBD，南接花木市政中心，以陆家嘴电视塔（现东方明珠电视塔）为转折点，和浦东东西开发轴共同组成上海中心城公共活动中心。

基地的主要功能是为浦东200万居民提供商业、服务、办公、文化娱乐、居住等第三产业现代化设施，同时又是浦东重要的交通枢纽之一，在浦东新区中占有重要地位。

3）结构框架（竹园地区）

以方格网道路为基本格局，以东西向轴线为中心，分布若干个组团，其中4个组团以公共活动为主

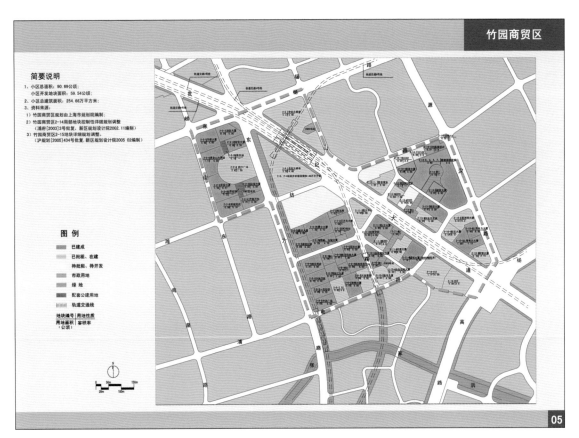

竹园商贸区规划范围图

要功能，9个组团以居住为主要功能；源深路以东、桃林路以西为绿带，设置体育中心和公园；浦电路和张家浜之间为隔离绿带；轴线两侧为公共活动中心，以商业、办公、文化等功能为主，外围是不同层次生活居住用地和绿化用地，构成一个以轴线空间为中心的现代化新区。

　　4）土地使用（表2-1）

　　东西轴线在竹园地区一段为形态轴，从沈家弄路、崂山东路至杨高路、源深路，长1800m，穿过3个街坊，组成3个不同功能的公共活动中心。

　　（1）2-1街坊为办公商业服务中心，是西面张杨路商业中心的向东延伸。

　　（2）2-3与2-4街坊（即现在的世纪大都会项目用地）规划为地铁换乘站，与地面道路上的公交换乘合理组织，形成交通枢纽，充分利用地下地面空间，多层开发，规划大型购物商场、批发、贸易展览、办公等多功能设施，与2-2街坊在空间、形态上相呼应。

　　（3）2-11与2-15街坊，结合绿化广场，规划大型文化娱乐设施，用天桥相联系，组成现代化文化中心。

　　3个公共活动中心外围规划标准较高的居住用地。

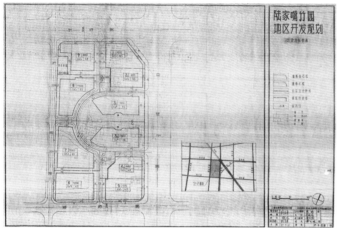

2-2地块控制要素图

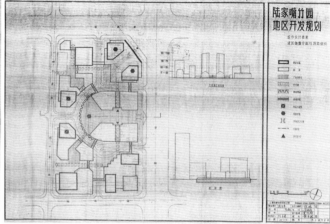

2-2地块指标图

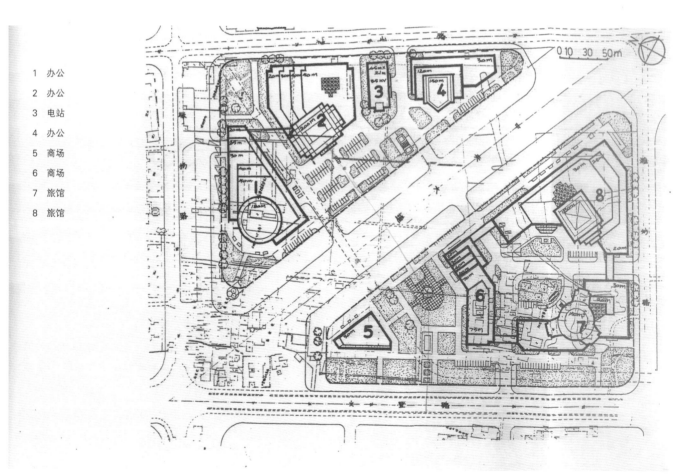

1　办公
2　办公
3　电站
4　办公
5　商场
6　商场
7　旅馆
8　旅馆

陆家嘴竹园商贸区2-3、2-4地块规划平面图

竹园地区2字号基地土地使用表（1991年）　　　　表2-1

编号	街坊面积（m²）	用地性质	容积率	备注
2-1A	7500	C1C2	6.0	
2-1B	11300	C1C2	6.0	
2-2	103000	C1C2	3.7	
2-3	45600	C1C2	3.0	
2-4	36800	C1C2	3.0	
2-5	25200	R2	1.3	现状
2-6	32800	R2	1.5	
2-7	45000	R2	1.6	街坊面积包括中学、托儿所
2-8	19560	R2	1.5	
2-9	41250	R2	1.6	街坊面积包括小学、幼儿园
2-10	8640	C1C2	4.0	
2-11	42850	C2C3	1.0	
2-12	23600	C1C2R2S3	2.0	
2-13	7280	C1C2R2S3	4.0	
2-14	19960	R2C3	1.6	
2-15	47470	C2C3	1.0	
2-16	60800	C1C2R2S3	2.5	
2-17	29880	R2C1C2	3.0	
2-18	63000	G1	—	
2-19	30100	G1	—	

注：R2居住　C1办公　C2商业　C3文化　S3停车场　G绿化

5）开发规模

2字号基地（即竹园商贸区）规划最高建筑容量约120~130万m²，地块开发容积率最高为7.0，最低为1.5。

竹园地区规划居住人口约6万人（包括潍坊新村、竹园新村）。

6）交通系统

（1）道路系统（表2-2）

轴线大道（现世纪大道）：根据浦东新区总体规划，在陆家嘴电视塔（现东方明珠电视塔）和花木市政中心之间规划一条形态与意向相结合的城市建筑景观轴线，以现代建筑群体、广场空间、绿化小品等构成浦东新区新的轴向景观。位于竹园地区一段轴线为形态轴，轴线位置的确定以尽可能减少对竹园新村的影响和保持原有方格道路格局为原则，轴线规划红线宽80m，为生活性干道。在轴线西段街坊内，设置2条与轴线平行的辅助道路，以强化轴线和便于建筑布局。

道路系统分为快速干道、主干道、次干道、主要支路、支路等，道路网密度为24%。

竹园地区规划道路一览表（1991年）　　　　　　　　　　　　表2-2

道路等级	道路名称	红线宽度（m）
快速干道	杨高路	50
主干道	张杨路	60
	东方路	70
	东西轴线	80
	源深路	40
	民生路	40
	浦东南路	40
次干道	潍坊路	24
	崂山西路	20
	福山路	24
	浦电路	24
	桃林路	20
主要支路	崂山东路	24
	松林路	16
	灵山路	20

（2）交通设施

地区内张杨路商业中心、轴线两侧公共活动中心及2-2街坊商业办公中心客流量都很大，需要创造一个很便捷的交通条件。当时规划的东西向2号地铁和南北向8号地铁经过竹园地区，在2-3与2-4号基地内设有2个地铁换乘站，这不仅为地区创造了良好的交通条件，还将大大增加对周围地区的吸引力，成为浦东新区交通枢纽之一。另外，还规划有9条公交线路，公交车站的设置与地铁车站衔接。开规划5处停车场。

7）绿化与广场

东西轴线规划红线80m，道路两侧各20m林荫大道，轴线中间设40m机动车道。轴线中间形成三个广场，广场中间设置绿岛，每个街坊内规划大小不同的绿地，和轴线两侧林荫大道共同组成绿化系统。步行道结合绿化设置。

8）界面处理、标志性建筑

轴线两侧建筑群是组成浦东新区新景观的重要构思所在。规划两侧建筑群界面采用连续和韵律不同手法，建筑物高低错落，轮廓线富有变化，空间组合灵活。为强化东西轴线，两组建筑群分别规划三条副轴线与之垂直，副轴线端规划标志性建筑或构筑物与之呼应，以加强建筑群之间的整体性。

2. 具体地块规划

1995年批准的《陆家嘴开发区（19平方公里）控制性详细规划》和《竹园商贸区调整规划》作为指导竹园商贸区开发建设的依据，在一定时期内发挥了重要作用。但随着陆家嘴地区功能地位的不断提升，早期编制的规划控制指标已不能适应新时期的发展需求。在此背景下，竹园商贸区的部分地块根据实际建设需要，陆续进行了详细规划的设计调整，具体地块包括2-3、2-4、2-13-4、2-13-5、

2-15地块等。

　　1）2-3、2-4地块（世纪大都会项目）规划（2006年）

　　（1）规划概况

　　"世纪大都会"项目即竹园商贸区2-3、2-4地块，地处连接浦东陆家嘴金融中心与花木行政文化中心的世纪大道中段，毗邻上海城市轨道交通2、4、6、9号线"四线相交"的高效交通枢纽。其规划范围东起福山路，西至东方路，南临潍坊路，北靠张杨路，被世纪大道斜穿并分为南、北两部分，占地面积8.92hm²，规划建筑面积（地上）38万m²。其项目北侧由陆家嘴公司与百联集团联合开发，南侧由和记黄浦负责开发。

　　（2）规划主要内容

　　"世纪大都会"项目建成后将集商业、文化、娱乐、酒店、办公于一体，目标是成为未来上海市中心最有竞争力的现代服务业集聚区。

　　A. 布局与规模

　　a. 2-3地块（北地块）

　　2-3地块位于世纪大道东北侧、张杨路南侧、福山路西侧，呈直角三角形布局，占地3.79hm²，总建筑面积约16.34万m²。地上由3栋办公楼及裙房组成。办公楼沿世纪大道及福山路布置，分别为15层的北楼、16层的南楼及11~14层的Y形楼，首层是商业用途，第二层开始为办公用途。沿张杨路建有5层（局部6层）的百联商业裙房，并设有电影院。地下建有4层的地下商场和停车场，其中地下1~2层为商场，地下3~4层为停车场。

　　b. 2-4地块（南地块）

　　2-4地块位于世纪大道西南侧，潍坊路北侧，东方路东侧，呈直角三角形布局，占地5.13hm²，总建筑面积36.84万m²。地上由1栋39层的办公楼，1栋23层的酒店，局部5层的商业裙房组成，建筑面积22.69万m²；地下建有5层的地下商场和停车场，建筑面积14.15万m²。

　　B. 交通组织

　　人流交通：各办公及酒店塔楼，分别面对张杨路、福山路、潍坊路、东方路设置入口大堂，商业营业厅可从城市各个方向便捷进入。负一层在地铁出入口部设地下商场出入口，以吸引地铁人流直接进入地下商业用房。

　　车流交通：分别在2-3、2-4地块内部四周设置消防环形车道，并结合绿地广场布置地面停车位，以保证地块内部之间水平联系及停车的要求。分别在2-3、2-4地块内设置2个和3个地下小汽车库出入口，并结合设置货车出入口。

　　C. 地铁与建筑

　　与商业建筑相连接：地铁站在出入口位置分别于负一层、一层商业营业厅相接。

　　D. 景观绿化

　　沿潍坊路设置的2栋高层塔楼成为地块的外部空间区域标志。沿世纪大道两侧的商业裙楼呈弧线环状围合，形成地块的城市广场中心、开放型的城市"公共客厅"。广场作为城市空间的核心灵魂，城市空间与建筑空间的融合和渗透，使人们在连接的运动中体会不同的尺度和氛围，在连接性中体味都市景观的丰富性。建筑单体设计力图体现国际化和现代化形象，体现时间前瞻性。材料使用上，高层建筑主楼以金属和玻璃为主，裙房则以石材为主，轻盈的主楼和厚重的裙房形成强烈的对比。建筑形体上采用简洁的几何形体，反映了崇尚简约的当代审美情趣。

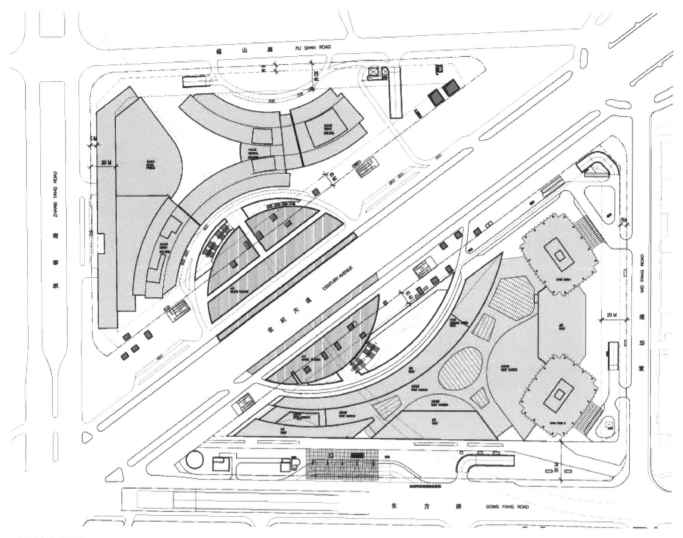

世纪大都会平面图

效果图

效果图

效果图

2）2-13-4、2-13-5地块规划（调整）（2008年）

（1）规划概况

在《陆家嘴金融贸易区2-10至2-15地块实施性详细规划》中，明确了2-13-4地块的用地性质为商办文化用地，2-13-5地块的用地性质为公共绿地。为支持上海农村商业银行等金融机构落户浦东，确定2-13-4地块用于农商行等的办公楼建设。

随着浦东新区开发建设的不断推进，其地块周边地块相继建成或正在建设，如其东侧已建成上海期货大厦和长甲大厦，西侧已建成嘉瑞中心，北侧已经建成香榭丽花园高档住宅区，相应制约影响到该地块的开发建设。据此，在进行2-13-4和2-13-5地块的开发建设前，已对其现存开发条件进行新的系统分析，客观准确地对它的规划设计条件进行重新调整。

同时，由于该地块位于世纪大道的第一层面，对世纪大道的整体景观体系起着较大的影响，因此该地块的景观分析也是规划调整分析的重点。

1　上海期货大厦　　2　长甲大厦　　3　香榭丽花园　　4　电力大楼

5　钻石大厦（在建）　6　嘉瑞中心（在建）　7　葛洲坝大厦（在建）　8　希望大厦

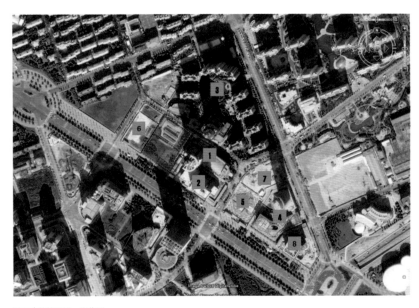

周边建筑情况图、影像图

（2）规划主要内容

A. 用地布局

原规划2-13-5地块为绿化用地，功能上构成竹园商贸区自东北向西南垂直于世纪大道绿化景观轴线。由于北侧2-14地块用地性质从商办调整为居住，原有中轴线已难以形成，2-13-5地块的原有功能难以完成，因此需对2-13-5地块重新定位，考虑到现状北侧已经建成住宅区，且邻松林路为幼儿园，日照要求严格，故将2-13-4和2-13-5地块统筹考虑，由原垂直于世纪大道布置调整为平行于世纪大道布置。

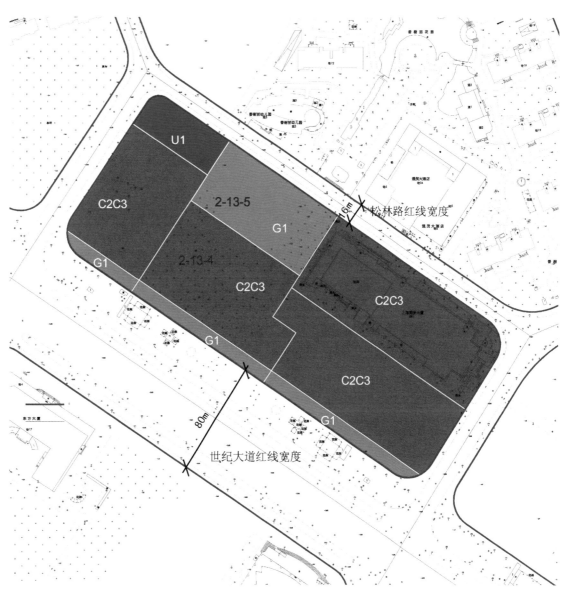

用地规划图

B. 地块细分及主要技术经济指标

世纪大道的红线宽度为80m，红线外两侧各有10m的绿化控制带。在1993年的实施规划中，10m绿带被计入地块范围。根据世纪大道新的统一规定，10m绿带将不计入地块范围，以强化对绿带的控制。因此，规划地块面积比原规划有所减少，但规划建筑面积保持不变，因而地块容积率有所提高（表2-3）。

竹园商贸区2-13-4、2-13-5地块控制指标对比表（2008年）　　　表2-3

编制时间	2-13-4							2-13-5	
	用地性质	用地面积（m²）	容积率	建筑面积（m²）	建筑密度	绿地率	建筑限高（m）	用地性质	用地面积（m²）
1993	B6（商业文化办公综合用地）	7460	6.5	48490	60%	10%	90	G1	5750
2008	C2C3	6941.4	7.0	48490	60%	10%	72	G1	4720

C. 交通分析

2-13地块的车行出入口位于东、南、北三侧，地块内另有内部道路联系各个功能区块。2-13-4地块人行入口设在南面世纪大道上，机动车由北侧松林路进入，利用地块内部道路形成环通。

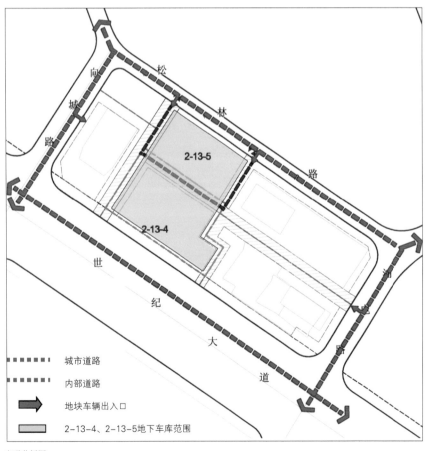

图例
- - - - 城市道路
- - - - 内部道路
➡ 地块车辆出入口
▨ 2-13-4、2-13-5地下车库范围

交通分析图

D. 绿化分析

沿世纪大道形成东西向的主要绿化轴线，在建筑方案设计中延续南北向的次要绿化轴线，使办公区绿化中心与北部居住区绿化中心遥相呼应。

E. 世纪大道景观分析

世纪大道作为上海浦东的标志性大道，对浦东地区功能开发、环境美化、招商引资和集聚人气都起着重要作用。2-13-4地块位于世纪大道的第一层面，城市景观要求较高，有必要按照世纪大道城市设计的要求对周边建筑形态进行分析，以协调建成空间的整体景观。

a. 高度分析：为了减少高层建筑对世纪大道的压迫感，紧临世纪大道的建筑高度控制在100m，后退世纪大道的建筑高度控制在100～200m，在空间上形成前后退台。

b. 三维空间模型效果：通过建立三维空间模型，可以看到，新建建筑整体形态稳重大方，建筑轮廓清晰硬朗，能够很好地融入周边已建和已规划的环境中。高楼林立，错落有致，很好地体现了商业文化办公区的特色。

c. 街道界面分析：临世纪大道的建筑界面构成世纪大道景观体系中的重要因素——街道界面，建筑后退世纪大道的需作严格控制，从而形成连贯有序的街墙。

d. 城市天际线分析：新建建筑所在地块已经建成期货大厦和长甲大厦、嘉瑞中心，新建建筑需要在已有建筑形成的天际线中起到平衡协调的作用，避免破坏原有平衡。从世纪大道上行人的视觉角度出发，世纪大道沿线的天际线可分为两层，即紧临世纪大道的第一层面和退后世纪大道的第二层面。

天际线一：世纪大道第一层面紧邻世纪大道的建筑构成的天际线能够给行人带来最直观的视觉感受，应当避免变化过大的高低起伏，绵延和缓的线型给人以舒适的视觉感受。

天际线二：世纪大道第二层面建筑在退后世纪大道一定距离后，由于前面建筑的遮挡，行人已经无法看到建筑的全貌，其建筑屋顶是世纪大道的主要景观要素，因此，应当鼓励建造富有特色的屋顶，以形成世纪大道的地标，作为景观体系中的重要一环，从而形成的天际线也起伏较大。

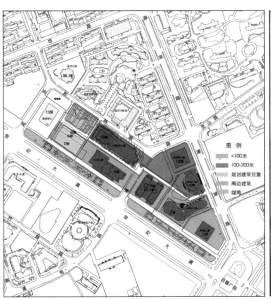

高度分析图

三维空间模型图

完全连续界面

节奏连续界面

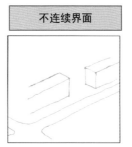
不连续界面

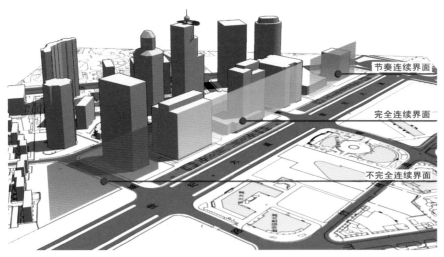

街道界面分析图

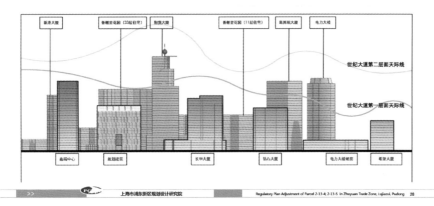

天际线分析图

　　e.　街道断面分析：世纪大道不仅仅是景观交通轴线，更重要的是市民活动的轴线，地块的规划设计应促进多样化的市民活动。新建建筑北侧设计下沉式广场，适当引入一些如咖啡馆、书店等商业设施，增加公共绿地的活动层次，同时保证幼儿园南面有开阔的视线。

　　f.　建筑立面风格分析：从人的心理感知分析，建筑立面能给人留下最直接的印象，是城市景观的重要组成部分。地块所在区域作为商业贸易区，建筑立面需要体现商贸区的现代风格，建筑追求独特风格的同时与周边建筑形成统一。立面风格追求现代感，与世纪大道现代高效的性格相吻合。通过对浅灰色装饰性立柱不等距规律性变化，使得立面在视觉上更加完善，与周边建筑立面处理方式有着异曲同工之妙。

- 材质：世纪大道的现状建筑中高层建筑的材质选择多为金属板材、花岗石贴面和玻璃，体现了现代都市的韵律。新建建筑材质使用花岗石贴面和深色玻璃，在材质上与周边建筑保持和谐统一。
- 比例：新建建筑沿世纪大道比例尺度符合世纪大道城市设计，控制在中高层控制线以下。立面上按照2层高比例开窗，设计退在立柱后的窄条凹窗，入口部分增加竖向玻璃百叶，丰富立面细节，构件尺度宜人，与周边建筑相协调。
- 色彩：世纪大道城市设计中提出高层和超高层建筑色彩应该以协调的灰色调为主，可以有些冷暖变化。新建建筑周边的高层建筑也主要以灰色调为主，因此建筑色彩延续周边建筑蓝、绿、灰的色调，使建成环境能够和谐统一。

上海纽约大学建筑效果图

3）2-15地块规划（调整）（2005年）

（1）规划概况

竹园商贸区2-15地块是由世纪大道、源深路、浦电路围合成的三角形街坊，规划用地性质为商业办公综合用地，规划用地面积为3.63hm²。该地块控制性详细规划方案由上海陆家嘴规划建筑设计有限公司于2000年6月编制。随着浦东新区开发进程，考虑到该地块北侧和东北侧已开发建设的住宅项目，以及电力大厦项目情况，原控制性详细规划不能适应开发建设的需要，因此结合现状和周边地块的情况，从用地布局、道路交通组织、空间景观和绿化设计等方面对原来规划进行优化和完善，并结合世纪大道两侧地块的建筑控制要求，对建筑形态进行规划布置。

（2）规划主要内容

A. 总体布局

2-15地块的用地性质是商业办公及服务设施综合用地。规划在街坊北部的2-15-1、2-15-2地块布置商业办公综合楼，中部2-15-3、2-15-4地块和南部2-15-5地块布置办公楼。沿浦电路商业裙房内安排部分商业、餐饮、休闲娱乐等配套服务设施。

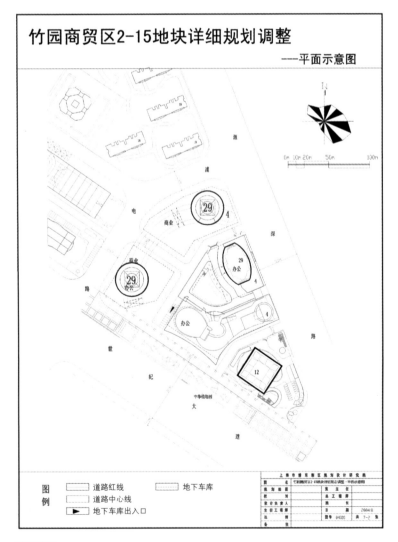

平面示意图

从世纪大道两侧景观及世纪广场景观考虑，建筑总体布局采取南低北高的空间格局。规划2-15-1、2-15-2地块控制高度120m，南端2-15-5地块建筑的规划控制高度为45m。

B. 地块细分及主要技术经济指标

规划2-15地块共分为5个小地块。现状已建电力大厦（2-15-4地块）、调度中心（2-15-3地块）和新希望（2-15-5地块），建筑总面积分别为38676m²、11500m²和15760m²。

规划2-15-1和2-15-2地块的规划控制指标，主要是容积率和建筑高度指标将受到以下两方面的制约：一是北面香榭丽花园的现状住宅，二是世纪大道景观层次的要求。调整规划通过建筑形态的日照分析，确定2-15-1和2-15-2的建筑容积率分别为5.56和5.30，建筑高度分别为110m和120m，建筑层数为29层。规划建筑总量约为14.5万m²（表2-4）。

竹园商贸区2-15地块容量控制指标表（2005年）　　　　　　　　表2-4

地块编码	基础指标			控制指标									引导指标				备注
	用地代码	用地名称	地块面积（m²）	容积率	建筑面积（m²）	建筑密度（%）	建筑限高（m）	绿地率（%）	退红线距离（m）				出入口方位				
									东	南	西	北	东	南	西	北	
2-15-1	C1C2	商办用地	6415	5.6	35700	45	110	30	/	/	/	5	√				商业4500
2-15-2	C1C2	商办用地	8174	5.3	43300	45	120	30	5	/	/	5		√	√		商业12100
2-15-3	C1	办公用地	10000	1.15	11500	40	24	30					√				电力大厦
2-15-4	C1	办公用地	4662	8.3	38700	55	110	30					√				电力大厦
2-15-5	C1	办公用地	7005	2.25	15800	30	45	30	5	20		/		√			新希望
小计			36256	4.0	145000												

C. 道路系统和交通组织

2-15地块周边城市道路分别有主干道源深路（红线50m）、次干道世纪大道（红线100m）、城市支路浦电路（红线24m）；地块内部设置10m宽道路，作为各地块车辆出入通道，保证车辆出入通畅和满足消防疏散要求；规划在源深路、浦电路上设3个出入口。

D. 景观分析

a. 以日晷广场为中心的城市景观分析

以日晷为中心的100m、200m、300m半径范围作为高度控制的3个层次。100m半径范围是广场和交通功能区，无建筑。200m半径范围的高度控制重点是2m景观轴线。其中杨高路往东的城市景观轴线，主要是德隆公司和东方艺术中心，建筑高度控制在30m左右；世纪大道往西的城市景观轴线，主要是希望大楼和嘉里中心，建筑高度控制在60m。300m半径范围之外的高度控制重点是1条景观轴线，即世纪大道与浦电路交叉口形成门户形象，建筑高度控制在150～180m左右。

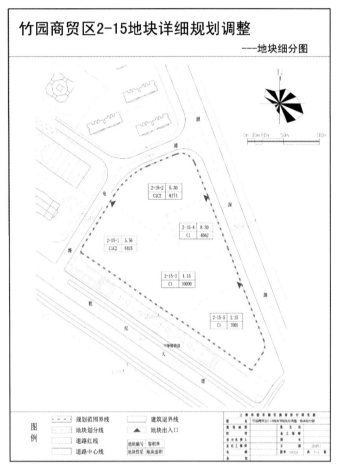

地块细分图

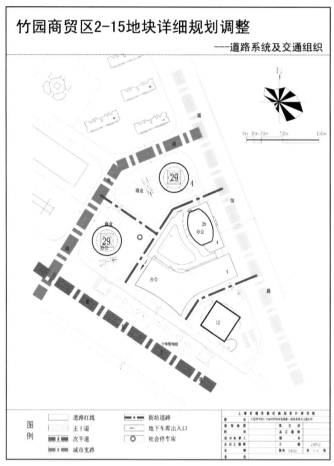

道路系统及交通组织图

b. 以世纪大道为轴线的城市景观分析

世纪大道由3段组成：从北段东方明珠开始，经中段张杨路商业中心、南段竹园商贸区到日晷广场结束。结合日晷广场的城市景观分析，世纪大道南段的城市设计手法上应该有一个收头处理，与日晷广场节点形成空间序列的层层递进关系，也就是说，收头处的位置应该与日晷广场有一段距离，建筑形态布局和高度控制方面应该考虑形成世纪大道南端标志性的入口门户形象。

c. 以源深路为轴线的城市景观分析

电力大厦和葛洲坝项目主要构成源深路景观轴线，电力大厦距离日晷广场约270m。根据日晷广场周边景观的要求，电力大厦将是源深路景观轴线的标志性建筑，现状高度120m（29层），在其北侧的葛洲坝项目高度应低于120m（29层）。

综上所述，2-15地块的建筑布局应该整体考虑，单体建筑的造型和立面材料与周边建筑相互协调；从景观角度出发，街坊内部应该形成一个完整的公共空间；世纪大道沿线界面和世纪广场周边界面应该作为重要的景观控制要素。

世纪大道作为重要的城市景观轴线，沿街立面应具有连续性，规划建议2-15-1、2-15-3、2-15-5地块的裙房和多层建筑应按照世纪大道两侧城市设计统一考虑沿街立面设计。世纪广场是一个重要的城市景观节点，周边已建成新区政府办公楼、科技馆、东方艺术中心等建筑。规划建议地块南部的

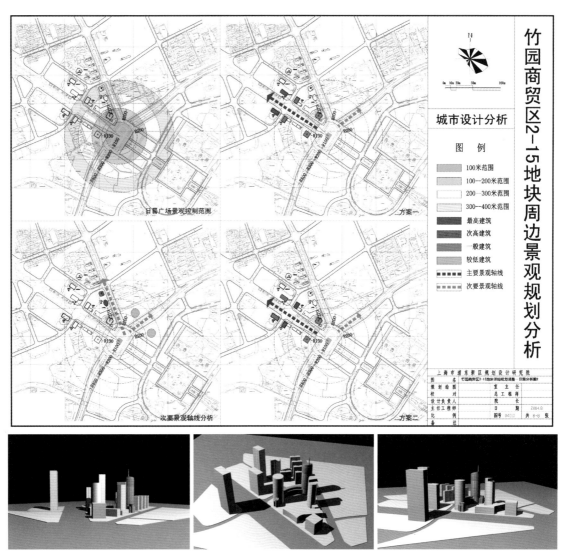

城市设计分析图 景观分析图

2-15-5地块建筑单体设计与世纪广场相呼应，通过布置绿地雕塑与杨高路世纪大道立交的日晷雕塑一起构筑景观标志，作为世纪广场的对景。

3. 规划完善汇总：浦东新区潍坊社区C000401单元控制性详细规划（2010年）

为了更好地落实总体规划和分区规划，上海市按照网格化、精细化、信息化的管理要求，在全市域范围内划定了998个城镇编制单元，并进行控制性详细规划的全覆盖编制工作。

浦东新区潍坊社区C000401编制单元位于中央分区浦东中次分区内，为了指导用地开发和建设，同时，为了更好地推进社区内各类服务设施的完善和落地，2009年，由上海市城市规划设计研究院编制了《浦东新区潍坊社区C000401单元控制性详细规划》，并于2010年4月获得浦东新区人民政府审批通过。

1）规划范围关系

潍坊社区C000401编制单元范围由张杨路—源深路—杨高路—张家浜—浦东南路围合组成，总用地面积267.05hm²。其范围内包含竹园商贸区范围，即张杨路—福山路—潍坊路—源深路—杨高路—浦电路—东方路—潍坊路—崂山路围合区域，用地面积约94hm²。

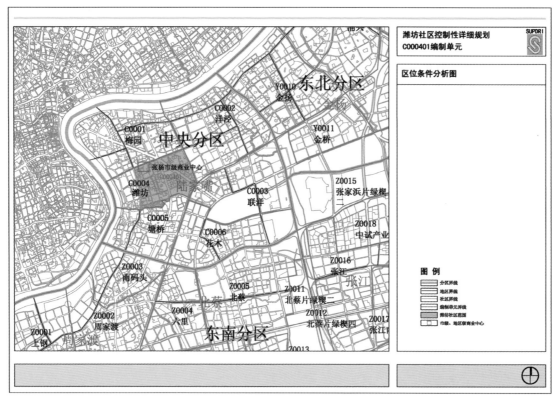

区位图

2）功能布局和结构

该单元现状已基本建成，主要为居住、商业、商务办公等功能。其中，居住主要位于单元西部，商业及其他公共服务功能主要沿世纪大道布置。规划延续了现状的功能布局，空间上加以整合。

世纪大道两侧以布置公共设施为主：竹园商贸区规划侧重于该区域的功能提升和环境优化，进一步发展商业贸易、商务服务、文化娱乐等多种功能，形成使用便捷、功能完善、辐射集聚效应明显的市级专业中心。世纪大道外围形成几个居住组团，并且，在单元南侧结合张家浜形成大片集中公共绿地，使功能和结构更加完善。

3）土地使用

世纪大道沿线，尚存部分在建用地和可开发用地。结合地块的开发需求和总体布局，规划对各个地块开发提出了具体的控制要求。

对于现状较成熟开发地块予以保留。对于居住用地内混杂的工业地块，结合居住区功能布局进行调整或改造，并且，根据用地的调整余地，适当增加公共绿地。而世纪大道作为主要的城市功能轴线，两侧公共建筑的布局从总体进行统筹，在保留一定的绿化廊道和景观走廊的基础上，适当提高地块的开发强度。

社区的住宅组团用地以保留为主。规划在现状基础上尽可能提高社区级社会服务设施、基础教育设施以及公共绿地的比例，以提高社区的生活品质。公共服务设施用地主要为商业、文化娱乐、商务办公用地，集中分布于世纪大道沿线地区。

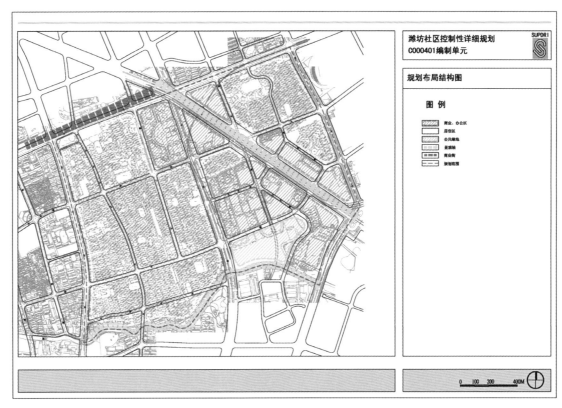

规划布局结构图

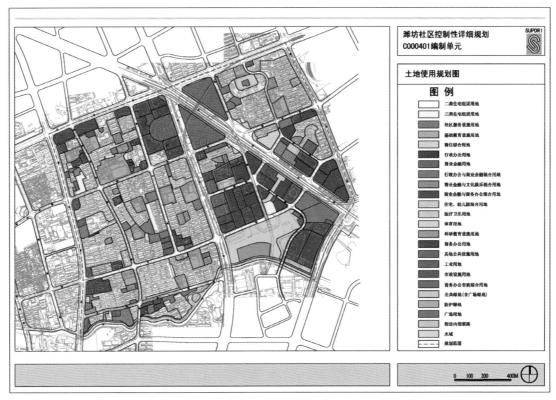

土地使用规划图

4）开发规模

C000401编制单元总建设用地面积约263.56hm²，其中建设地块总面积约207.29hm²。规划总建筑面积约510.46万m²。

规划居住总用地面积约为115.47hm²，占城市建设用地的比例为43.81%，住宅组团总用地91.51hm²，居住总建筑面积约213.41万m²，其中，住宅总建筑面积约188.09万m²。规划社区服务设施用地面积7.62hm²，基础教育设施用地面积16.34hm²。

规划公共服务设施用地面积70.48hm²，建筑面积295.21万m²，其中商业办公用地面积约64.26hm²，建筑面积约289.08万m²，占公共建筑总面积的97.9%。医疗卫生设施、福利设施，以及绿地中少量公共设施、市政基础设施建筑量共约7.97万m²。

5）绿地规划

规划在东方路、浦电路东南部布置较大片集中公共绿地，面积约9.50hm²。沿世纪大道、张家浜控制绿带宽度均不小于10m，结合周边用地情况，局部放大，提供休闲、游憩场所。居住区结合现状布局情况，增加部分公共绿地，改善居住区环境。从空间布局看，居住用地周边绿地有所增加，集中公共绿地的面积有所增加，绿地系统性加强。

6）道路交通

（1）道路系统（表2-5）

社区内有多条干路和支路，路网总体呈网格状。规划分主干路、次干路、支路三级，主干路道路红线50～60m，次干路道路红线35～80m，支路道路红线7～24m。

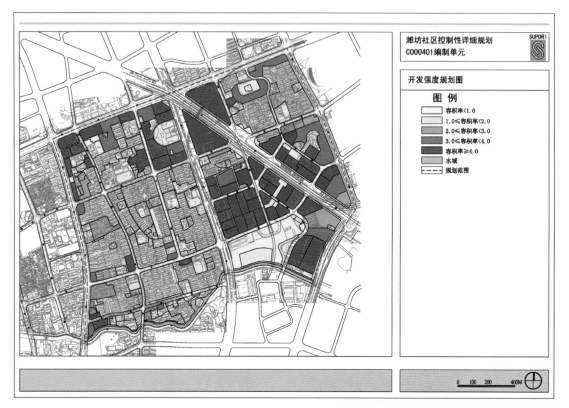

开发强度规划图

规划道路面积56.27hm², 规划道路面积率21.35％; 规划道路长度18.9km; 规划道路网密度7.08km/km²。

潍坊社区C000401编制单元规划道路一览表（2010年）　　　　　　　　　表2-5

路名	道路性质	起讫点	规划红线宽度（m）	隔离带宽度（m）
浦东南路	主干路	张杨路—张家浜	50	
源深路	主干路	张杨路—杨高南路	50	
杨高南路	主干路	世纪大道—张家浜	50	20
张杨路	次干路	浦东南路—崂山东路	42	
		崂山东路—源深路	60	
世纪大道	次干路	张杨路—杨高南路	80	10
东方路	次干路	张杨路—张家浜	70	
潍坊路	支路	浦东南路—源深路	24	
浦电路	支路	浦东南路—源深路	24	
北张家浜路	支路	浦东南路—张家浜	20	
南泉路	支路	张杨路—张家浜	20	
崂山路	支路	张杨路—浦电路	24	
福山路	支路	张杨路—浦电路	24	
松林路	支路	张杨路—浦电路	16	
竹林路	支路	向城路—浦电路	16	
		浦电路—张家浜	24	
向城路	支路	东方路—福山路	20	
		福山路—松林路	24	
钱家巷路	支路	浦东南路—崂山西路	7	

（2）轨道交通

规划轨道交通线路有4条，轨道交通2号线、4号线、6号线和9号线，具体情况分别如下：

轨道交通2号线，起讫点为虹桥枢纽西的诸光路站至浦东铁路客站。本区内长度约1.76km，从世纪大道经过，并在东方路附近设世纪大道站。

轨道交通4号线，起讫点为宝山路至虹桥路。本区内长度约1.72km，从世纪大道、福山路经过，并在东方路、浦电路附近设站。

轨道交通6号线，起讫点为高桥至济阳路。本区内长度约1.96km，从张杨路、东方路经过，并在世纪大道、浦电路附近设站。

轨道交通9号线，起讫点为枫泾至曹路。本区内长度约1.75km，从世纪大道经过，并在世纪大道设站。

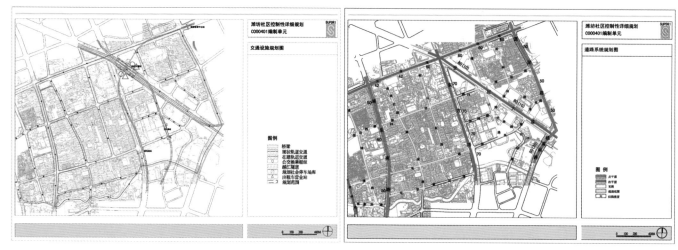

道路系统规划图   交通设施规划图

（3）交通设施

A. 换乘枢纽

规划新增公交换乘枢纽2处。规划世纪大道地铁站，分别在东方路、张杨路、福山路、潍坊路围合的2个地块中，增设公交换乘枢纽，综合建筑面积约10000m²。结合轨道交通4线大型换乘枢纽在世纪大道两侧设置公交始末站，各安排线路2条，建筑面积约1800m²；出租车营业站，10～15辆规模，建筑面积约600m²；2个社会停车场，总停车泊位180辆，建筑面积约5400m²；其他还有自行车停车、公交过境站等，综合建筑面积约10000m²。

B. 越江工程

在张杨路上有已通车的复兴东路隧道，分上、下2层，其中下层出入口在南泉北路与崂山路间。

C. 社会公共停车场

在世纪大道地铁站两侧地块，结合综合交通枢纽修建2个公共停车场。

D. 出租汽车营业站

结合世纪大道站旁的综合换乘枢纽，设置出租车营业站。

7）景观风貌

（1）景观控制区：竹园商贸区

竹园商贸区以高层高密度的空间为特征，体现高效强烈、丰富生动的整体形象。建筑单体设计在追求个性表现的同时彼此应相互协调；注重建筑间的组合达到和谐的景观效果，高层建筑的布置错落有致，高度适当变化形成丰富优美的都市轮廓线，一般可在合适的位置安排一栋或一组标志性高层建筑，作为轮廓线的高潮和空间组织的核心，以强化其在城市中的突出形象；在较高密度的建筑中留出适当供人活动的开敞空间，开敞空间连续且具有引人入胜的变化感。

（2）景观控制带：张家浜、世纪大道道路景观带

张家浜沿线结合地块开发的具体情况，因地制宜地增加沿线集中绿地，通过岸线的多种处理变化和设置亲水平台，将水面引入滨河绿化内部。

（3）景观控制节点：浦电路、东方路、杨高路大型公共绿地

规划的绿地设计应增加空间和视觉的层次感，讲究空间的适当分隔、围合，以及植物、构筑物的

搭配，以增强观赏性、趣味性。绿地广场周围应形成良好的视觉边界，适当控制建筑的密度和形式，以点式的高层塔楼较为适当，避免板式建筑较长的展开面直接面向开敞空间，加宽高层建筑的栋距，减少对后排建筑的遮挡，适当加宽绿地周围第一层面高层建筑的栋距，提高绿化景观的开敞性和使用的均好性。注重周边建筑体量、造型、色彩的塑造和面向绿地一侧的细部刻画，建筑彼此协调，形成优美协调的轮廓线。注重绿化广场内主要的人流汇集点、观景点和大片草坪、水面等开敞空间前方的视觉景观，一般应视为布置标志性建筑或特色景观建筑的理想位置。

二、拓展下的功能提升：塘东地区

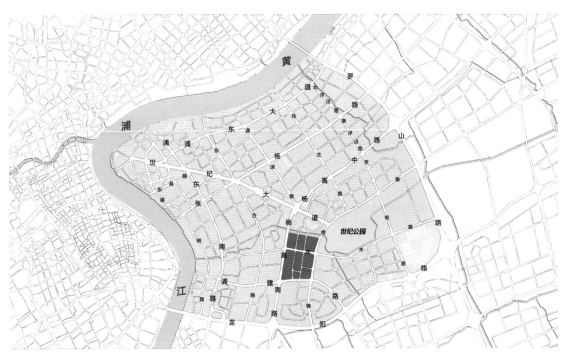

塘东地区区位示意图

（一）规划背景

塘东地区位于花木地区的西南部，紧邻杨高路和内环线，处于浦东城市东西开发轴线南翼，北与上海科技馆隔河（张家浜）相望，东北毗邻浦东世纪公园，与浦东行政、文化中心紧密相连，交通方便，腹地宽广，有着优越的区位和环境优势。在早期的陆家嘴—花木分区规划以及花木地区结构规划中，该地区就被认为宜于作为浦东东西轴线功能的延伸、补充，以发展商务办公、旅游购物和居住为主要内容，形成一个具有现代化、高品质的综合功能园区。在上层次规划指导下，1994年，由上海陆家嘴规划建筑设计事务所编制了《塘东小区实施性详细规划》，并获得了新区综合规划土地局的批准（浦综规〔94〕369号文）。

1999年，根据塘东小区土地批租以及周边地区开发情况，上海陆家嘴规划建筑设计有限公司编制了《塘东小区控制性详细规划（调整）》，于2000年初由沪浦管〔2000〕24号文批复并开始实施塘东小区规划。在该规划中，塘东小区的规划性质确定为中、高档居住小区。

2002年，为了更加适应开发要求，并统筹考虑周边小区开发规划，综合平衡，合理用地布局，提高土地效益，由上海市浦东新区规划设计研究院编制了《塘东小区控制性详细规划调整》，该规划旨在对小区内的土地使用、公建配套进行整合，以利于住宅区的整体开发。其于2003年经浦府[2003]46号文批复同意。其后，在2003～2005年期间，根据实际建设需要，塘东小区的局部地块进行了规划微调。

随着上海市加快"四个中心"的建设，浦东新区经济结构调整进一步加快，国内外大公司、大企业等功能性机构加快向浦东集聚，整个浦东新区写字楼市场需求量极大。而作为浦东新区核心区域的陆家嘴地区现有的办公楼宇供应量已不能满足市场的需求。在此背景下，作为世纪大道沿线商务带重要延伸部分的杨高南路商务区的逐步开发建设，张家浜南侧杨高南路两侧用地的商务功能日益显现。同时，随着全市加快推进国际金融中心建设及金融集聚陆家嘴战略的深化实施，特别是大量中外金融机构集聚后，对陆家嘴功能拓展和完善提出了更高的要求。陆家嘴中心区向周边的上海船厂地区拓展；竹园商贸区周边形成杨高南路商务走廊，增加了塘东总部基地和竹园公园商贸地块。在此背景下，塘东小区的功能定位得到了质的提升，除了中高档居住小区的定位外，还增加了金融类总部基地的功能。

2007年，针对塘东地区功能定位的提升调整，由上海市浦东新区规划设计研究院编制了《塘东局部地块控制性详细规划调整》，并获得了新区人民政府的批准。

（二）规划演变

1. 首轮规划：塘东小区实施性详细规划（1994年）

1）规划范围关系

该规划中，明确塘东地区的规划范围为：北至张家浜南侧规划道路（即现锦严路），与新区市政中心接邻，南至浦建路，东至浦川路（现锦绣路），总用地为76.69hm²（以道路中心线为准）。

2）功能定位

在城市总体形态上，塘东地区既是一个独立的公共活动中心，又是东西轴线的概念延伸，相对行政文化中心和中央公园，在城市空间上处于从属地位，是花木地区的有机组成部分。根据总体规划和浦东新区的发展要求，塘东小区将开发建设成商业办公、文化娱乐、公寓商住和住宅区的新型综合小区。

3）平面布局

塘东小区由路网划分成大小不等的9个地块：

峨山路北面除其中1块旅馆基地外，其余3个地块主要为高层住宅区，在主要干道一处布置办公、商住等综合楼。

峨山路与浦建路之间的5个地块中，沿峨山路南侧的西块以文化娱乐中心为主，中块由面积达4.5hm²的集中绿地和南部的100m高的超高层公寓住宅群结合形成小区的空间中心，东块主要由高层住宅和商业建筑组成小区的商业中心。

浦建路北侧东块为新区政府的配套住宅基地，为多层住宅区；中西地块除一中学用地外，均以高层办公、商住性质为主，与北邻东锦江宾馆形成空间序列的连贯和过渡。

4）道路交通

（1）道路格局

地区主要道路除了杨高路、浦建路、浦川路3条城市主干道外，区内有东西向的峨山路通过，

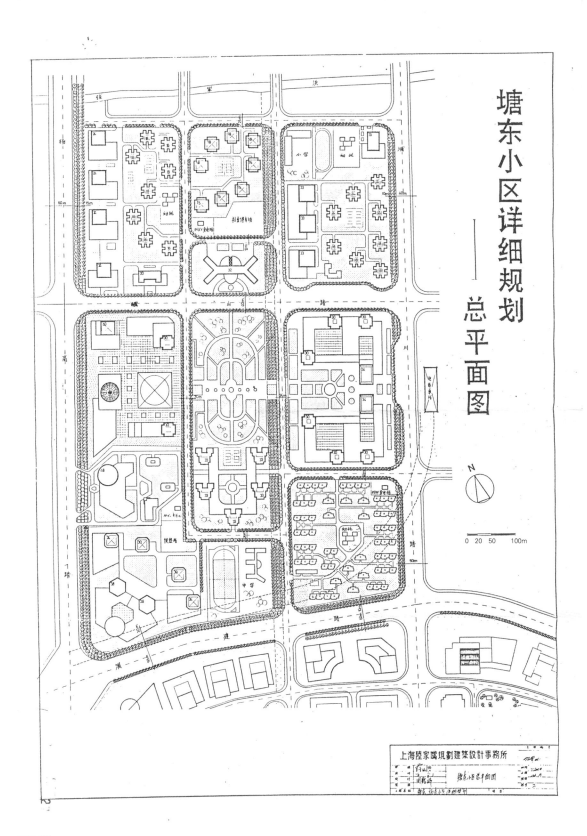

总平面图

由以上道路组成该地区的城市干道网，道路红线宽度在40～60m，两侧各设10～15m的道路绿化带。

此外，结合花木地区环路系统，沿郁家浜北河上游引水管渠东侧辟建一条由北至南转东的24m宽的贯穿整个地区中部的L形地区性道路（北接市政中心，东南接花木镇），以及与其相套接的局部性环路（宽度亦为24m）。在上述路网骨架的基础上，根据开发需要增设路幅为20m、16m、12m不等的服务性支路系统，组成地区完整的道路网络。

（2）轨道交通

当时规划的地铁6号线在董家渡路过江，经浦建路北侧弯向浦川路东北向，在杨高路西侧和近峨山路附近各设车站一处，地铁直线段控制带规划保留宽度30m。

5）建设容量

塘东小区的建筑总量达到175万m²，其中商办住类为91.4万m²，居住建筑（包括中小学、幼托）为56.68万m²，约可居住2.43万人。

2. 规划调整：塘东小区控制性详细规划调整（2003年）

1）规划范围关系

该规划的规划范围与首轮规划的范围基本一致，由于道路红线的调整，用地面积有所减少。其具体范围为：杨高南路以东，锦绣路以西，浦建路以北，锦严路以南，规划总用地约70.40hm²。

2）功能调整

塘东小区周边地区经过数年的开发建设已经形成了规划构想的格局，其周边的兰高小区、龙阳小区、杨东小区及花木住宅小区已经形成了中、高档居住区。考虑到与周边地区的协调关系，同时根据实际情况，该规划明确，塘东小区的规划定位应该是建设成为中、高档住宅区。

3）土地利用及技术指标

塘东小区规划居住用地共56.58hm²。其中住宅用地33.60hm²、占居住用地的59.4%；公建用地10.43hm²、占居住用地的18.4%；道路用地5.03hm²、占居住用地的8.9%；公共绿地7.52hm²，占居住用地的13.3%。

塘东小区居住用地规划综合容积率为1.6，规划居住建筑总面积90.72万m²，其中住宅建筑面积78.79万m²，配套公建建筑面积11.93万m²（人均配套公建建筑面积6.5m²）。规划住户6061户，居住人口18183人（按照户均住宅建筑面积130m²计）。

4）住宅规划

塘东小区住宅布局以街坊为单元形成若干中高层和高层住宅组团。规划结合组团内部道路、绿地布置住宅群体，形成较好的沿街轮廓线景观。规划花木路北侧三个街坊，考虑到世纪公园周边景观要求，3号住宅街坊的住宅建筑高度由东往西逐步升高，需处理好沿锦绣路和张家浜的景观界面。花木路以南规划香梅花园的三个住宅组团和锦康路以西两个住宅组团。

5）公建配套规划

规划小区公共活动中心分为南北两个公建中心。北部社区中心依托锦康路在花木路北侧布置社区旅馆、百货商店等商业内容，在花木路南侧布置社区公共活动中心、超市、菜市场等内容，社区公共活动中心可以设置相关的社区管理、社区咨询服务等相关机构。南部社区中心位于浦建路与杨高南路交界处，主要安排文化娱乐内容。

塘东小区控制性详细规划调整

用地性质图

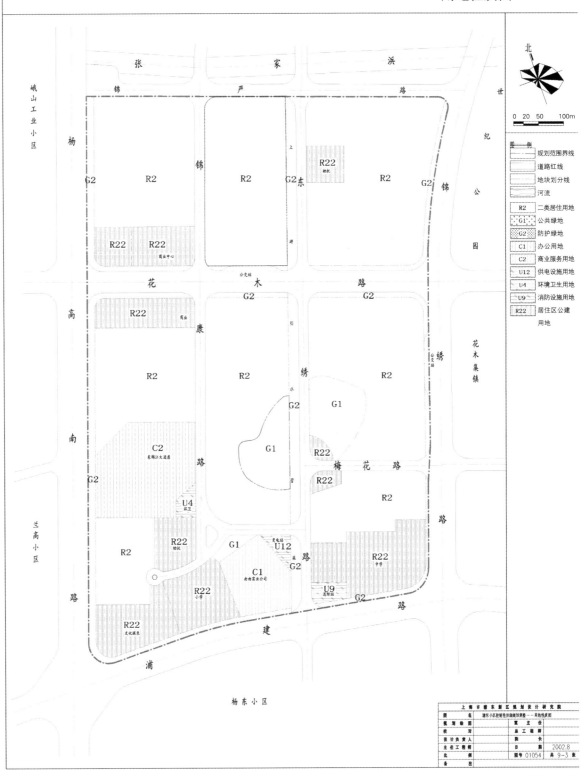

用地性质图

塘东小区控制性详细规划调整

总平面示意图

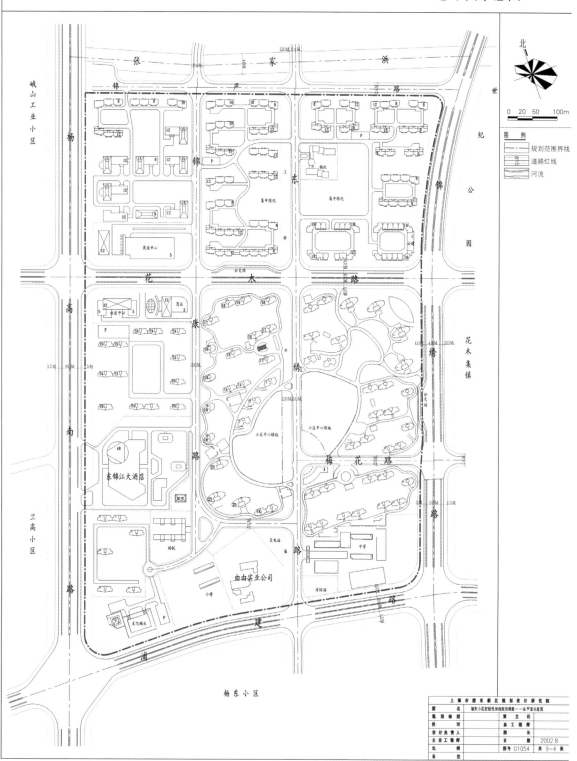

总平面图

6）道路交通系统规划

塘东小区周边的杨高南路、浦建路、花木路、锦绣路均为城市干道，不宜设置机动车出入口，其中杨高南路禁止设置机动车出入口。地块的机动车出入口设在锦康路、东绣路、梅花路等城市支路上，小区内可考虑结合绿化系统设置林荫步道。

浦建路和杨高南路为交通性主干道，杨高南路与浦建路交叉口为上跨式简易立交。沿杨高南路的东锦江大酒店、沿浦建路的由由实业公司等地块现状为右进右出的出入口，规划远期将机动车出入口设在锦康路上。

为处理好规划南部公建中心的交通组织，规划新辟一条16m宽的小区道路，与锦康路的交叉口作渠化处理。

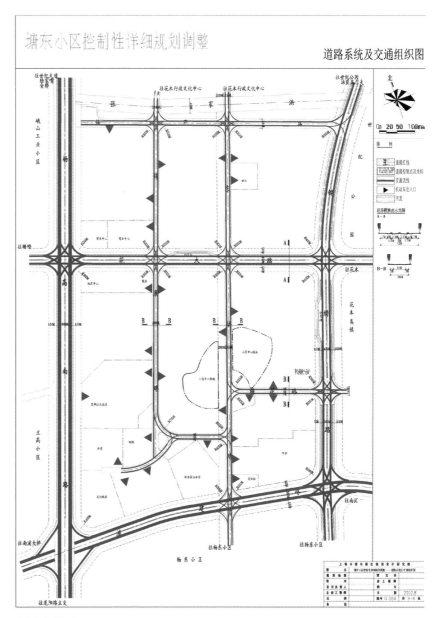

道路交通系统图

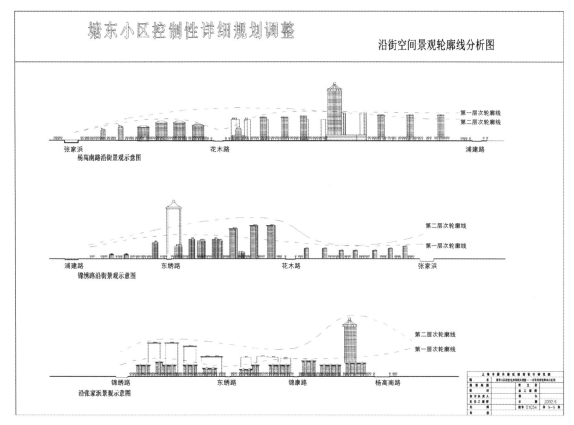

沿街空间轮廓线景观分析图

7）景观控制

规划对杨高南路、锦绣路、张家浜沿街（河）空间景观轮廓线提出了相应的控制引导要求。道路沿线建筑为第一层次，内部街坊建筑为第二层次。

杨高南路（张家浜—浦建路）路段以东锦江标志性建筑为中心，向两侧降低；锦绣路（浦建路—花木路）路段为香梅花园，（花木路—张家浜）路段为由东向西逐步升高；张家浜沿河住宅建筑尽量做到高低变化，空间渗透感强，不宜形成过长的板式建筑。

3. 规划提升：塘东局部地块控制性详细规划调整（2007年）

1）规划范围关系

该调整规划的范围为：北至锦严路，南达东锦江宾馆南边界，西到杨高南路，东至锦康路，总用地面积21.04hm²。

2）功能调整

在上一轮控规中，该范围内用地性质主要为居住用地，该规划将用地性质进行了转变，由居住用地变为商办用地。

（1）调整原因

A. 不适合建住宅原因分析

由于规划区域邻近城市主干路杨高南路，其噪声及粉尘对该地区影响较大；同时，周边相应居住配套设施并不齐全。因此，该区建住宅的适宜性较低。

B. 适合建商务楼原因分析

a. 市场需求

由于对上海未来的经济向好预计，外商企业加大投资力度，并积极与国内企业加紧合作甚至兼并国内企业。在此趋势下，越来越多的外商总部向浦东地区集聚。而国内企业也欲借助上海这一良好的平台进一步谋求发展，而纷纷在沪租赁办公楼作为区域性管理总部。在这一过程中，浦东新区以其良好的硬件环境以及相对成熟的软环境成为国内外企业竞相选择的重要区域。特别是浦东新区位于中心城区内的区域，其商务楼需求量更是大增。

b. 建设金融城的需要

随着上海市金融中心的建设，浦东地区金融产业发展宏观和微观环境的不断优化，现阶段将是浦东金融产业发展的重要时期。陆家嘴中心区以及世纪大道两侧区域作为浦东新区发展金融产业的重中之重，其建设应以吸引金融产业入驻为主。为了支持金融城的建设，把握住发展机遇，规划区适建商务楼。

c. 周边建设的推动

随着花木行政文化中心、花木副中心的建设，推动了杨高南路商务氛围的形成，并逐步形成了沿杨高南路建设商务走廊的趋势。在这一趋势下，规划区应建设商务楼。

d. 地区本身优势

规划区地处世纪大道沿线，紧邻花木副中心，离上海中央商务区之一的陆家嘴中心区仅有3km之遥，区位优势明显；同时道路交通便捷，周边软硬环境良好，其土地的区位价值不容忽视。从长远角度讲，规划区发展商务区更能提升地区经济，促进周边地区发展。

综合以上因素，在此良好的大背景下，将本规划区定位为以商务办公用地为主的现代化甲级商务区。

（2）功能定位

塑造具有国际一流水准的多功能、生态化的现代商务区。

原用地规划图

调整用地规划图

3）规划理念

非隔阂的城市空间环境与城市社会环境。

（1）多元的功能复合；

（2）人性化的城市环境；

（3）高效安全的交通系统；

（4）建筑与生态环境的自然融合；

（5）创造优美的城市界面及统一的城市空间。

4）开发模式

面对高容量城市开发，当今世界各国都越来越趋向采用立体的、叠合式的开发建设模式，将各种功能建筑、交通枢纽和通道、绿化景观等在不同的高度，不同的层面叠加。实践证明，这样的方式在解决高密度高容量地区复杂的功能问题、交通问题、环境问题时卓有成效，并且往往能够创造出富有特色的城市空间。

而针对该地区的实际情况，不论从其用地条件和开发条件来看，都比较适合于这样一种立体的城市开发模式。

在具体过程中，可具体分解为以下几个方面：

（1）功能的立体开发；

（2）交通的立体组织（二层平台与地下通道相结合）；

（3）绿化环境的立体布置；

（4）城市形象的立体营造。

5）规划结构

根据规划目标及道路分隔、功能布局需求，规划结构可归纳为"两片"，即北片和中片。

北片：锦严路至花木路，用地面积9.39hm²，初步拟定为未来中石化总部基地商办用地（表2-6）。

中片：花木路至东锦江大酒店及环卫设施用地的南侧边界，用地面积11.65hm²，包括规划的总部基地商办用地、现状东锦江大酒店商业用地以及市政设施用地（表2-7）。

6）用地布局与控制要求

除了保留南侧现状已建的东锦江大酒店和污水泵站、防护绿地外，其余用地布局为商办用地以及配套绿地、社区服务用地、市政设施用地等。

该规划区将采用与传统开发模式不同的一种新思路进行开发，即建筑由将来各地块业主根据规划控制要求和自身功能需求进行独立建设，但需预留空间进行二层连廊建设。

二层连廊：规划考虑将来塘东中块与规划区北侧花木10号地块二层连廊联系的可能性，建议在下一步实施方案中预留二层连廊的位置，塘东北块沿锦康路一侧预留绿化带以便二层连廊从其上方通过。

塘东北片技术经济指标表（2007年）　　　　　　　　　　　　　　表2-6

项目名称		单位	数量
用地面积		hm²	9.39
其中	城市建设用地面积	hm²	6.60
总建筑面积		万m²	15.75
其中	商办建筑面积	万m²	15.75
容积率			2.39

续表

项目名称	单位	数量
绿地率	%	30
规划新增停车位	辆	945

塘东中片技术经济指标表（2007年）　　　　　　　　　　　　表2-7

项目名称		单位	数量
	用地面积	hm²	11.65
其中	城市建设用地面积	hm²	8.50
	总建筑面积	万m²	44.74
	商办建筑面积	万m²	30.2
其中	商业建筑面积	万m²	13.94
	其他建筑面积	万m²	0.6
	容积率		5.26
	绿地率	%	30
	规划新增停车位	辆	1830

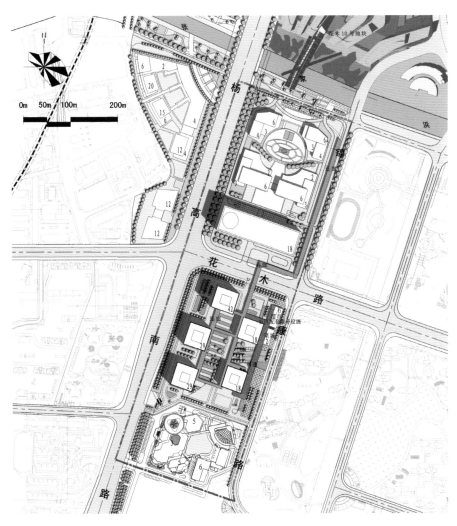

规则总平面图

7）交通组织

（1）塘东北片

A. 机动车进出口设置

由于杨高南路为主干路，不能设地块出入口，该规划地块分别在北侧锦严路、东侧锦康路和南侧花木路上各设一对机动车出入口。考虑到锦严路为尽端式道路，无过境交通，可专为该地块服务。

B. 地块内部道路及机动车流线设计

地块内道路呈环形+枝状形态，有利于地块内环境景观设计及组织地块内交通。外围的环形道路保证了内部建筑物及中庭绿地的宁静，并能为各建筑提供均好的可达性。

C. 停车设施布局

地块内设地下车库1座，配件停车泊位950个。地下车库设置双车道的进口、出口各2个，开口在环路上。

（2）塘东中片

A. 机动车进出口设置

该地块规划在北侧花木路上设1对机动车出入口，将与东锦江大酒店相邻的通道打通，并在东侧锦康路、西侧杨高南路上各设1个机动车出入口，以满足机动车出入要求。

该通道贯通后，东锦江大酒店地块原设在杨高南路上的出口将与该地块的杨高南路进出口并用。

B. 地块内部道路及机动车流线设计

地块内道路与规划南侧道路构成环路，以利交通组织和消防要求。在每个进出口处呈回路，便于车辆上下客和调头。

C. 停车设施布局

地块内设地下车库1座，设置停车泊位1821个。地下车库设置双车道的进出口共4个。地下车库出入口分别开在北侧城市次干路花木路上及南侧与东锦江相邻的通道上。

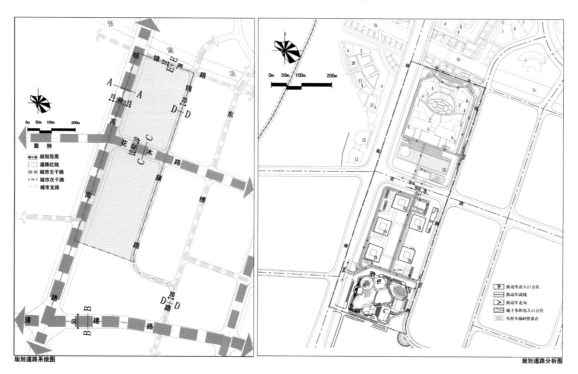

规划道路系统图　　　　　　　　　　　　　　规划道路分析图

规划道路分析图

8）城市设计控制

该规划强调城市街区和谐的尺度塑造，根据街区内外路径的不同，划分出街区内外私密性和公共性的不同空间，并强调对街区公共性空间的强化。

塘东北片建筑风貌以欧式风格为主，在靠近花木路一侧建筑风貌建议以新古典主义作为与塘东中片现代高层建筑的过渡。

塘东中片建筑风貌以现代风格为主，整体形象统一大气。

三、会展功能的诞生：新国际博览中心

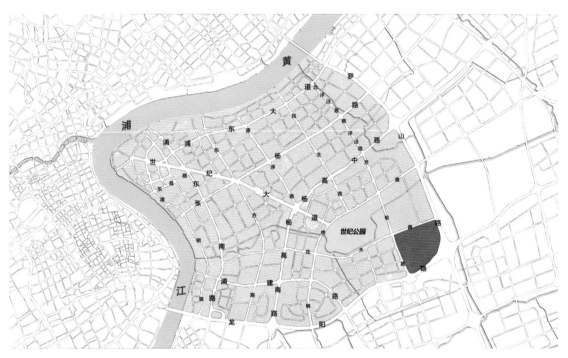

新国际博览中心区位示意图

（一）规划背景

上海新国际博览中心（SNIEC）位于上海浦东陆家嘴——花木地区。基地由北面的城市次干路——花木路，南面的城市快速路——龙阳路（内环线），东面的城市快速路——罗山路（内环线），西面的城市次干路——芳甸路所环绕。规划总用地面积83.31hm²（用地面积从城市道路绿化带边缘算起）。

会展功能是贸易功能的自然延伸，也是贸易功能不断深入的结果。在"92版"的浦东新区总体规划中，该地块就作为国际博览会地区进行了预留。从1993年开始，已由上海市城市规划设计研究院、法国夏邦杰设计事务所和浦东土地发展规划设计事务所编制了多轮规划。1999年，该地区确定由上海市浦东土地发展（控股）公司与英国（P&O公司）及德国（汉诺威、慕尼黑、多塞道尔夫展览公司）合作开发建设，并由美国Mruphy/Jahn建筑设计事务所作了概念设计。根据多次会议讨论意见及有关领导的指示精神，迫切需要对该地区提出一个整体开发思路，进行整体规划，在此背景下，由浦东土地发展规划设计事务所编制了《上海浦东新国际博览中心地区规划》，对以前的多轮规划作了一个整

合，该规划较好地指导了新国际博览中心一期的建设。

　　为解决新国际博览中心地区停车位少且不方便，场地整体绿化欠缺，周边公建配套不足的矛盾，2003～2004年，上海市浦东土地发展控股公司委托上海市浦东新区规划设计研究院编制了新一轮的《上海新国际博览中心地区调整规划》。

　　但考虑到实际操作性和主要功能区的展厅和室外展览面积不足，2004年8月，上海新国际博览中心有限公司（SNIEC）董事会决定，建议对这个地区的规划进行再一轮调整。在充分尊重利用原有的总体规划成果的基础上，新国际博览中心有限公司管理层委托德国阿尔伯特·施佩尔城市规划、建筑设计联合公司（AS&P）与上海市浦东新区规划设计研究院共同完成新国际博览中心总体规划的补充设计和完善。该规划于2006年8月获得了浦东新区人民政府的批准。

（二）详细规划

1．上海浦东国际博览中心地区规划设计（1999年）

1）规划目标

　　规划具有展览、会务和商务等多种功能，能满足举办大型国际性展览活动的要求；合理安排和确定各类建筑容量和用地，协调地区内各类用地与道路、地铁车站、交通组织、市政配套等关系；合理规划、为浦东新区树立新的城市形象，促进上海与国际的经济、贸易发展和科学文化的交流。

2）功能布局

　　浦东国际博览中心主要由入口区、展览馆区、室外展览区和停车场（库）区组成。

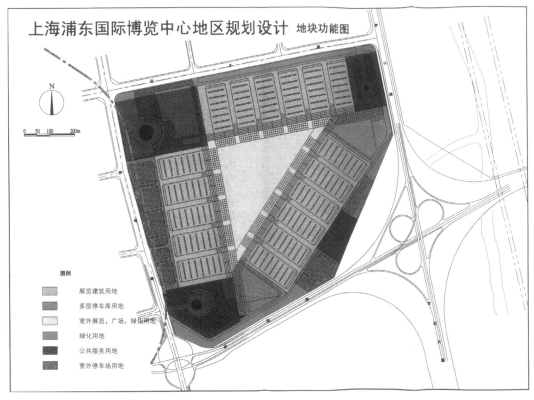

地块功能图

在总体布局中，3个展览馆区沿地区周边呈三角形布置，在三角形的三个角上设置3处入口，结合周边道路交通以及规划地铁站位置，主入口位于西北角，除入口建筑功能外，还设有会议中心、管理中心、商务中心以及宾馆等，建立一处圆塔建筑作为地区中心和地区标志性建筑。三角形的中心区域为室外展览区，结合绿地和休闲广场布置，供大型机械设备或需要室外展览的大型物件展出。在3个入口附近，设置室外停车场或多层停车库。

大面积绿化主要集中在三角形的中心区域及入口广场布置，沿花木路设置20m宽绿化隔离带，沿芳甸路设置30m宽地铁控制带。

3）建筑布局

新国际博览中心建筑设计由美国Murphy/Jahn建筑设计事务所设计。根据Murphy/Jahn的总体设计构思，整个中心以"城"作为设计理念，考虑集展厅、宾馆、办公、银行、邮电、运输、报关、广告、餐饮、停车等各种服务与设施于一体，以期为国内外会展、商务与贸易活动提供一个完美的舞台。整个新国际博览中心规划有17个室内展厅，其中西侧5个展厅，北侧6个展厅，南侧6个展厅。展厅为单层、无柱结构，单个展厅建筑面积在1.55万m²左右，其中展览面积在1.15万m²左右。

4）建设容量及用地细分

规划总建筑容量为80万m²，其中展览建筑面积为40万m²（其中展览面积为20万m²），公共服务配套建筑面积为25万m²，多层停车库建筑面积为15万m²（按30m²/车位计，可供5000辆车停放）。

地区规划用地面积89.01hm²（以四至道路红线为界），用地分类有展览建筑用地、公共服务用地、室外展览用地、道路广场用地、绿化用地以及停车场（库）用地。展览建筑用地26.1hm²，占总用地

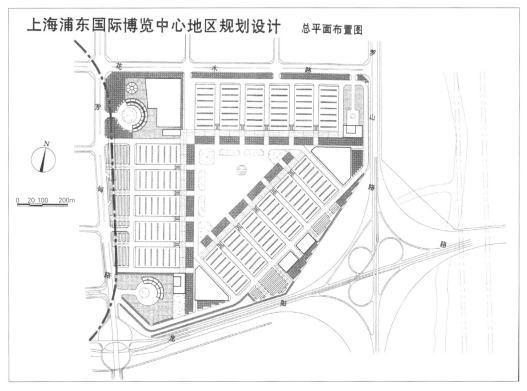

总平面布置图

29%；公共服务（入口、管理中心、商务中心、海关、会议中心、宾馆）用地17hm²，占总用地19%；室外展览用地5hm²，占总用地5.6%；道路广场用地14.3hm²，占总用地17%；绿化用地13.7hm²，占总用地15%（表2-8）。

浦东国际博览中心地区规划用地平衡表（1999年）　　　　　　　　表2-8

	名称	面积（hm²）	百分比（%）
1	总用地	89.0	100
2	展览建筑用地	26.1	29
3	公共服务用地	17.0	19
4	室外展览用地	5.0	6
5	道路广场用地	14.3	17
6	绿化用地	13.7	15
7	室外停车场用地	6.4	7
8	多层停车场用地	6.5	7

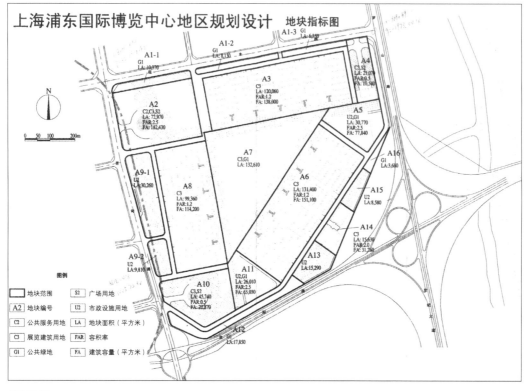

地块指标图

5）道路交通组织

龙阳路和罗山路是城市快速干道，芳甸路和花木路是城市次干道。博览中心地区人流和货运出入口均设置在花木路和芳甸路上。为了达到总体布局的完整性，在地区内部道路规划时结合人流与货流交通分析。

（1）人流交通

人流主要的交通出行方式是公共交通，包括地铁、公交和出租车等，自备车次之。在地区西北角邻近规划地铁车站以及规划公交终点站设置人流主入口。近期的人流组织以邻近地铁2号线龙阳路车站南入口为主。东面入口主要安排以自备车或社会车辆的人流为主，在每个展览馆及3个入口之间设1条连廊（包括地下人行通道），专供参观人流通行。

（2）货运交通

在芳甸路和花木路各设2处货运出入口。沿地区内部周边设环通的货运通道，在展览馆之间的通道设置货运车辆的卸载、集散和临时堆放场地，撤展和布展时，货物均从展览馆侧面出入，从而达到人车分流的目的。

（3）停车场（库）设置

结合3个入口建筑布置，在每个入口附近均设置室外停车场或多层停车库，规划停车泊位近7000个，其中室外停车场2000个泊位，多层停车库5000个泊位。

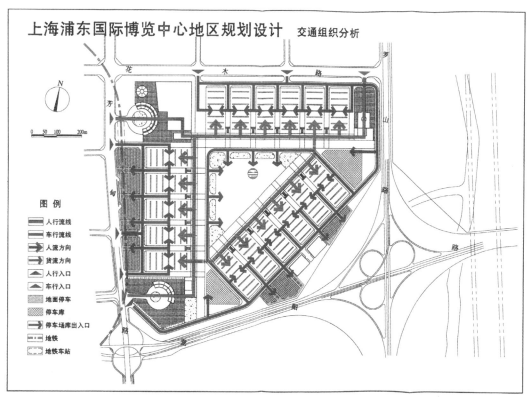

交通组织分析图

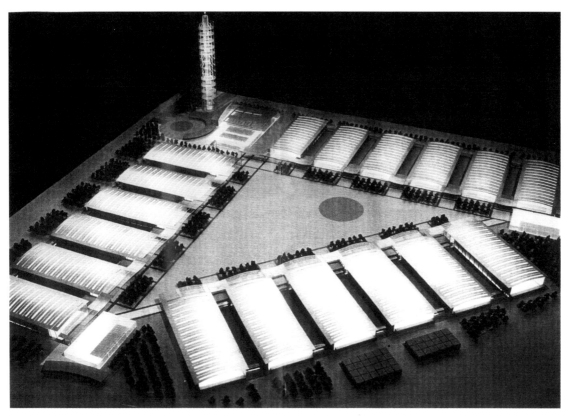

模型照片

6）城市景观设计

根据国际博览中心地区的功能要求以及周边地区的景观特色，地区采取低密度低容量的开发模式，展馆建筑沿地区周边布置，室外展场结合集中绿地布置于地区的中心，在地区的西北、西南、东北三角布置3个入口广场，西北角入口广场为主入口，建有会议中心以及一圆塔高层建筑，作为地区标志性建筑。

展馆建筑高度低于15m，立面设计为波浪形，与周边地区建筑及景观特色相协调。

2. 上海新国际博览中心地区调整规划（2004年）

1）功能分区

该规划将整个新国际博览中心分为展览核心区、宾馆会议区、商务中心区、集装箱货场区、停车区和景观绿带区等六大功能区域，各功能区通过基地内贯通的环路取得联系。

2）布局调整

规划仍保持17个展厅，但在布局上有所调整。在南侧区域规划新增了1个展厅，共设置为7个展厅；北侧区域相应减少了1个展厅，共设置为5个展厅。

3）配套设施调整

在该规划中，原先规划的基地东北角的多层停车库移至中心绿地以下，设计为地下2层停车库。地下停车库将能提供约5000个停车位。腾出的基地东北角地块规划为商务办公区。

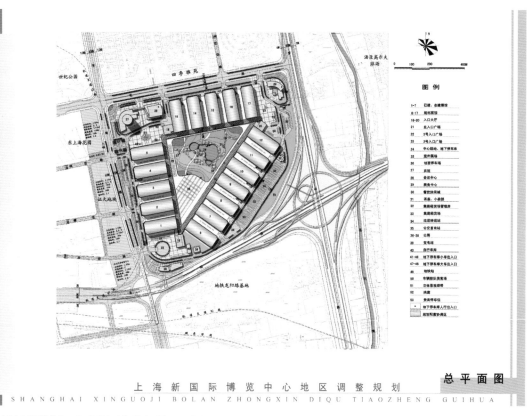

上 海 新 国 际 博 览 中 心 地 区 调 整 规 划　**总平面图**
SHANGHAI XINGUOJI BOLAN ZHONGXIN DIQU TIAOZHENG GUIHUA

《上海浦东新国际博览中心地区调整规划》总平面图（2004年）

3. 上海新国际博览中心地区调整规划修订（2006年）

1）基本设计原则

（1）对原有布局原则的保持

A. 沿场地的三边分别布置三组标准的180m长，70m宽的展厅，在中部形成一个三角形的有中央绿化的中院。

B. 在三角形的每一个"角"上布置主要入口和服务设施以及特殊功能建筑，如商务、酒店和办公楼等。

C. 沿芳甸路和花木路的西、北两组展厅将成为博览中心的主外立面。南侧的沿龙阳路一侧的展厅和相邻的物流、仓储区域成为服务功能的"后勤区域"。

（2）三角形场地布局的优势

A. 能最大限度地利用场地并且已有空间的利用率是很高的。

B. 能提供给观众一个环形的通道，能容易地通往每一个展厅。

C. 从参展商的角度来说，每一个展厅在空间和功能上都是均好的。

D. 三组展厅可以保证展览空间的多功能性。单个的展厅或成组的展厅可以在独立的模式下运行，可以满足同时举行不同展览的要求。

（3）需要完善的设计要素

A. 室外陈列和展览普遍在世界上发展很快，与之相伴而生的是对展览面积和交通运输的不断要求。为促进新国际博览中心的经济发展，场地的开发应以展览中心运行和举办展会的直接和间接要求为主。

B. 规划设计应维持现有布局并对其进行细化。在3个主要入口处应设立引人注目的地标性建筑。这些区域的设计应与公共区域和展览场所的设计相协调一致，并有良好的交通保障。在这些入口区域之间是成列的展厅。

2）原有规划问题剖析

（1）地下停车库

原有的设计规划在中央绿地的下面建一个大型的2层地下停车库（5000个停车位）。因如下原因，这项设计必须更改成更适当的停车解决方案。

A. 地下停车场的车辆出入会影响物流通道。

B. 为了安全考虑，应尽量避免不被控制的车辆直接进入到被控制的区域，即使不在同一平面的场地上。

C. 在紧急情况下，几乎不可能疏散地下车库的车辆。

D. 此建筑投入资金十分巨大，节省空间并不意味着增加建设成本。

E. 中央绿地的生态功能和对中央庭院的利用很受限制（包括景观绿化设计、室外展场容量等）。

F. 工程管线安排和地下基础构造的规划可能会被地下停车库阻碍。

（2）展览空间容量（室内）

一直以来，新国际博览中心意欲提供200000m²的室内展览面积。但原规划设计的17个180m×70m标准展厅实际每个展厅只能提供11500m²的有效展览面积，实际只提供了195500m²的室内展区，少了4500m²展览面积。由于原规划是根据已建的标准展厅（180m×70m）进行规划，本次设计方案的更改将寻找达到200000m²的办法。由于西面的展厅已完成，东面的展厅刚开始，所以需要将北侧N1至N5展厅作轻微的修改，或者新增加一个展厅。

（3）室外展览空间和中心绿地

根据原规划，室外展场的大小为50000m²（在同一个地块）。事实上，在2004年BAUMA展的时候对室外展览空间的需求已经要求有一个100000m²的室外展场。目前这一领先展览项目的发展还尚未结束。现状显示现有的室外展场为40000m²，这一区域主要集中在中院的西南角，为沿着W3至W5展厅旁的一条狭长形区域。

此块室外展览空间除了对现在和将来的需求来说太小之外，其三角形的形状亦使得很难将此块区域划分为展区，由此可见室外展区的规划在某种程度上需要更改，使得展厅能连续，并将有可能同时使用室外展场的部分区域。

基于以上原因以及考虑到类似BAUMA展的重要性，规划调整了中央绿地和室外展区的布局，参照德国慕尼黑展览中心所采用的室外展区结合绿化区域的布置形式——植草砂石床，能够较好地兼顾室外展览和绿化二者的功能。

（4）原商务中心区域（3号入口）

现场分析表明，在博览中心完成施工后将缺少一块辅助功能用地，尤其对于运输和停车。因此，本规划建议基地东北角的土地完全为此项用途所使用。这将更胜于在东北角建一个商务中心（办公楼），商务中心的功能可纳入基地西北角主入口的宾馆/会议区域。

（5）运输概念方案

为了便于现场操作，集卡运输路线与游览者步行路线必须尽可能相隔较远距离。按照先前的设计，这个基本设计原理不能被满足。必须仔细研究如何控制运输车辆尽可能有单独的环路，并允许从各个方向通往展览大厅。

3）主要修订内容

（1）实现200000m²室内展览面积

将N1至N5展厅加长12m，使得总的有效展览面积达到200000m²的面积要求（在先前规划中，17个标准展厅总有效展览面积为195000m²）。

（2）场内环路的修订

场地内用以连接3组展览大厅的基地主环路根据规划总平面的调整进行了修改。

（3）主入口广场/宾馆和会议区（场地的西北角E1）的修订

"A-04"地块（HCC地块），包括"入口区域E1"，将由第三投资方负责其详细设计和开发建设。A-04地块包含宾馆会议区、1号入口广场以及E1入口大厅等部分。规划建议将入口大厅E1设于A-04地块的东南角，以便为相邻的大厅N1和邻接入口广场的W5提供一个直行通道。1号入口广场用地面积不得小于3000m²。A-04地块中必须包括总宽度20m的道路以保持整个基地环路的贯通。地铁站和入口大厅之间要有便捷、专用的宽度不小于9m的通道，便于参观者安全集散而又不干扰酒店。A-04地块原则上可在西侧芳甸路和北侧花木路各设1个机动车对外出入口。出入口位置宜位于其相邻2个道路交叉口（花木路交叉口、梅花路交叉口）的中间位置，并可在地块东部环路上设置1个辅助出入口。1号入口广场应安排好出租车和其他小汽车上下客区域。建议在1号入口广场北端结合环路人行道展宽带设置车辆上下客区域，以使1号入口广场形成一个完整的可供举办开幕式及其他公共活动的独立场所。该地块因用地条件所限制，原则上以下客为主，上客为辅。出租车的蓄车尽量安排在场地面积较大的2号、3号广场，结合基地A-04地块的设计统一考虑。

芳甸路东侧A-04地块以南规划设置1座公交站。A-04地块与公交站之间设置步行绿化广场，以有利于组织步行流线。

（4）室外展区和中心绿地的修订

关于中心绿地和室外展场绿地的设计，考虑到新国际博览中心对于室外展览区域的特别需要，除了现有已建成的40000m²室外展区予以保留外，另外布置80000m²的植草砂石床绿地结合布置室外展区。植草砂石床是德国慕尼黑展览中心所采用的布置形式，其优点是既能够根据展览需要部分或全部用于室外展览，以满足现有和将来对室外展览面积的要求，又能够充分发挥绿化、休闲功能，改善地区生态小环境。另外本规划还在室外展区的东部设计了3块集中的三角形公共绿地（共20000m²的绿化面积）。

（5）停车场库的修订

为满足停车场的面积需要，将原规划布置于基地东北角的商务办公区取消，办公功能面积并入基地西北角的宾馆/会议中心区内，以保护总体方案的清晰明了。从而使得基地东北角专门用于对每个停车场库的管理。规划将场地东北角的西区设置3号入口广场和3号入口大厅；东区设置一处大客车停车场（可停泊大客车150辆）；南区设置一个地下1层至地上5层的多层停车库（提供停车泊位2520个）；为弥补停车泊位的不足，并在场地东南侧的后勤/物流区上空规划地面3层的停车库（提供停车泊位1650个）。停车库采用螺旋车道连接各停车层面。保留原有的沿芳甸路东侧的地面停车场（停车泊位800个）和广场贵宾停车位100个。加上A-04地块内部地下停车场泊位1200个，整个新国际博览中心停车泊位达6270+150个。

（6）出入口的修订

1号入口设计的意图是以酒店、会议办公楼和地下停车场组成的地标性建筑突出位于芳甸路和花木路交叉口处。这里还将建有轨道交通7号线（M7线）和轨道交通18号线（L5线）地铁站。将已建成的龙阳路芳甸路入口设为2号入口，在东北角设3号入口。每个入口均设有大面积的出租车上下客区域，并且利用入口厅将周围的展厅连接起来。

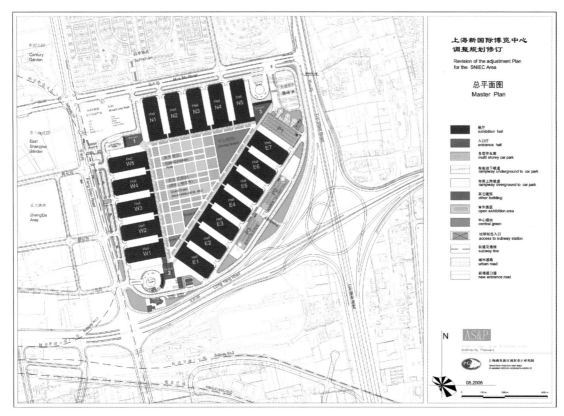

总平面图

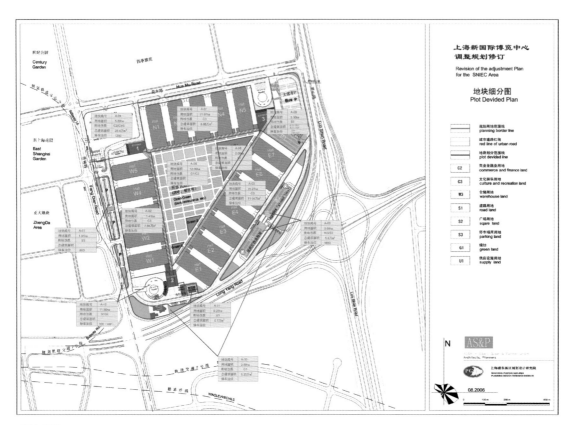

地块细分图

4）功能结构调整

经过调整修订，新国际博览中心整体功能结构由展厅北区、展厅西区、展厅东区、后勤/仓储区、1号入口综合功能区、2号入口广场区、3号入口广场区、多层停车库区、地面停车场区（芳甸路）、中心绿地与室外展览区和景观绿带区11个功能区域组成。

5）道路系统及交通组织

（1）交通需求预测

新国际博览中心交通需求按2010年底17个展馆全部建成后的交通需求测算。

A．总量预测

展览会的客流发生量与许多因素有关，如展览的内容、参观券的发放形式、展览的规模，展厅的位置，人流的周转率等因素。新国际博览中心展览内容以工业机械设备为主，此类大型展览一般展出面积在4～5万m²，即使用4个展馆。根据国内已知会展情况，最大的一次展览面积约为10万m²。会展大国德国2004年同类会展最大一次为8.8万m²。一般一个展览会为期7天左右，其中2天布展，3～4天展览，1天撤展，场地使用率可达到57%。综合上述情况，以平均每个大型展览会使用3～5个展馆计算，预计17个展馆建成投入使用后，同时容纳2～3个大型展览。分别以6个展馆对外展出和12个馆对外展出同时5个展馆布展两种情况，分别预测一般高峰日与极限高峰日的人流总量。高峰日展厅人员空间密度为0.5人/m²，人流周转率取2.0。据此预测博览中心一般高峰日7.8万人次/d，极限高峰日15.6万人次/d。

其他交通发生量包括宾馆会议、布展以及其他配套设施工作来访出行交通，预计每天交通发生量为1.2万人次/d。

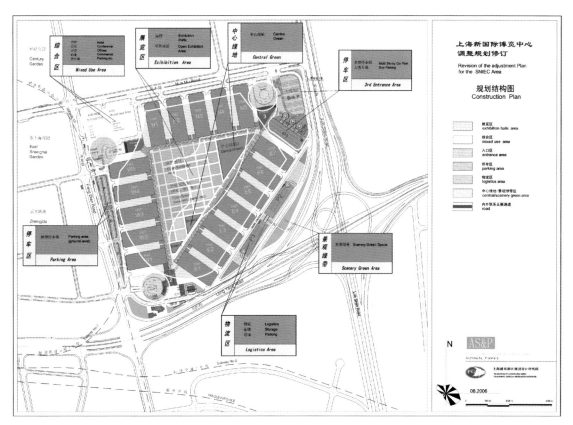

规划结构图

以上各项合计：一般高峰日9万人次/d，极限高峰日16.8万人次/d。

B．博览中心出行方式预测

根据现状交通调查，以及远期交通条件，预测2010年出行方式比例见表2-9～表2-12。

2010年博览中心方式预测表　　　　　　　　　　　　　　　表2-9

出行方式 Traffic measures	轨道交通 Metro	常规公交 Bus	出租车 Taxi	自备车 Private car	其他 Others	合计 Total
比例 Percentage	48%	15%	10%	25%	2.0%	100.0%

2010年博览中心日出行量分配预测表（单向/万人次）　　　　　　表2-10

出行方式 Traffic measures	轨道交通 Metro	常规公交 Bus	出租车 Taxi	自备车 Private car	其他 Others	合计 Total
一般高峰日 Normal rush day	4.32	1.8	0.9	1.8	0.18	9
极限高峰日 Extreme rush day	8.06	3.36	1.68	3.36	0.34	16.8

2010年博览中心高峰小时出行量分配表（万人次）　　　　　　表2-11

出行方式 Traffic measures	轨道交通 Metro	常规公交 Bus	出租车 Taxi	自备车 Private car	其他 Others	合计 Total
一般高峰小时 Normal rush hour	1.296	0.54	0.27	0.675	0.054	2.7
极限高峰小时 Extreme rush hour	2.418	1.008	0.504	1.008	0.102	5.04

2010年博览中心高峰小时交通发生量分配表（辆）　　　　　　表2-12

出行方式 Traffic measures	常规公交 Bus	出租车 Taxi	大客车 Large vehicle	小汽车 Car	合计 Total
一般高峰小时 Normal rush hour	270	1350	84	2531	4235
极限高峰小时 Extreme rush hour	504	2520	126	3780	6930

注：出租、自备车（大客车、小汽车）测算标准：大客车、公交：20人/辆；小客车：2人/辆；出租：2人/辆。大客车出行量占自备车出行总量的25%。

C．停车需求预测

目前新国际博览中心周边地块均有项目安排，因此停车问题需在本地块内解决。按交通需求预测极限高峰日当量小汽车停车位约需6600个，综合地块出入口通行能力，规划整个区域内共设6570个当量小车车位。

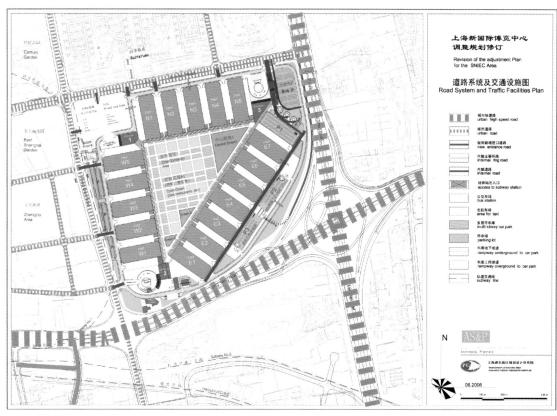

道路系统图

（2）道路系统

新国际博览中心地块东、南侧分别为城市快速干道罗山路、龙阳路，其直通外环线和浦东国际机场。西、北侧分别为城市次干道芳甸路、花木路。罗山路和龙阳路立交为全互通式立交，芳甸路和龙阳路交叉口规划为部分互通式立交。龙阳路南侧现有轨道交通2号线和磁悬浮线通过。沿芳甸路规划有轨道交通L5线通过。距规划地块600m的西南端为规划龙阳路综合交通枢纽。场地的对外交通条件比较便利。

规划在新国际博览中心基地内设一条宽度为20m的环形道路作为基地主要道路。该环路对内联系三组展厅、室外展区、停车场库等各大功能区，对外联系周边城市道路。为保证布展、撤展期间货运集装箱车辆的通行，主要环路的路缘石转弯半径最小不小于15m。

（3）交通组织

由于新国际博览中心各种交通流量庞大，因此组织好客运、货运和人流流程，布置好各类交通设施以满足需要，对于确保博览中心会展活动的有序、高效运行具有非常重要的意义。

A. 客运交通组织

规划在花木路和芳甸路共设置了9个车行出入口。其中花木路上设5个（包含A-04地块内的北出入口），芳甸路上设4个（包含A-04地块内的西出入口）。规划考虑到龙阳路、罗山路规划均为全封闭的城市快速路，和龙阳路—罗山路立体交叉的特点，为提高规划多层停车库的使用效能，尽快疏散SNIEC交通流量和减轻周边城市道路的交通压力，特别提出了在龙阳路—罗山路立交下利用原立交桥集散道增加1条7m宽2车道机动车进口道路的交通组织方案。新增的进口道路设1个进口进入博览中心地块，此进口连通P3的三层顶平台作为车库入口。

规划在1号、2号、3号入口广场内分别设置出租车场和其他客运车辆上下客点。

基地内设2处公交首末站，1处位于2号入口广场南部，另1处位于芳甸路东侧A-04地块以南区域。基地内环路可通行穿梭巴士以方便游客快速通达各展厅。

B. 货运交通组织

新国际博览中心的大量货流主要在布展和撤展期间产生。规划在基地东南侧罗山路—龙阳路立交桥下设置了物流专用区域，基地环路和每座展厅间的通道可方便提供布、撤展期间的货运运输，满足集装箱货运的后勤、仓储、停车、运输等功能。在花木路、芳甸路各设置了1个货运车出入口连接基地环路。

C. 人流交通组织

展览区内人流的组织主要是通过北、南、东侧的3个入口厅进入展厅和室外展区。各展厅通过其内侧围合的步行拱廊道相联系。步行拱廊下可设置贯通的人流传送带以方便游客游览。开设电瓶车等无污染轻便交通设施工具，提高各展厅的可达性。

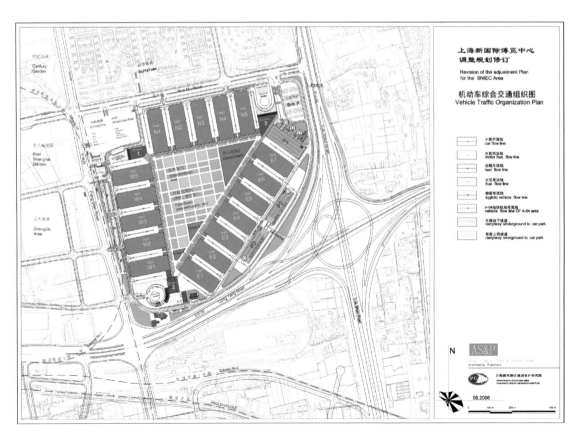

机动车交通组织图

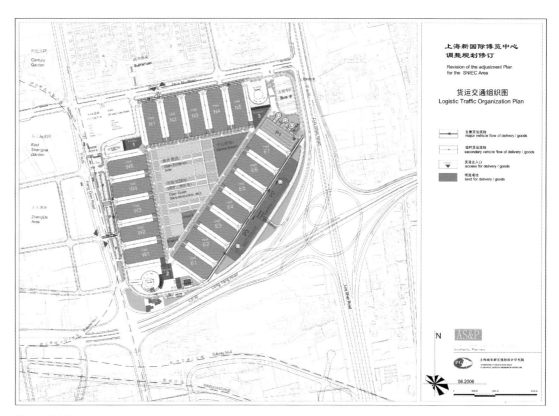

货运交通组织图

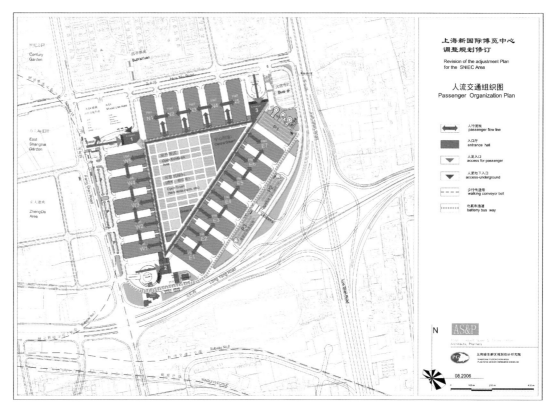

人流交通组织图

第二节　重点配套服务区域

一、城市商业的飞跃：新上海商业城

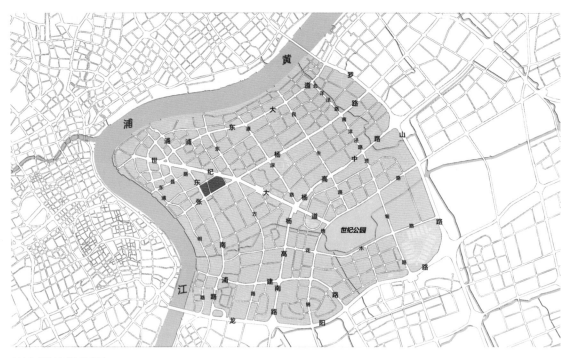

新上海商业城区位示意图

（一）规划背景

随着浦东新区开发建设的不断深入，在快速城市化进程的同时，更重视城市化质量的提高，城市商业设施的建设越来越受到重视。以上海第一八佰伴商厦为核心的新上海商业城，是浦东新区目前规模最大的商业区，由于毗邻陆家嘴中心区的较优的地理位置，为其未来的发展提供了优越的条件。

新上海商业城最初的规划编制于1990年，名称为《张杨路中心详细规划》，于1990年12月批准。1991年5月，由浦东商建公司委托上海市民用建筑设计院编制了《张杨路中心调整规划》，于1991年6月批准。在这次规划基础上，由浦东商建公司委托，结合当时浦东改革开放的形势，更好地服务于浦东建设，对原调整规划再次进行了调整，最终形成了为以后建设作指导的《上海浦东张杨路商业购物服务中心详细规划》。经过多年的运营，在2000年代初期已集聚了一定的商业氛围。但与上海市级中心的南京路商业街、淮海路商业街以及市级副中心的徐家汇商圈等相比，仍然缺乏竞争力。

为了使浦东商业迈向更高的层次，提高新上海商业城的商业环境质量，提升以新上海商业城为核心的浦东商业竞争力，使之成为浦东新区的一个重要的商业中心，为市民提供一个环境良好的富有生气的购物环境，2004年，由上海市浦东新区规划设计研究院编制了《新上海商业城二次开发改造控制性规划》，重点解决该地区的功能定位提升、世纪大道出入口、崂山西路（现南泉北路）步行街、地下车道贯通处理等问题。该规划于2005年获得浦东新区人民政府批准（浦府〔2005〕119号）。

（二）规划演变

1. 首轮实施性规划：上海浦东张杨路商业购物服务中心详细规划（1991年）

1）规划范围关系

该规划中张杨路商业购物服务中心的范围为：浦东南路以东，张杨路以北，沈家弄路（现商城路）以南，崂山东路（现崂山路）以西区域，总用地面积为13.77hm²［不包括城市道路及东北角保留住宅（后在世纪大道两侧地区规划中作为SN3-1地块）］。

2）功能定位

张杨路中心将是一个以商业为主，包括金融、办公以及文化娱乐的市级公共活动副中心，与基地周围的体育场、公园等连成整体，形成完整的浦东中心，体现新浦东的国际化、枢纽化的风貌。

3）总体布局

传统的商业街经长期逐步形成，行业配置不完善，店面欠协调，且统一性差。而张杨路中心是一个为人们提供各种活动和交往的城市公共空间，在经营管理、美化环境和市政设施等方面配合协调，经周密计划和统一设计，在整体造型上是一个具有连贯性、密切结合的统一体。张杨路中心不仅强调交通环境质量，也十分注意人们在购物活动中存在观赏、学习和休息的因素，使整个空间环境具有吸引力和舒适感，符合人们社会及心理要求。中心总体分区包括商业区、金融区、商业办公区、旅游区、文化娱乐区等。

规划将用地划分为20个地块（不包括SN3-1地块），大型商业裙房和商务办公沿周边道路布局，低层的新大陆广场沿内圈布局，新大陆广场与各高层建筑之间留出18m宽的公共通道。沿新大陆广场内侧为中心广场，中心广场为避免人车交叉，设置为高于地面的上升式广场。远东大厦、鑫联广场和新大陆广场在二层设置了9个天桥，分别连接第一八佰伴、内外联大厦、华申大厦、良友大厦、乐凯大厦、胜康廖氏大厦、三鑫商厦、华诚大厦、福兴大厦、福使达大厦、胜康斯米克大厦等，使各地块的连接主要在二层裙房，与地面车行分离。

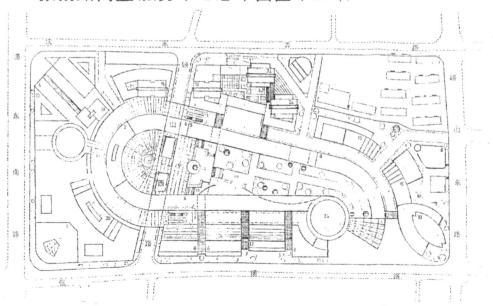

张扬路商业服务中心总平面图（1991年）

1991年规划总平面图

4）开发规模

该规划总建筑面积为57.98万m²，容积率为4.2，机动车停车位2407个。在实际建设中，有些地块建筑面积比规划控制指标有增加。

5）道路交通系统

（1）交通系统与商业建筑关系

规划首先妥善安排交通组织，处理商业建筑内部与外部的交通衔接，并进一步利用空间分层组织立体式的交通路线，密切道路系统与商业建筑的关系。

基地的两端，即东南角规划的地铁车站（现世纪大道地铁枢纽）与西面崂山西路中段，是浦西市区居民和外来游客到来的主要途径，两处均集中大量的人流，各形成一个广场，成为内部商业街的交通枢纽，围绕两个广场修建一条环形步行街，将整个商业中心串联起来，并可与四周的主要干道直接相通。

为了避免过去商业街普遍存在的人流和车流混杂的问题，将道路移进商业建筑内部作为步行道路网的一部分，形成"室内城市空间"，各商店底层相通，楼层以天桥、廊道相连，结合室外道路，形成一个商业步行街网络，尽量将人流从主要干道的人行道吸引到商店内，并向中心的环网步行街扩散，使人流与车流分离，解决了人车交叉干扰的矛盾。

西部的崂山西路贯穿整个中心，为取得满意的环境质量，商业步行街与崂山西路采用立体交叉，崂山西路西侧的中心绿化广场采用上升式，步行街行人可由人行阶梯至中央绿化广场。

（2）停车场（库）设置

规划机动车停车基本位于地下，各地块停车由外围城市道路直接进入各地块，再进入地下停车库，各地块之间没有联系。远东大厦和新大陆广场车库设置在崂山西路上，银峰大厦和鑫联广场由于位于用地内侧，车辆进出与人行有干扰，规划采取时段控制的方法，在允许的时间段通行货车，解决各地块货运问题。

占地 14 公顷 建筑面积 80 万平方米

城市轮廓线示意图

自行车停车设置在浦东南路、张杨路、沈家弄路等入口处及崂山西路停车场对面。

6）空间形态布局

商业街的布局以大型百货商店、食品商店作为核心主体布置在端部，中间以专业商店进行组合。高层建筑主要为旅馆、饭店以及商业办公楼，呈三角形分散布置在4块基地上，并在空间组合中遥相呼应。环形步行街和中央绿化区是形成中心整个环境气氛的重要区域。中央绿化环境空间强调宁静、舒适感和人情味，设置亭廊、座椅、喷泉、花坛以及雕塑、挂饰等艺术品，人们在绿化的庇荫中，可以真正享受到步行购物的乐趣。

商业建筑群组成热烈、繁华的现代商业空间，在张杨路、浦东南路2条城市主要干道上表现为高低起伏、疏密有致，并在主要干道交叉口形成高潮，构成富有韵律的城市轮廓线。

2. 规划提升：新上海商业城二次开发改造控制性规划（2005年）

1）规划范围关系

该规划将新上海商业城的范围限定为浦东南路以东，商城路—世纪大道以南，崂山东路（现崂山路）以西，张杨路以北的区域，总用地面积为18.55hm²（计算至道路中心线）。即在原先张杨路商业购物服务中心规划范围的基础上，将世纪大道两侧SN3-1（德加置业）地块纳入，共有内外联大厦、华申大厦、远东大厦、第一八佰伴、良友大厦、乐凯大厦、胜康廖氏大厦、新大陆广场、三鑫商厦、华诚大厦、福兴大厦、福使达大厦、鑫联广场、新亚汤臣大酒店、胜康斯米克大厦、银河大厦、新梅联合广场、银峰大厦、公交首末站、多层停车库等21个地块。

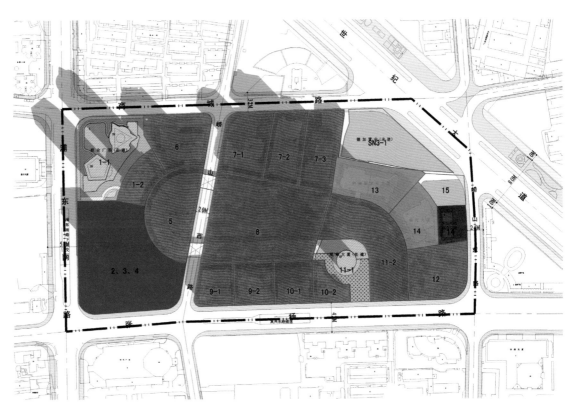

规划范围关系图

2）存在问题剖析

（1）交通问题

A. 现状轨道交通线站点离地块较远，缺少直接引入客流的联系通道。

B. 与周边道路联系不便利。复兴路隧道建成后，使张杨路过境车辆增加，从城市空间上分割了商业城与南部用地的联系。浦东南路下穿立交分割了商业城与浦东南路以东用地的联系。

C. 崂山西路纵穿商业城，分割商业城为两部分。目前，浦东南路和崂山西路交通量接近饱和，崂山西路交通拥挤，在地面层用地被分割为东西两部分，而各地块二层以上通道没有连通，用地缺乏有机的统一体，在很大程度上影响了商业城的购物环境，崂山西路的交通问题是该规划重点解决的问题之一。

D. 内部机动车组织混乱。地下车库各自为政，商业城内人车混行。

E. 缺少连通的步行系统。

（2）功能定位问题

A. 商业城聚客能力差，在该地区购物的以浦东地区的居民为主，缺乏对浦西地区的吸引力。

B. 行业和业态结构单一，主要体现了购物中心的形象，而多功能综合性的特征未能体现。

（3）环境问题

A. 中心广场使用率低。

B. 环境形象混乱。商业城有些建筑正在建设，远东大厦建成未用，加上管理经营上的问题，整体环境差，商业广告设置无序，造成视觉上的混乱。

C. 缺少连续的商业界面，商业氛围欠缺。

3）功能定位提升

将新上海商业城建设成为浦东新区最大的商业中心，使之具有良好的购物环境，能够产生巨大的经济效益和环境效益的商业极核，面向全市及周边地区，集休闲娱乐、购物、观光、商务办公、酒店等功能为一体的功能互补、效益联动和特色明显的现代化综合型商业商务娱乐中心。

4）方案比选

根据交通组织和停车方式的不同，该规划分成2个方案进行了探讨。

（1）方案一

A. 功能布局整合

新上海商业城总体功能布局优化为"西商东娱，中间催化"。"西商东娱"即在现状基础上，依托西侧的第一八佰伴已经形成的商业氛围，优化拓展商业零售功能，向综合与特色方向发展。在新上海商业城东侧，打通世纪大道至商业城的入口，引导发展娱乐功能。商业城靠近世纪大道的区段功能定位为休闲娱乐，与世纪大道的整体功能发展相吻合，可填补浦东和世纪大道沿线缺乏大型集中娱乐休闲空间的空白。

"中间催化"指利用现状商业城的中心绿地作为功能再开发的启动与催化。新上海商业城现状建筑不尽理想，这是事实。规划要在现实的背景下，以成本低，边际效应最大的方式进行二次开发，是一种最佳选择。规划以中心绿地的改造为楔入点，带动商业城整体发展。新大陆广场为多层建筑，改造成本相对较小，中心广场与中心绿地联合改造，可操作性强，可起到催化剂的作用。

具体功能布局：商业城崂山西路西侧部分重点发展商业零售，兼顾商业娱乐、商务办公。崂山西路东侧部分重点发展娱乐休闲，兼顾娱乐、商务办公、酒店休闲。商业城核心将现状绿化中庭改造为综合性的商业娱乐广场。中心广场南北两侧的步行街则引导发展为时尚休闲街。

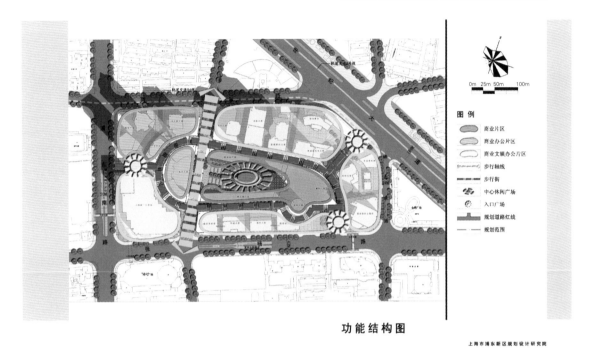

功能结构图

功能结构图

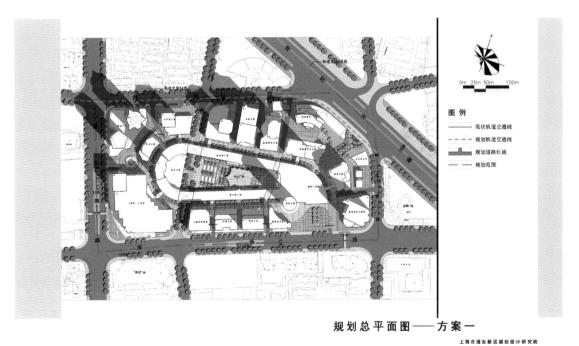

规划总平面图——方案一

方案一总平面图

B. 交通组织

商业城交通组织包括组织动态的轨道交通、公交、步行系统以及静态的地面、地下停车系统，形成一体化的换乘与人流集散系统。

a. 车行交通

沿现状环形步行街地下设计地下环形通道，作为地块内车行的主要道路，并在商城路、崂山东路、浦东南路上设置4组地下环路出入口，将内部交通全部引入地下，以达到人车分流的目的。同时该地下环路将现状各自独立的地下停车库串联起来，使地面交通完全步行化，创造人性化的环境。

b. 步行系统

将崂山西路改造为步行街（允许非机动车及公交车通行）与世纪大道、浦东南路、张杨路上3个人行广场一起组成整个商业城的主要人行入口。商业城内部商场通过环形步行街串联沟通，人流亦可通过该步行街进入整个商业城的核心——中心娱乐广场。同时规划在崂山西路两侧分别设置1个地面出入口，作为地铁商业街与地面商业街的连接点。商业城内另设4个地面出入口，以作为连通地下环路的人行通道。

c. 公交

·轨道交通。现状轨道交通R2线（2号线）与规划轨道交通R4线（9号线）分别从商业城周边的商城路与世纪大道通过。连接地铁R2线东昌路站与商业城之间规划为地铁商业街，使大量人流不出地面就可到达商业城，缓解地面交通的压力。地铁商业街可结合北部地块开发沿崂山西路设置。另外，利用R4线在商城路下设地铁站，与R2线组成地下交通网络。

·常规公交。商业城巨大的人流集散以常规公交为主，小汽车为辅。规划结合商业城入口分别在浦东南路、张杨路、崂山西路设置3对公共停靠站，并保留原规划沿商城路内外联大厦北侧的公交首末站。

d. 出租

结合商业城主要入口分别在世纪大道浦东南路、张杨路上设置4处出租车扬招点，以满足不同的乘车需求。

e. 停车

商业城规划总建筑面积724480m^2，经预测日人流量最高可达16万人次，考虑到商业城的交通条件，今后将仍以公共交通为主，通过自备车出行的人次按12%计算，机动车停车周转率取3次/d，因此商业城停车位需求量约2400辆。规划保留现状建筑各自独立的地下停车库，并将部分建筑现状地下空间改建为停车空间（包括华申大厦、第一八佰伴、内外联大厦、良友大厦、福兴大厦、福使达大厦、鑫联广场、胜康斯米克大厦、银河大厦），通过地下环路连接。同时在新大陆广场和中心绿地地下设置公共停车库，可增加停车位152辆，规划在崂山东路西侧D-01地块建一多层车库，机动车停车位200辆，规划商业城总停车位2526辆，可基本满足需求。

f. 货运

规划禁止货运车辆早上9点至晚上9点进出商业城，以避免对人流的干扰，实现商业城地面交通完全步行化的目标。

C. 空间景观

打开中心广场与崂山西路界面，银峰大厦与鑫联广场南侧步行广场向张杨路开敞，形成由张杨路直接进入商业城的开敞空间，打通由世纪大道进入商业城北侧的步行通道，在商业城北部形成文化休闲广场，联合广场与第一八佰伴之间的广场成为商业城重要的以购物为主要目的的入口广场，购物人流主要由此广场进入。商业城整体空间形成以中心娱乐广场为核心，以环形步行街为纽带，崂山西路步行街为新的活力空间，由3个主要广场为开敞界面，作为导入式空间，集聚商业氛围。

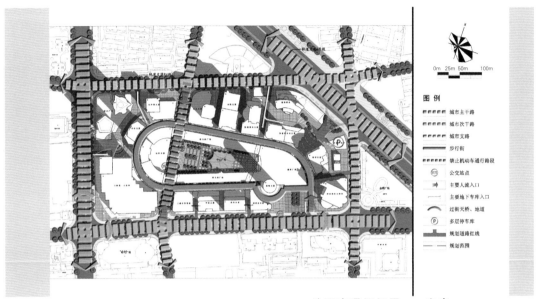

方案一地面交通组织图

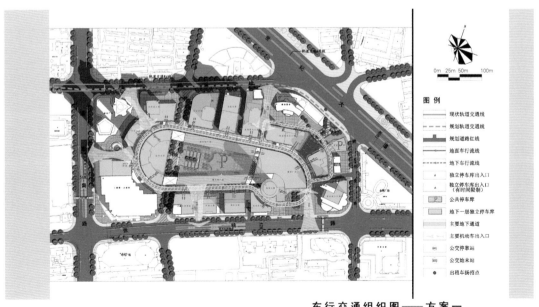

方案一车行交通组织图

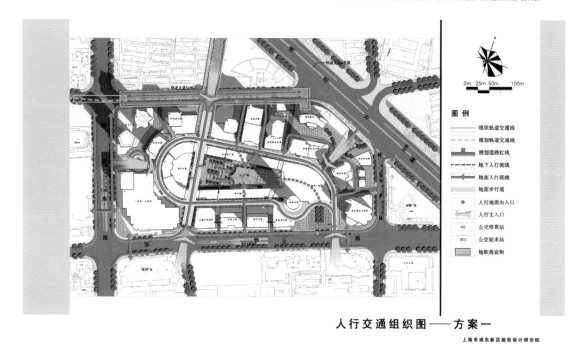

方案一人行交通组织图

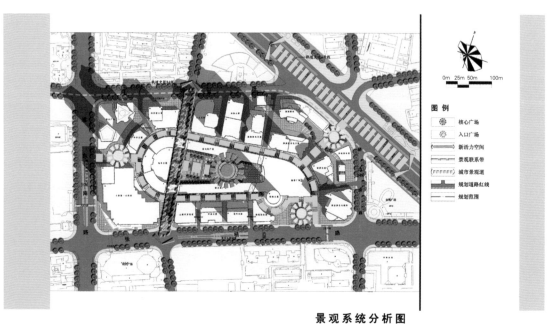

景观系统分析图

D. 建筑控制

各地块建筑退界线、建筑高度、建筑密度等控制指标按照规划设计要点进行控制（表2-13）。

方案一规划主要技术经济指标表（2005年）　　　　　　表2-13

	项目		数量	单位
	总用地		18.55	hm²
其中	可建设用地		14.37	hm²
	城市道路用地		4.18	hm²
	总建筑面积		72.45	万m²
其中	商务办公		36.38	万m²
	商业娱乐		35.22	万m²
	社会停车库		0.70	
	市政公用设施		0.15	
	容积率		5.04	
	建筑密度		50	%
	绿地率		15	%
	机动车停车位		2526	个

　　商业城裙房的改造是商业城二次开发重点考虑的部分。现状裙房缺乏统一的风格和界面，商品广告位置设置混乱，严重影响了商业城的形象。规划要求建筑裙房应统一商品广告，并统一风格和形式。在建筑外墙面上，应统一色彩和材质，并富有时代感，符合浦东新区作为开放窗口的形象。

　　E. 地下空间

　　地下空间的开发分为地下商业空间和地下停车空间2种功能。

　　地下商业空间：沿东昌路地铁站至商业城的地铁商业街；在联合广场、第一八佰伴地下结合R4线沿商城路设置地铁商业街。

　　地下停车空间：保留现状各建筑地下停车库，将新大陆广场和中心绿地地下设置停车库。

　　（2）方案二

　　方案二是在方案一的基础上提出不同的交通组织等设想而形成的备选方案，其主要在以下几点上与方案一不同：

　　A. 用地性质调整

　　方案二的功能布局基本与方案一吻合，只是将位于世纪大道入口广场处的原15号地块停车库用地性质调整为商业、办公、文化娱乐等综合功能的用地性质，这样更符合"西商东娱"的功能结构。

　　B. 交通组织

　　方案二在交通组织上与方案一显著的不同处在于取消了地下环路，车行交通组织主要通过地面解决；人行交通则通过二层连廊建立二层步行系统。具体如下：

　　a. 车行交通

　　将部分建筑现状地下空间改建为停车空间，同时在新大陆广场和中心绿地地下设置公共停车库，

方案一地下空间系统图

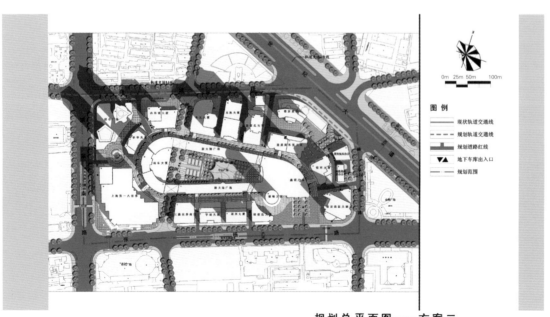

方案二规划总平面图

以满足商业城停车需求，这样现状部分地面停车就可全部引入地下，尽量使商业城地面交通在环行步行街外围得到解决。另外使鑫联大厦、银峰大厦地下停车空间与地下公共停车库相沟通，并设置2组出入口，一组位于崂山西路东侧，另一组进口设置在张杨路上，出口则布置在德嘉置业西侧的商城路上。

b. 步行系统

以世纪大道、浦东南路、张杨路上3个人行广场作为整个商业城的主要人行入口，人流可通过环形步行街进入整个商业城的核心——中心娱乐广场。规划在崂山西路两侧分别设置1个地面出入口，作为地铁商业街与地面商业街的连接点。同时将建筑裙房二层连廊相互贯通，形成地面二层步行系统。

c. 中心广场的改造

方案二保留了一组从崂山西路进出的机动车停车库出入口，这一定程度上影响了中心广场崂山西路入口的开敞性，也对中心广场造成了视线上的遮挡（这也是现状存在的主要问题）。要保证中心广场的开敞性，能够吸引人流，就要使停车库出入口两侧的通道保持通透，不宜保留两侧原规划的自行车停车库地面部分（现已改为商业），可将其改造成半地下式自行车停车库，并在北侧设一处出入口通道，尽可能减少对中心广场的空间景观影响（表2-14）。

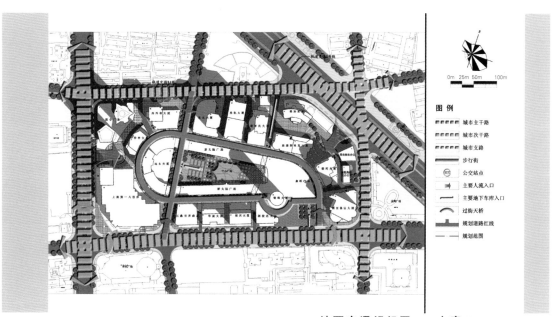

地 面 交 通 组 织 图——方 案 二

方案二地面交通组织图

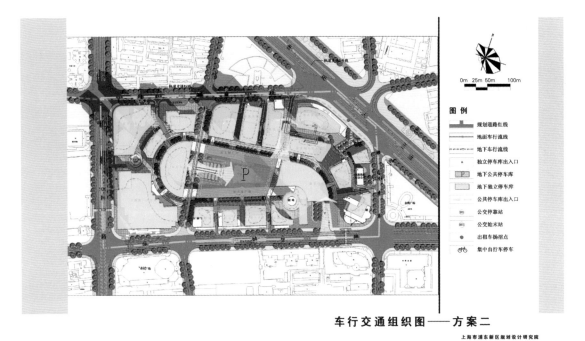

方案二车行交通组织图

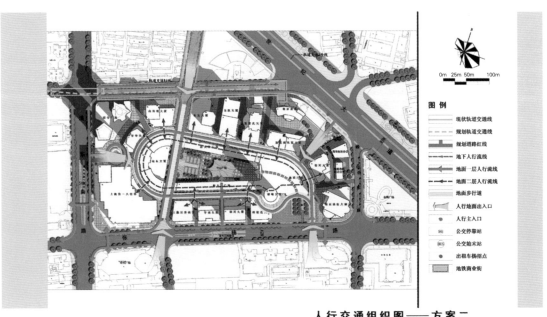

方案二人行交通组织图

方案二规划主要技术经济指标表（2005年）　　　　　表2-14

项　目		数　量	单　位
总用地		18.55	hm²
其中	可建设用地	14.37	hm²
	城市道路用地	4.18	hm²
总建筑面积		72.35	万m²
其中	商务办公	36.68	万m²
	商业娱乐	35.52	万m²
	市政公用设施	0.15	
容积率		5.03	
建筑密度		50	%
绿地率		15	%
机动车停车位		2346	个

5）设计导则

（1）中心广场设计导则

中心广场是再开发的改造重点，设计时应注重广场的开敞性、场所性及集聚性，使其成为整个商业城的核心活动场所。

A. 广场功能：综合性商业娱乐广场。

B. 整体风格：通过铺地、轴线等形式加强人流导入性标识，突出中心广场的向心聚集性，体现现代商业广场风格。

C. 广场氛围：集中烘托商业气氛，营造购物、休闲、娱乐为一体的人性化商业氛围。

D. 交通组织方式：广场内是步行者的天堂，禁止机动车驶入，同时应处理好崂山西路口人流、车流的组织关系。

E. 与地下车库出入口关系：若采用方案二，建议可考虑将地下车库出入口改造移位，以利于中心广场的交通组织和视觉要求。

F. 与周边建筑关系：建议将新大陆广场面向中心广场的建筑立面进行改造，形成向心的商业界面，使得中心广场的商业气氛更加浓厚。

G. 景观视线：确保中心广场面向崂山西路方向的通透与开敞，形成视觉中心，便于广场的标识和人流的出入。

（2）张杨路入口广场设计导则

张杨路入口广场由于离崂山东路—张杨路交叉口以及复兴东路隧道出入口较近，设计时应注重人流与车流的组织，确保广场通行顺畅。

A. 广场功能：商业集散广场。

B. 整体风格：广场划分简洁流畅，以明确通行的目的性，可运用树阵、导向性铺地等元素表现其线形风格。

　　C．广场氛围：利用绿化效果营造宜人的休闲购物氛围，提高商业人流的导入。

　　D．交通组织方式：实行人车分流方式，将集中人流和集中车流分置，互不干扰。

　　E．与地下车库出入口关系：合并鑫联广场与银峰大厦地下车库出入口，减少向张杨路的开口。结合地下车库出入口改造完善交通组织关系，尽量避免人车交错现象的出现。

　　F．与周边建筑关系：整合鑫联广场、银峰大厦建筑后退形成的开敞空间，结合周边建筑形式，与步行街入口共同形成统一的入口广场。

　　G．景观视线：可利用绿化适当遮挡地下车库出入口，改善不良视线的影响。

　　（3）世纪大道入口广场设计导则

　　世纪大道入口广场是商业城北部的主要人流出入口，广场设计应结合世纪大道景观要求，并具有明显的标识性。

　　A．广场功能：文化休闲广场。

　　B．整体风格：应具有鲜明的标识性和引导性，显示大气、浑然天成的风格，可通过造型独特的灯柱、形式别致的喷泉等装饰体现出现代格调。

　　C．广场氛围：通过喷泉、小品、铺地等形式营造轻松活泼的娱乐休闲氛围。

　　D．交通组织方式：是商业城北部重要的人行出入口，禁止机动车通行，并防止车流与人流的交错。

　　E．与周边建筑关系：应预先考虑与德加置业地块、南侧未建地块及胜康斯米克大厦、银河大厦形成的空间关系，进行"度身定造"，利用广场设计手段统一建筑界面。

　　F．景观视线：景观视线需通透，成为世纪大道沿线重要的景观广场。

　　（4）浦东南路入口广场设计导则

　　浦东南路入口广场紧邻商业城现状最主要形象标志——第一八佰伴，广场设计时应注意与其的关系，创造适合大量人流集散的商业空间。

　　A．广场功能：商业购物休闲广场。

　　B．整体风格：入口强调引导性和空间的开敞，可以以铺地广场和绿化休闲座椅为主要元素，体现简洁大方的时代风格。

　　C．广场氛围：是商业城主要的购物广场，体现中高档购物环境的室外休闲场所，可通过铺地形式、色彩、小品设置等手段强调其商业氛围。

　　D．交通组织方式：是最主要的人行出入口，禁止机动车通行。

　　E．与周边建筑关系：处理好与第一八佰伴、联合广场建筑形式之间的关系，可运用周边建筑的一些语言符号进行设计，以达到和谐的效果。

　　F．景观视线：保持视线的通畅，形成视觉通廊。

　　（5）环形商业步行街设计建议

　　环形商业步行街南段（即由新大陆广场南侧、三鑫世界商厦、华城大厦、福兴大厦共同围合成的一段）两侧具有较良好的连续界面，在不影响夜间货车送货的情况下，建议可将其改造成为内街的形式。

　　可以考虑在新大陆广场南侧向南增设二层商业过街廊，同时将三鑫世界商厦、华城大厦、福兴大厦面向步行街的一侧改造为商铺。步行街两侧建筑二层以天桥与过街廊相连，使整个内街二层商业相互贯通，方便顾客购物。还可考虑在整个内街二层上空设玻璃天棚，将整个内街及两侧商场连为一体，形成独特的半室内半室外空间。

二、重点景观功能轴：世纪大道中段两侧地区

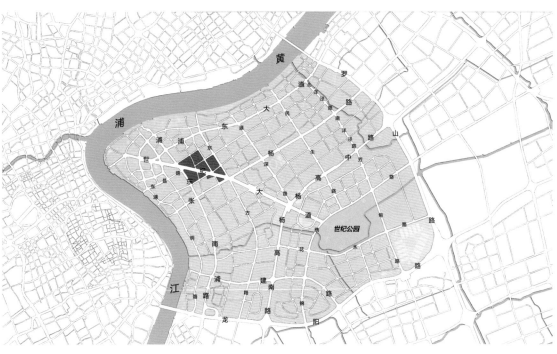

世纪大道中段两侧地区区位示意图

（一）规划背景

　　世纪大道是陆家嘴中心区连接花木行政文化中心的重要发展轴线，是浦西虹桥机场至外滩东西发展轴在浦东新区的延伸，亦是新区重要的景观道路。为了体现世纪大道在浦东新区功能及空间景观上的重要作用和地位，自1994年开始，就进行了一系列世纪大道（当时称为轴线大道）两侧地区的详细规划和城市设计。其中，处于陆家嘴中心区和竹园商贸区之间的世纪大道中段属陆家嘴中心区外围地区的核心段，其两侧地区的整体详细规划设计先后经历了1994年的实施性详细规划暨城市设计（上海市城市规划设计研究院）、1998年的城市设计（法国夏邦杰+拉德芳斯）以及1999年的修建性详细规划（上海市城市规划设计研究院）阶段（该详规获沪规划〔1999〕第986号文批复），为相关地块的协调开发建设提供了依据和准则。

（二）详细规划

　　1. 陆家嘴轴线大道（浦东南路——东方路）两侧实施性详细规划暨城市设计（1994年）

　　1）规划范围关系

　　该规划设计的具体位置定于栖霞路以南，东方路以西，张杨路以北和浦东南路以东的范围内，总用地80hm²，这一范围包括了南部张杨路购物中心（现新上海商业城）和北部已建的崂山新村、乳山新村大部。

　　2）空间要素

　　纵观整个陆家嘴—花木分区28km²的地域，该段可看作一个在轴线上处于陆家嘴中心区和竹园商贸区之间的节点，前两个区域均为高容量的商务贸易区，建筑以高层和超高层为主，因此在设计中，考虑

到以上因素，要求该段设计范围在轴线上有一个过渡，以保持节奏，突出重点。建筑处理以多层和较低的多层为主，间以3幢标志性建筑，成为两高潮之间的过渡，使轴线沿线形态有起有伏，丰富多彩。

（1）功能分布

商业性开发主要是M1街坊的商业旅游、展览、办公和M6街坊的商业旅游、办公功能，其中地铁2号线站点附近建筑物布置商业，和张杨路购物中心一起形成南北2个公共活动地域，其余街坊内部相应增加中高档住宅成分。

（2）空间分布

空间分为3个层次。

第一层次为三幢标志性建筑（包括世界广场和联合广场），建筑挺拔醒目，与宽阔的轴线大道协调，并考虑到轴线近崂山东路（现崂山路）口的重要性。

第二层次为主导层次，建筑层数10～30层，包括张杨路购物中心内高层。

第三层次为保留多层住宅和少量零售商业、展览和办公楼宇，以丰富城市轮廓线。

（3）场所塑造

沿轴线两侧底层建筑是沿街开放型商业零售场所，地铁站附近是街坊内部型购物活动场所，轴线南近张杨路购物中心处集中公共绿地是供公众休息游玩的场所。

3）交通组织

轴线大道与浦东南路和东方路立交，均为轴线大道下穿直行，地面左转和浦东南路与东方路的直行靠信号灯控制。

总平面图

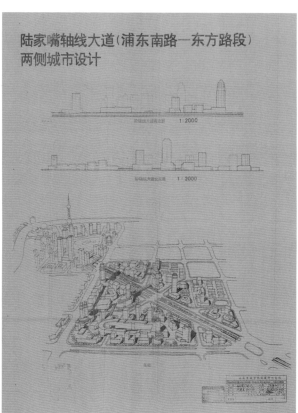

立面和鸟瞰图

规划一条连接沈家弄路与崂山东路并垂直于轴线大道的地区干道，该道路与轴线大道交叉口为平交，以信号灯控制。

轴线大道与崂山西路、崂山东路、沈家弄路相交均不得左转。

轴线大道建议采用4块板形式，中间为分离式的客车专用道，其两侧分配道路允许机非混行。

4）绿化步行系统

根据公共活动特征，规划了一个空中、地面、地下3个层面的步行体系，在区内构成一个内部相互贯穿连通，向周边地区主要公共活动场所放射的立体公共活动路径。

（1）空中步行系统（天桥系统）

沿二层商场的连续界面连续而成，在重要场所和空间转折处放大形成平台广场。空中步行系统北起东昌电影院南面规划绿地，沿崂山西路东侧向南，经轴线大道折向西南，进入M6街坊，在此街坊中放大成平台广场，向南过沈家弄路通过国安大厦与张杨路购物中心二层步行廊连通，形成一条由北至南的空中步行干轴。

（2）地面步行系统

由沿街商业建筑前的人行道和街坊内部步行通道连续而成，并与街坊内部广场以及地下人行过道相连。地面步行系统北起轴线大道地铁站的人行过道，折向西南，在M6街坊中沿浦东南路向南至张杨路，沿张杨路向东至M9街坊，经地下人行通道折向东北至M5街坊，沿轴线大道向北经街坊内部通道过崂山西路入地铁站的人行通道，回到原起点，形成一个环状的地面步行系统。

（3）地下步行空间

结合轴线大道下的地铁站点站厅层设置地下过街通道，并与出口处的地面室内商场连接。

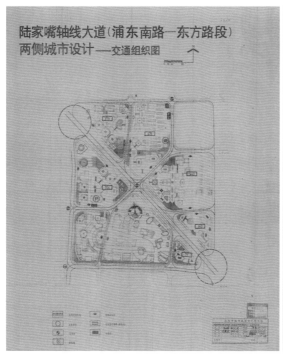

交通组织图

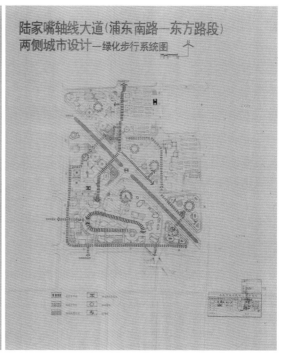

绿化步行系统图

5）建设容量

设计共划分70块地块，地块总面积56.23hm²，建筑容量为160万m²，平均可开发地块容积率为3.3，平均地块容积率为2.8，全区毛容积率为2.0。

2. 世纪大道中段（浦东南路—东方路）两侧修建性详细规划（1999年）

1）规划范围关系

该规划具体范围为：东至东方路，西至浦东南路，北至栖霞路，南至张杨路，总用地面积为51.47hm²（含世纪大道11.23hm²）。与1994年的详细规划范围相比，其没有将新上海商业城用地纳入。

2）功能定位

世纪大道是虹桥国际机场到浦东国际机场的上海东西发展轴上的标志性景观大道，是上海最重要的城市景观道路之一。

由于世纪大道中段在交通功能上定位于景观大道、生活性次干道，同时，陆家嘴中心区和竹园商贸区都是高密度商贸开发区，因此，世纪大道中段两侧地区作为两者之间的过渡，以中密度生活性服务功能开发为主，规划建设成为以景观为主，服务于陆家嘴中心区和竹园商贸区，居住、商业、服务、文化娱乐并重的21世纪现代商业服务区。

3）设计方案比选

在该规划中，为充分考虑和解决世纪大道中段的景观及交通问题，吸取了法国夏氏—德方斯公司编制的浦东世纪大道总体方案构思，设计了2套方案。其中方案一根据《陆家嘴中心区19平方公里控制性详细规划》，保留了规划二路；方案二则参考了法方方案取消了规划二路，在现状路网基础上作了局部调整。

方案一与方案二的区别主要在于解决地区的交通问题，而在城市空间布局与景观环境方面基本一致。

4）空间布局

依托世纪大道这条景观性道路，功能逐层向纵深展开。世纪大道两侧沿街布局商业、服务业、文化娱乐业等生活性服务设施。商业以专业店、特色店为主，配合景观性的世纪大道，形成一条具有专业特色的商业街。商业建筑外侧布置办公、酒店、高档公寓，再外层主要布置公寓和住宅。布置一定的居住功能，既能补充陆家嘴中心区与竹园商贸区的不足，又使该区保持一定的居住人口，能增加商业区的活力，促进沿世纪大道商业街的成功开发。公交枢纽站等市政配套设施设在最外层，可以减少世纪大道与周边道路的交通干扰，方便区内、区外交通联系。

该地区以中、低密度开发为主，同时，考虑到市场开发需求的不确定性和不可预见性，设计考虑了具体地块混合兼容开发的可能，使规划具有一定的弹性和可操作性。

5）道路交通

（1）道路系统

A. 方案一（推荐）

针对世纪大道建成后产生的横向支路与其斜交及路口间距较近的状况，调整取消部分斜交支路，同时在世纪大道中段的中部增加一条与世纪大道垂直相交的道路（规划二路），规划红线宽32m，东、西两端分别连接乳山路与崂山西路及商城路，以沟通世纪大道两侧地区但又不影响大道上的交通，从而与世纪大道一起构成整个区域中心的骨架道路，并在此基础上形成地区有机联系的道路系统。

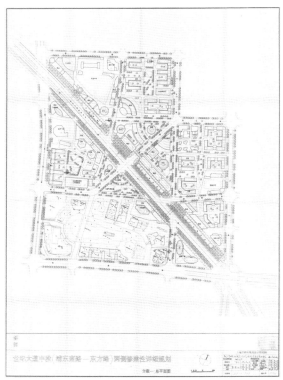

方案一总平面图　　　　　　　　　　　　方案二总平面图

B. 方案二

该方案规划道路系统是在原路网中增加世纪大道后构成的，其对部分道路的红线进行局部加宽，由于世纪大道上存在较多的斜交道路，地区道路的交通组织及管理上有较高要求。

（2）交通组织

A. 方案一

根据路网特征，以组织双向交通为主，单向交通为辅的原则，南北向交通依靠东西两侧的东方路、浦东南路，东西向交通依靠张杨路，并以规划二路沟通商城路、乳山路形成通道，其余支路起辅助作用，除崂山西路与栖霞路局部组织单向交通外，均组织成双向交通。

B. 方案二

根据路网特征宜组织单向交通，因此，该方案除区域内的干道浦东南路、世纪大道、东方路、张杨路及商城路（浦东南路—崂山西路）局部段组织双向交通外，其余均组织单向交通。区域南北向交通依靠东西两侧的东方路、浦东南路，支路辅之，支路中，崂山西路、乳山路分别组织由北向南，由东向西交通，崂山东路、商城路分别组织由南往北、由西往东单向交通。

6）绿化与景观

世纪大道采用非对称性断面布置，南北两侧共46m的人行道上共种植八排景观树；北侧人行道（33m）上布置3处游憩性的中华植物园，作为城市开放空间的一部分，供公众使用，并设置一定的休闲小品，成为公共活动场所。沿世纪大道这条重要的景观绿化轴，结合新上海商业城于世纪大道南侧集中规划一处大型绿化广场；同时，在世纪大道中段两侧地块中规划若干公共活动绿地，为人流休息提供良好的环境。

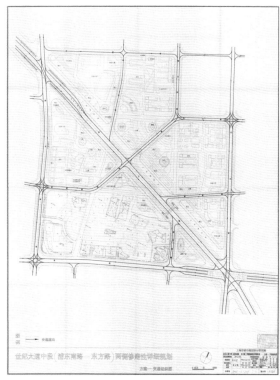

方案一交通组织图

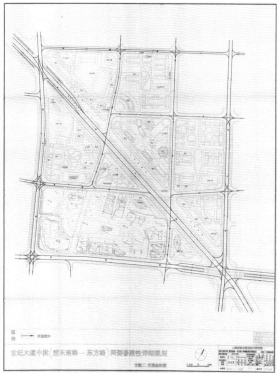

方案二交通组织图

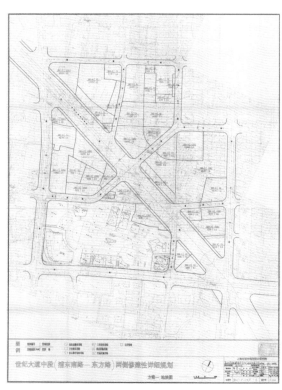

方案一地块细分图

方案二地块细分图

在城市景观空间环境方面，根据功能的层状布局，设计城市空间形态。沿世纪大道两侧商业建筑以多层为主，高层则布局于其外侧，其中，办公、宾馆、高档公寓等服务性功能层以中、高层为主，高度控制低于100m，最外层公寓、住宅层则以小高层为主，高度控制低于40m。同时，为配合世纪大道的景观性功能，沿街多层商业建筑于底层统一设计柱廊、骑楼，增加公共活动场所，并与世纪大道景观环境相协调，形成一条具有个性特点的21世纪景观轴线。

7）建设容量

该规划以世纪大道为界，北面街坊命名为SB地块，南面街坊命名为SN地块，总规划用地面积为51.47hm²，总建筑面积根据两个不同方案，控制在96~98万m²，平均地块容积率为2.8，全区毛容积率为1.9。

第三节 城市副中心：花木行政文化中心

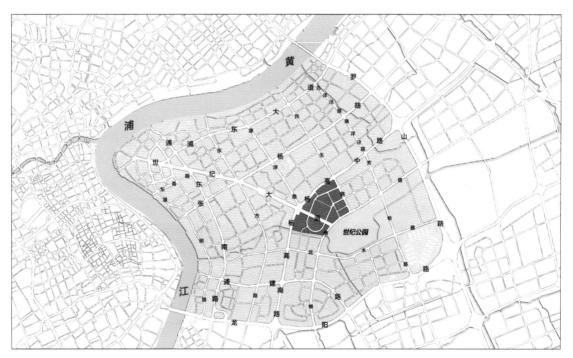

花木行政文化中心区位示意图

一、规划背景

花木行政文化中心位于陆家嘴—花木分区。其所属的花木地区处于浦东新区的核心地区，因其重要的区位，早在1992年，市、区相关部门、领导及专家就对花木地区提出了一系列规划构想；在浦东新区首轮总体规划中，明确在近杨高路和城市东西轴线（现世纪大道）交叉口的花木地区设置市政中心；随后在1994年编制的《陆家嘴—花木分区规划》和《花木地区结构规划》中，明确了该区是浦东新区政府所在地，并进一步明确了该区范围面积、总体功能和总体容量控制，花木行政文化中心区的面积控制在1km²左右。1999年版的上海市城市总体规划中即将花木行政文化中心定位为城市四大副中心之一。

花木行政文化中心实景

从1994年起，花木行政文化中心经历了从详细规划、城市设计到开发建设阶段：

1994年6月，由上海市浦东土地发展规划设计事务所编制《浦东新区行政文化中心区控制性规划》，同年7月获得新区综合规划土地局批准（浦综规（94）621号文）。

1994年10月～1995年2月，由上海市浦东土地发展（控股）公司根据批复要求，聘请日本日建设计事务所对该地区编制规划设计，而后由上海市浦东土地发展规划设计事务所进行总成《浦东新区行政文化中心区修改规划》报新区综合规划土地局，并于1995年4月获得批准（浦综规（95）287号文）。

1995年下半年，上海市浦东土地发展（控股）公司聘请法国夏邦杰设计事务所对行政文化中心区中央轴线大道、广场编制城市设计，并组织有关专家、新区领导进行多次讨论研究。该设计方案以行政文化中心规划为依据，结合广场功能，以及结合地铁2号线车站，将地铁出地面的附属构筑物（出入口、通风井、冷却塔等）整体考虑。

在后续的建设过程中，各地块开发均基本以1995年批准的详细规划为依据，进行有序建设，至2002年，该地区除沿杨高路南侧沿线和民生路西侧部分地块外，其余地块均已建成或已批租待建。

2006年2月，浦东新区规划委员会第47次常务会议，审议并原则同意了《杨高路（世纪大道—浦建路）商务、文化走廊研究规划》。会议强调，杨高路（世纪大道—浦建路）沿线地区凸现商务办公的核心功能，同时辅以文化艺术、商业服务、休闲娱乐、社区配套等功能，打造一个具备综合性功能的商务区。根据新的发展要求，同时结合全市中心城控规编制全覆盖的要求，从2006年8月开始，由上海市浦东新区规划设计研究院着手编制《联洋社区C000302单元控制性详细规划》，重点对现状进行梳理，整治公共空间、完善绿化，并对杨高南路沿线地块做最新的定位，进一步完善了花木行政文化中心区的规划。该规划于2009年月获得浦东新区人民政府的批准（浦府（2009）064号文）。

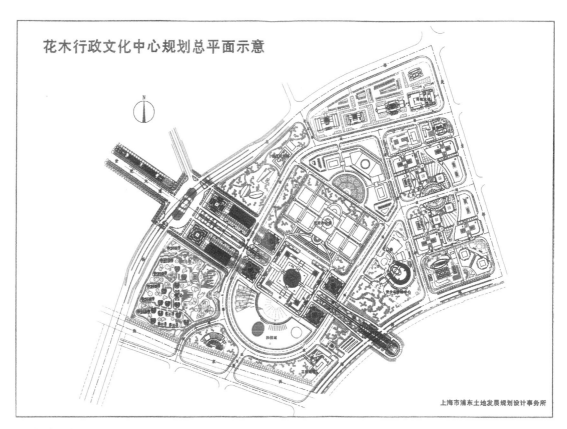

2000年规划汇总图纸

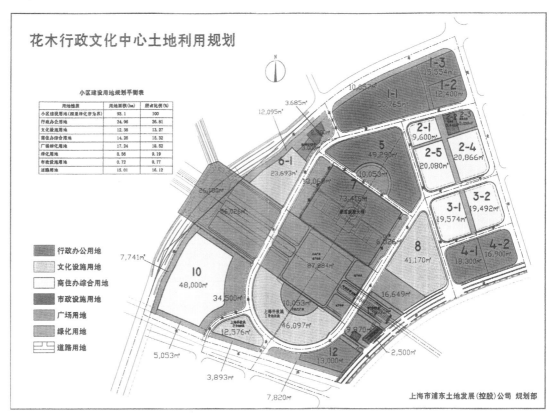

2000年规划汇总图纸

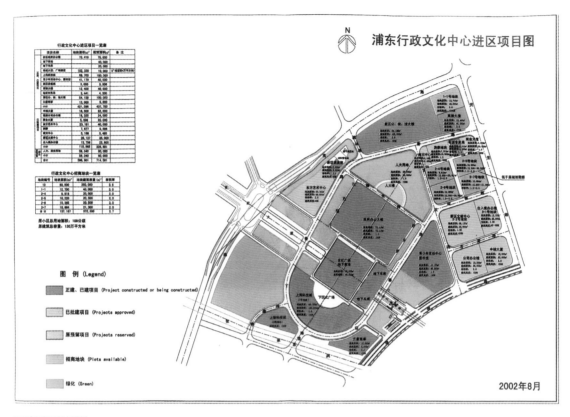

2002年项目进驻图纸

二、早期规划构想及结构规划

1．花木地区规划构想（1992年）

1）规划范围关系

最初划定的花木地区规划范围为：北、西两面以杨高路为界，南、东两面分别以构成内环线的龙阳路—龙东路和建平路延长线为界，规划总用地11.05km²。

2）地区性质

花木地区位于南浦大桥、杨浦大桥、内环路与杨高路交会处，是浦东新区的核心地区。地区西北与陆家嘴金融贸易区接壤，南近规划铁路客站和文化公园，东邻张江高科技园区，地理位置优越。

该地区拟用于发展行政管理、商务办公、文化游憩、商业服务等第三产业和高质量的住宅区。地区内将建设行政中心、国际会议中心、大型文化博物中心、购物中心、物贸中心，以及以地区中央绿地为核心内容的游憩观光绿网，形成以上述公共活动为主要内容的综合区。

3）发展构架

地区道路系统为沿外围干道平行布置的环状方格网，以形成沿杨高路和内环线这两条开发轴发展的结构态势，沿轴开发纵深0.85～1.25km。

地区对外交通将由四条干道和若干主要支路承担，地区路网与外围干道交叉口密度一般控制在700～1000m/个，局部交叉口密集路段可采用立交，以保持杨高路和内环线的畅通。

地区规划还将研究"浦东轴线"和地铁2号线与花木地区衔接的方案。

4）土地区划设想

整个花木地区划分为8个规划发展区，其功能区划和规模设想如下：

（1）1—以行政管理内容为主的规划发展区（即花木行政文化中心区），用地1.28km²，拟建行政中心、国际会议中心。

（2）2—商务办公规划发展区（即原联洋综合开发区），适建高级公寓和商业服务设施，用地0.88km²。

（3）3—高质量居住区，用地1.05km²，规划居住3.15万人，平均人口密度300人/hm²。

（4）4—国际博览会规划发展区（即现新国际博览中心地区），本区中南部将结合铁路客站建设形成商业服务中心，用地1.45km²。

（5）5—高质量居住区，用地0.73km²，规划居住2.19万人，平均人口密度300人/hm²。

（6）6—贸易、商务办公、居住综合发展区（即杨东小区），用地1km²，拟建设商品交易中心和物贸中心，以及一部分较高标准公寓。

（7）7—文化、商业、居住综合发展区（即塘东小区），用地0.76km²，拟建设文化中心，适建高标准住宅。

（8）8—中央绿地（即现世纪公园），用地1.6km²，规划建设以绿化、游憩为主的大型开放型公园，适当发展游乐设施，并拟结合张家浜和南部连接白莲泾的河道两侧开辟游憩绿廊，衔接地区东侧的高尔夫球场、体育公园和地区南侧的文化公园，形成能满足游览、观光、度假需要的绿色网络。

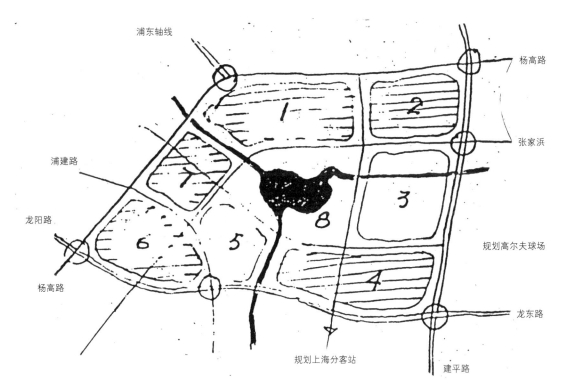

花木地区功能区划示意图

2. 花木地区结构规划（1994年）

1）规划范围关系

花木地区规划范围为：西面、北面以杨高路为界，东面、南面以内环线为界，总用地面积约为11km²。

2）功能及配套公建网络

整个地区内大致可分为四大类型功能区：

（1）绿化区：中央公园；

（2）办公居住综合区：杨东小区、塘东小区、市政中心、联洋地区、浦东火车新客站站前区（已调整）；

（3）居住区、居住小区：花木镇地区、内环线以西地区；

（4）国际博览会地区。

根据浦东新区总体规划，在近杨高路和轴线交叉口为新区市政中心，在内环线转弯处为国际博览会区，结合浦东火车新客站站前区建立花木地区的中心，规划设想围绕中央公园（即世纪公园）在各小区中部结合市政中心、博览区、地区中心和各社区中心建立配套公建网络。

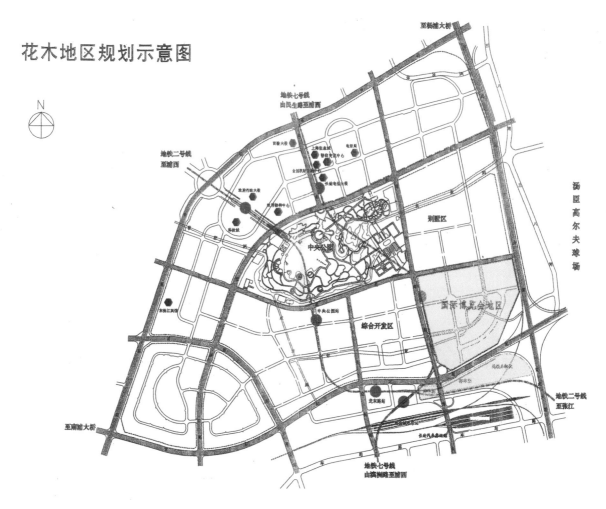

花木地区规划示意图

功能及配套公建网络图

3）城市设计网络

（1）轴线

由于浦东东西主轴线（世纪大道）实轴（有道路段）基本上到杨高路为止，又由于该区域内有中央公园（世纪公园）这一有利条件，规划设想在该地区内部通过一组系列形成轴线端部收头，具体手法在市政中部建立中央主体广场，以接引轴线，在中央公园中建立一个或一组主体雕塑，将轴线引向天空，引向未来，结合浦东火车新客站、博览会建立轴线背景建筑群。

（2）界面

规划设想地区外围沿杨高路、内环线，各小区各自建立韵律界面以呼应快速干道。沿中央公园各小区各自建立开敞界面引进绿化。

（3）高度分配

规划确定杨东小区、塘东小区、联洋小区、浦东火车新客站站前区、博览会，为以高层建筑为主区域，同时要求各组建筑有意识建立向中央公园（世纪公园）跌落的建筑群体高度。为了处理轴线与中央公园，为了更好地联系中央公园与位于金桥、张江之间，张江与北蔡、六里之间2条隔离绿化，规划结合功能确定浦东新区市政中心、花木镇、内环线以西地区，3个地区为多底层为主区域。

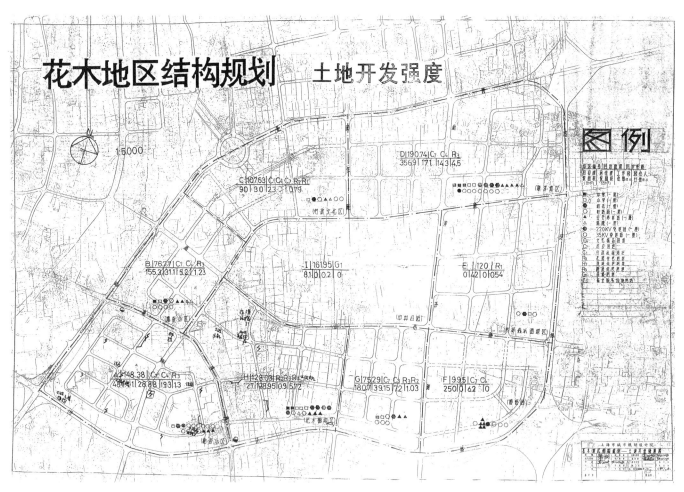

土地开发强度图

4）土地开发强度

结合各系统规划分析及基础设施承受能力，规划确定该地区土地开发强度。规划在花木地区11.08km²用地中，可建建筑面积2023.19万m²，其中办公建筑1552万m²，居住建筑471万m²（后在批复中明确花木地区建筑容量控制在1800万m²以内）。经测算，可提供55.6万个工作岗位，居住15.11万人（表2-15）。

花木地区结构规划小区属性表（1994年）   表2-15

小区编号	用地面积（hm²）	用地性质	总建筑面积		常住人口		备注
			办公（万m²）	居住（万m²）	办公（万人）	居住（万人）	
A	148.38	C7、C4、R3	484.11	28.88	19.3	1.3	杨东小区
B	76.77	C7、C4、R3	155.3	31.1	5.2	1.23	塘东小区
C	107.63	C1、C4、C7、R1、R2	90	30	2.3	0.79	行政文化区

续表

小区编号	用地面积（hm²）	用地性质	总建筑面积		常住人口		备注
			办公（万㎡）	居住（万㎡）	办公（万人）	居住（万人）	
D	190.74	C7、C4、R3	356.9	171	14.3	4.5	联洋地区
E	120	R1	0	42	0	0.54	内环线以西地区
F	99.5	C7、C4	250	0	6.2	0	博览会
G	75.29	C7、C3、R2、R3	180.7	39.15	7.2	1.03	浦东火车新客站站前区
H	128.03	R1、R2、R3	27	128.95	0.9	5.72	花木镇地区
I	161.95	G1	8.1	0	0.2	0	中央公园
总	1108.29		1552.11	471.08	55.6	15.11	

注：C1性质文化机构用地，C4文化娱乐用地，C7办公用地，R1花园住宅用地，R2多层住宅用地，R3高层住宅用地，G1公园用地。

5）交通网络

（1）道路网络

该地区内环线为城市快速干道，以后将视交通发展需要，建立高架系统；杨高路、浦建路、峨山路、南洋泾路延长线（现芳甸路）为城市主干道。内环线与杨高路、龙东路相交处建立交桥，其他道路均为平交。

（2）轨道交通

花木地区内当时规划有3条地铁线经过，包括地铁2号线、地铁6号线和地铁7号线（其中除2号线外，其他两条规划地铁线编号及走向如今均已改变）。

A. 2号线：起始虹桥机场，过黄浦江达陆家嘴金融贸易中心区，后沿轴线经市政中心、中央公园、花木镇、浦东火车新客站，至张江高科技园区。区内分别在市政中心、花木镇、浦东火车新客站设3个车站。

B. 6号线：起始于真如，在董家渡过黄浦江达浦建路，经浦川路至金桥出口加工区，区内分别在花木镇地区、市政中心、联洋地区设3个车站。

C. 7号线：为环线，起始于彭浦，在杨树浦过黄浦江达民生路后南下，经中央公园、浦东火车新客站、川北公路、滨州路在上钢三厂南再过江至万体馆止，区内分别在浦东火车新客站、中央公园、联洋地区设3个车站。

（3）公共交通

区内结合内部道路及配套公建的分布，围绕中央公园规划在各开发地区中部建立高密度公交线路网络。结合地铁车站，各级公共活动中心、主要干道设公交车站，并在联洋开发区民生路地铁站附近及南洋泾路国际博览会地区各设公交枢纽站一处。

道路交通规划图

6）绿化水系网络

建立以中央公园为"面"，主要干道两侧隔离带、水系滨河绿带、中央公园放射至各小区休息绿化为"线"，各小区中心设置集中绿化为"点"，构成点、线、面结合的绿化系统。

三、详细规划

1. 浦东新区行政文化中心区控制性规划（1994年）

1）规划范围关系

浦东新区行政文化中心规划范围为：东至民生路，南至浦川路（现锦绣路），西至张家浜，北至杨高路。其中规划用地面积以四周道路，河流中心线为界，共计106.29hm²；以四周道路红线、河道蓝线为界，为92.26hm²。

2）功能定位与设计理念

浦东行政文化中心是浦东新区政府所在地，亦是浦东新区的文化活动中心，是市民公共活动的主要集中地。该地区以行政办公、文化艺术、市民交往为主要功能，其规划在功能和形象方面具有特殊的要求。

　　该区域的规划从空间上要满足文化活动、行政办公的功能性要求，控制好建筑密度、建筑高度、建筑容积率，创造一个建筑密度低、绿化覆盖率高的优美环境。

　　3）功能布局

　　行政文化中心以行政办公、文化艺术为主要功能，其用地性质主要包括行政办公、文化建筑、绿化广场、道路等。规划以中央大道轴线为分界线，在中央大道东北侧，围绕政府办公大楼，布置以行政办公为主的建筑；在轴线大道的西南侧布置以高雅文化为主的建筑，并配套设置一些餐饮、购物建筑；在整个区域的西南地块则混合布置办公、住宅建筑。在整个区域内，中央大道轴线东侧以安静、庄重为基调，轴线西侧则表现出轻松、活泼气氛；轴线东侧广场可以举行仪式、仪仗，轴线西侧广场供市民休憩、开展文化活动，轴线将两侧广场有机相分、相合。

　　4）建设容量

　　整个行政文化中心的总建筑面积控制在116万m²左右，平均建筑毛容积率为1.1，各街坊的建筑容积率由中央向四周逐渐提高，最低为1.0，最高为2.5（表2–16）。

浦东行政文化中心规划用地平衡表（1994年）　　　　　　　表2–16

用地名称	用地面积（hm²）	比例（%）
总用地	92.26	100
建筑地块用地	49.7285	53.90
绿化地块用地	22.4703	24.36
道路广场用地	20.0612	21.74

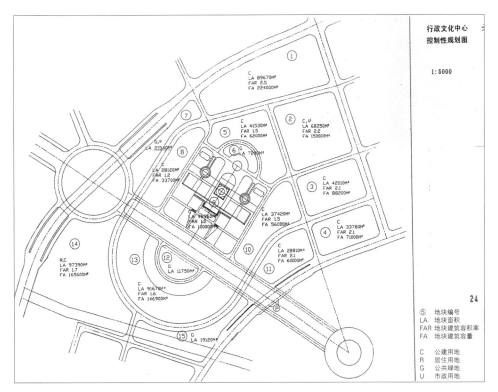

地块指标图

5）空间形态

位于区内中心的政府办公大楼作为本地区的主要标志性建筑，建筑高度达到130m，四周建筑以中低层为主，由中心向外围逐渐由低而高提升，起到一个向心、烘托主题的效果。同时为了在空间上明确行政文化区的范围，求得总体构图的完整性，在行政文化区的东南、东北、西北3个角各树立1栋或2栋高层建筑，使之与政府办公大楼一起形成强烈的向心感和完整的建筑空间构图，表现出本区域特有的秩序感，赋予整个行政区独特的个性。

6）绿化、广场系统

为体现行政文化中心高雅、庄重的气氛，整个区域以绿化环境、绿化和广场空间占有很大的比重，建筑与建筑之间，地块与地块之间以绿化相分隔。

（1）绿化系统

整个区域内公共绿地面积占到了总用地的近1/4，绿化系统由地块绿化、广场绿化、带状绿化等各级绿化单元构成。第7、15号地块是区域内2片集中绿化地块；中央大道轴线、杨高路、民生路、浦川路、张家浜沿线为环绕区域内的带状绿化；在1、2、3、13、14号等地块内均布置小块绿地。形成整个行政文化中心满目苍翠、建筑物寓于绿化丛中、四季常绿的绿化环境体系。

（2）广场系统

行政文化中心的广场系统主要围绕政府办公大楼布置。政府办公大楼及文化设施运用对称布局的手法，构成与中央大道主轴垂直相交的"副轴线"。中央大道主轴以绿化、步行带为主。

副轴线上则随不同功能地块形成各种功能的广场：既为民众游憩，又可举行典礼仪式；副轴西端是以文化休憩为主的下沉式市民广场；副轴的东端是政府办公大楼与行政建筑共同围成的向心广场。另外在1号地块中心对着中央公园露天广场的轴线上，规划一处半圆形的绿化广场，与中央公园互成对景，并与副轴线上的3个广场相呼应，强化行政文化中心的空间韵律节奏。

7）道路交通系统

整个行政文化中心的交通主要由普通机动车交通、公交车交通和地铁交通组成。

（1）机动车交通

进入本区域内的交通车辆北面由杨高路、源深路进入，东面民生路有3个入口，南面由浦川路平交进入，西面由规划路张家浜桥进入。由民生路南北2个入口进入本区域内的南北道路至区域西部以半圆相连，形成本区域的内环路，为区域内主要交通干道，将区域内各个地块联系起来。

普通机动车一般由上述6个入口进入本区域，通过区域内环路进入到各个地块。

（2）公交车交通

公交车交通线主要在区域内环路上单向行驶。上行线由民生路北口进入本区域，走内环北线至西张家浜桥驶出；下行线由张家浜桥进入，走内环南线至民生路中入口驶出。在本区域内，上、下行车辆共设6个公交车站，东西两端上、下行共设4个地面车站，中间2个车站设在中央大道地下一层，使乘客上一层可进入地面广场，下一层可到地铁车站。

（3）地铁交通

地铁交通在中央大道地下二层，在本区域内正好设有地铁车站和折返段。

（4）中央大道交通组织

为保证完美的城市景观，100m宽的浦东中央轴线大道以5m标高在本区域内径直通过。进入本区域内的中央大道以绿化、市民休憩的步行带为主；地下一层为地下广场，设置购物、餐饮商场，两端

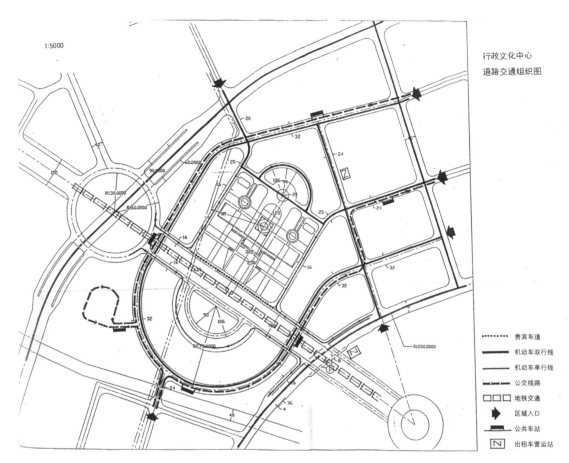

行政文化中心
道路交通组织图

····· 贵宾车道
▬▬ 机动车双行线
── 机动车单行线
▬▬▬ 公交线路
□□□ 地铁交通
◣ 区域入口
▬ 公共车站
N 出租车营运站

道路交通组织图

为下穿式道路和公交车站；地下二层为地铁车站和折返段。

　　进入本区域的中央大道已经是大道的末端，以市民活动为主要功能，不作为主要交通功能。大道两侧的机动车道各10m宽，车辆单向行驶，大道中间段与政府大楼前广场相连，以广场功能为主，一般只允许贵宾车辆行驶通过，普通车辆不允许在大道上穿越通过。

　　2. 浦东新区行政文化中心区修改规划（1995年）

　　1）规划地区的地位

　　（1）行政文化中心的地位

　　A. 是带动上海经济发展的浦东新区政治文化中心

　　B. 与周围其他地区相比较，其容积率受到控制，不太高。通过配置充裕的设施，可提供与中央公园相连的绿地和开放地段，是都市中的绿洲。

　　（2）中央轴线、中央广场的地位

　　A. 具有都市水平的地位

　　a. 在被称为上海东西发展轴的中央大道轴线上，是形成浦东新区的中心都市轴的要素。

　　b. 中央广场位于中心区副轴（联结与中央轴线直接相交的政府办公大楼和文化设施群的轴）和中央轴线的交点处，它成为与电视塔相对应的——中央轴线的都市轴（主轴）的另一个焦点。

　　B. 具有地区水平的地位

　　a. 是行政文化中心区的机能、景色的象征空间。

　　b. 平时对行人开放，地下是一个包括地铁车站的站前广场空间。

　　2）设计构想

　　（1）中央轴线构想

　　A. 强调轴线、分隔空间

　　中央轴线是浦东新区的都市轴，它从东方明珠电视塔开始一直延伸到行政文化中心地区，无论在机能上还是在景观上都构成了该地区的骨架，设计上，应作为轴线强调。同时，从圆形环岛到中央公园进口处长达600m的空间，为了不使其过于单调，考虑适当将空间分隔。

　　a. 强调轴线：利用人工小溪和规则的线形植树构成一个幅面长达100m的林荫散步道，以强调直线性和距离感。

　　b. 分隔空间：散步道两旁穿插门前广场、停车场、袖珍广场等多样化空间。

　　B. 利用广场和大门形成焦点

　　该地区为浦东新区城市轴线的终点，基于这种观点，规划并不采用西方常见的纪念碑、雕刻、象征符号性建筑等等，而是利用被区分为3个巨大空间的中央广场，和由新区政府及科技馆的高层建筑自然形成的无形的空中大门，构成一个整体的空间，透过这个空间，在确保通往公园的视线的同时，使公园成为中央轴线的焦点。

　　C. 轴线与中央公园保持连续性

　　中央轴线上的人行通道由浦川路（现锦绣路）上空跨过，然后被导向中央公园，由此，不仅能与公园在视觉上相连，而且还造成一条通畅的联络道路。并且，将公园设计中所采用的风景式手法导入中央轴线，使中央轴线与公园的景观设计融为一体。

　　（2）广场设计构想

　　A. 新区政府广场：由整洁的草坪和砖石的铺垫构成一个符合新区政府气氛的、简单匀称、平和素净的空间。

　　B. 象征广场：广场比周围低出1.5～2.5m以强调空间感。并且，利用这个落差形成的台阶瀑布可以进行各种美妙音阶的合奏。另外，通过改变镶嵌材料、铺垫草坪等手段，设置通往地下的天井、变幻无穷的象征之池等，给以象征性为主题的大广场带来变化和情趣。

　　C. 市民节日广场：这是一个连接象征广场、地下街和科技馆的市民活动空间。通过大台阶、连接不断的拱形门组成的圆柱门廊风景、放射线状的铺设、栽花植树、观光电梯等，共同构成一个欧陆风格的商业空间。

　　（3）交通环岛设计构想

　　在行政文化中心的主入口处——中央轴线大道和杨高路交叉口设计一圆形交通环岛。这一交通环岛不仅要解决大量的汽车、自行车和行人交通，还要保证都市轴线和行政文化中心区的景观，其具有双重意义。规划交通环标高为6.5m，杨高路直行车辆在环岛下层穿过。交通环内侧为自行车道，标高为6m。自行车和行人从四周地下通道进入环岛内。环岛整体设计成一个平缓的土台状，在岛内四周植树，中心搞雕塑或喷泉，使环岛形成一个开放型的室外雕塑广场。

　　（4）地区整体形象

　　A. 都市骨架特征一：控制各地段的建筑物高度，使路边的建筑物顺着道路建设，并使街面沿线整齐划一，与道路保持同等距离，从而利用这段空间形成绿化带。通过这一手段，使沿街两侧建筑空间轮廓清晰地显现出来，以形成一个明快的都市空间。

B．都市骨架特征二：地段内设置大面积的林荫道、平滑的斜坡，与道路网交叠，补充都市机能，并为行人创造另一个都市骨架，形成一个有厚度、有人情味的都市空间。

C．机能与景观的关系：文化地带引进小容量、低层的建筑，业务地带引进相对大容量、高层的建筑，形成一个能适应各方面机能的都市景观，创造一个有弹性的都市空间。

3）道路系统

（1）中央大道和杨高路交叉口处理

因其象征中央大道的终点，所以在该规划中按照原有的规划方案不变，交叉口处理采用环形交叉方式。

规划的环形交叉半径按设计速度（50~60km/h）要求设计，其规模大小同原规划方案一致。

（2）内部道路系统规划

中央轴线大道进入本区域内部，以行人交通为主要交通，两侧设贵宾车道，连接政府办公大楼、科技馆和各广场。

该设计将原规划的两条内部环线道路合并成一条内部环线道路，作为行政文化中心的主要交通联系道。通过此方法将外环路分隔的街区变成块状，并连接起来，以谋求有效的土地利用。

内部交通环线与中央轴线交叉处采用直通式立体交叉方式，以保证环线交通的通畅，并减少对轴线大道的干扰。

（3）中央大道和浦川路（锦绣路）交叉口处理

中央公园为中央轴线的焦点，设计中央大道（人行步道）上跨浦川路（标高为+7m）进入中央公园作收头。浦川路在中央轴线大道下面通过（标高±0m），轴线上的贵宾车道则由浦川路右转进出。

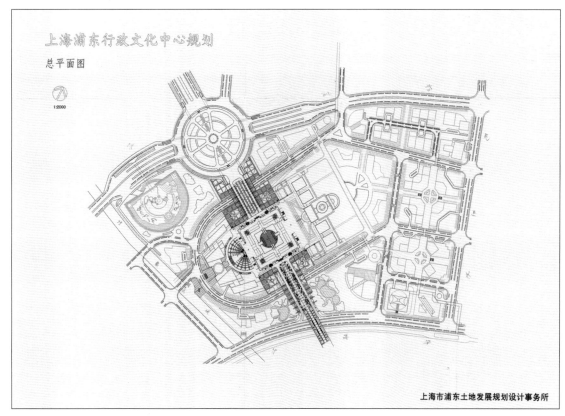

总平面图

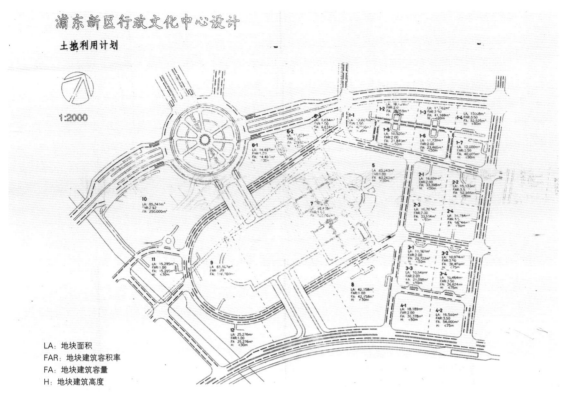

用地规划图

4）建设容量

整个行政文化中心区规划用地面积106.29hm²（以四周道路、河流中心线为界计），共划分成12个大地块，一些大地块再进一步细划小地块，中心区的总建筑面积控制在125万m²左右，平均建筑容积率为1.2，各地块的建筑容积率由中央向四周逐渐提高，最低为1.0，最高为3.5，建筑高度控制在30～90m。

3. 联洋社区C000302单元控制性详细规划（2010年）

1）规划范围关系

联洋社区C000302单元范围为：北起杨高中路，南到花木路、锦严路，西起杨高南路，东到民生路、锦绣路、芳甸路所围合的区域，总用地面积264.29hm²。其范围包括花木行政文化中心区和世纪公园两大部分。

2）功能布局与结构

（1）功能定位

联洋社区C000302单元功能为行政文化中心，结合花木城市副中心功能开发，重点发展行政办公、文化娱乐功能。

（2）规划结构

规划结构为"一轴、两中心、多组团"。

A. 一轴：为世纪大道休闲景观轴线，也是该单元主要发展轴线，由北至南经过浦东新区行政办公中心，直达世纪公园。

B. 两中心：分别为浦东新区行政办公中心与世纪公园生态休闲中心。

C. 多组团：行政办公组团位于世纪大道北侧、合欢路西侧区域，以浦东新区行政办公中心和公检法大楼为主。文化娱乐组团围绕行政办公组团四周，主要有浦东科技馆、东方艺术中心等文化设施。

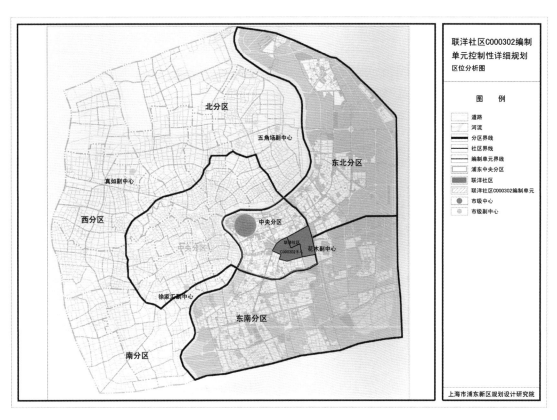

区位图

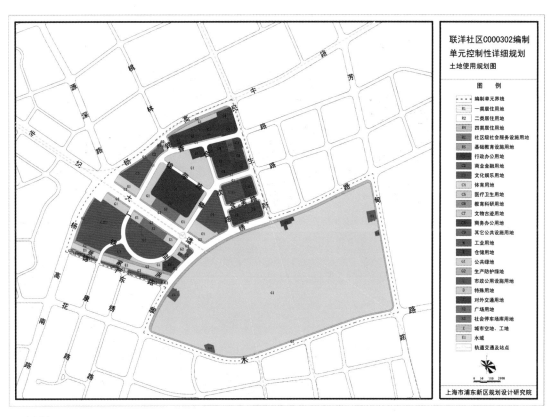

用地规划图

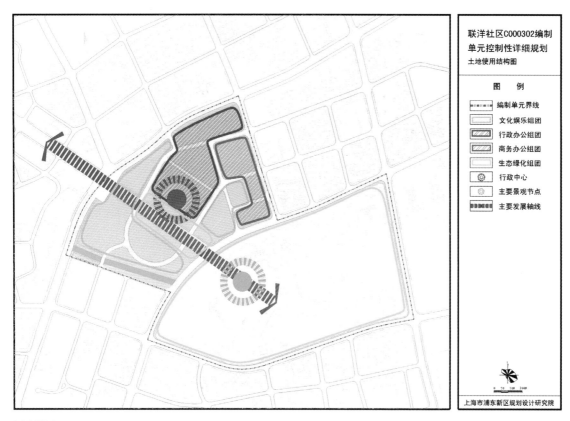

规划结构图

商务办公组团位于民生路西侧沿线，以非市属的商务办公楼为主。生态绿化组团指世纪大道尽端的世纪公园，是市区级的生态休闲公园。

3）道路交通系统

（1）道路系统

该单元内道路系统共分3个等级：城市主干路、城市次干路、城市支路。

城市主干路1条：杨高中路、杨高南路，红线宽50～70m，两侧各有10～20m绿带。

城市次干路5条：世纪大道，红线宽80m，两侧各有10m绿带。民生路，红线宽45m。锦绣路，红线宽45m，两侧有10～20m绿带。芳甸路，红线宽45m，两侧各有10m绿带。花木路，红线宽42m，两侧各有10m绿带。

城市支路8条：红线宽度12～32m。

单元内张家浜两侧的人流交通，由张家浜北侧沿绿化带中组织步行路径，通过在张家浜上架设步行桥，联系河道两侧的人流交通，河道两侧的车流交通主要由锦康路承担。

（2）轨道交通

单元范围内共涉及3条轨道交通线，其中轨道交通9号线（R4），区内线路位于杨高中路中，为地下形式，区内长度为1.1km；轨道交通18号线（L5），区内线路位于民生路中，采用地下形式，区内长度为0.9km；轨道交通2号线（R2），区内线路位于世纪大道中，采用地下形式，区内长度为1.8km。

单元范围内有轨道交通车站3处，为轨道交通18号线与轨道交通9号线御桥路换乘站、轨道交通18号线世纪公园站、轨道交通2号线上海科技馆站。

（3）交通设施

世纪大道西侧、锦绣路北侧，建有公交首末站1处，规划予以保留。

4）公共服务设施

（1）市级（区级）

联洋社区C000302单元为市级公共副中心。

规划范围内市、区级公共服务设施主要指文化设施。规划范围内现状已建市、区级公共服务设施包括上海科技馆、上海东方艺术中心、浦东新区少年宫、图书馆、浦东展览馆。规划公共服务设施地块位于科技馆西侧的花木行政文化中心10号地块内。

规划未建的10号地块处于花木行政文化区、竹园商贸区、杨高路商务走廊三大主要功能区段的交界部位，区位优势明显，同时也是世纪大道和杨高中路路口——世纪广场东侧的门户位置，是重要的城市景观之一，该地块已征集过多家概念方案设计，功能定位为综合性的文化产业集合区，现代艺术与大众艺术综合展示场所，都市休闲娱乐与时尚中心、商业配套区。该地块建成后，将成为上海市标志性城市景观区和浦东乃至上海国际文化交流的又一个地标建筑。规划建议，该地块的建筑物建筑色彩、体量、风格既要有符合自身功能定位的特色，又要和周边建筑相协调。建筑色彩应以现状花木行政文化中心内主流色彩——粉灰白色为首选色，建筑材质应选择生态、节能材质。

（2）地区级

联洋社区C000302单元内地区级公共服务设施主要指张家浜南侧的创意街地块，该地块现状已建为地区公共服务及文化设施综合地块。

5）建设容量与规模

该单元总用地面积为264.29hm²，总建筑面积控制在103.47万m²，其中公共设施建筑面积为102.61万m²，毛容积率为0.4（表2-17）。

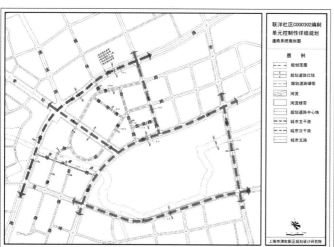

道路系统规划图

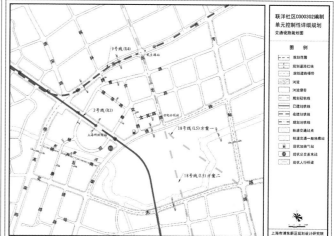

交通设施规划图

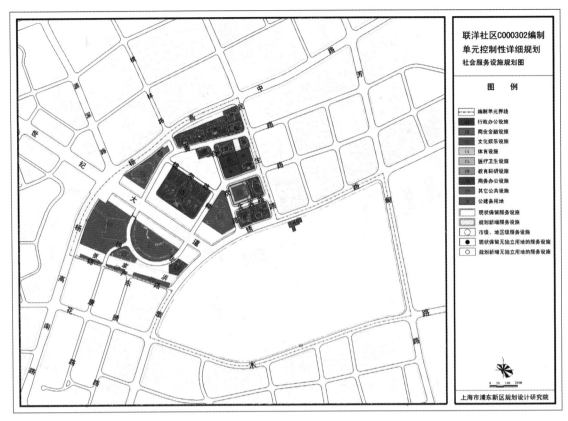

社会服务设施规划图

联洋社区C000302单元技术经济指标（2010年） 表2-17

项目		指标	备注
总用地面积（hm²）		264.29	
总建筑面积（万m²）		103.47	
其中	居住建筑面积	—	
	公共服务设施建筑面积	102.61	
	其中 商业办公建筑面积	48.11	
	其他建筑面积	0.86	市政设施建筑面积
人口总量（万人）		—	
人口毛密度（人/hm²）		—	

第四节　国际社区典范：联洋生态居住区

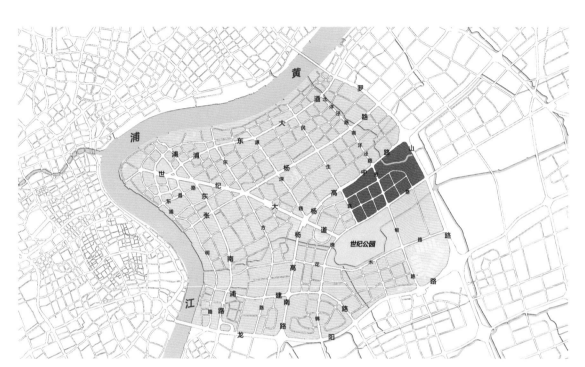

联洋国际社区区位示意图

一、规划背景

　　联洋居住区位于浦东新区花木行政文化区内，紧靠新区行政中心和世纪公园，地理位置十分优越。其四至范围为：东至罗山路，南到锦绣路，西以民生路为界，北临杨高中路，占地面积约1.9km²。

　　早在1993年，就由上海市城市规划设计研究院编制完成《联洋综合开发区控制性详细规划》；1994年，浦东土地发展控股公司规划设计事务所根据审批意见建议，编制了《联洋综合开发区控制性详细规划（修改）》，并由新区综规局《浦综规（95）337号》批准，当时联洋小区的性质以办公和居住为主；1998年，为适应花木行政文化区的建设，由新区土地控股公司对原规划进行了调整，仍以办公为主，但建筑总量有所下调。为适应新区新一轮功能开发，适应花木行政文化区的开发要求，1999年，受联洋公司的委托，上海市浦东新区规划设计研究院根据《浦综规（99）0404号》文，将联洋小区的用地性质调整为以居住为主，规划定位为生态型中、高档居住区，并获得了新区管委会的批复同意（沪浦管[1999]161号文）。根据批文要求，需要对联洋居住区编制修建性详细规划，以避免小区内因土地分块批租、多头开发带来不利影响。依据此批复，联洋公司委托上海同济城市规划设计研究院进行了《新世纪生态家园——浦东联洋居住区详细规划》的编制，在控制性详细规划的指导下，综合考虑了布局形态、空间形态和交通系统等方面的关系，创造了较系统的绿化、道路、交通和建筑空间，并于2000年4月获得了新区管委会的批准（沪浦管[2000]65号文）。

二、详细规划

1. 联洋综合开发区控制性详细规划（修改）（1994年）

1）功能定位

联洋是现代化高标准的办公居住综合区，要建成为国际一流的城市中心区。

2）土地使用与布局

以规划南洋泾路（现芳甸路）为界，分为西区和东区2个功能片区，其中，西区（A-H街坊）以公共设施为主，东区（I-Q街坊）以居住为主。规划居住用地和公共设施用地面积相当，各占总用地的1/3左右（表2-18）。

联洋综合开发区规划土地使用平衡表（1994年）　　　　　　　表2-18

项目		面积（hm²）	比例（%）
总用地		190.74	100
居住用地		61.93	32.5
其中	住宅用地	49.99	26.2
	公建用地	11.94	6.3
公共设施用地		62.04	32.5
市政公用设施用地		6.16	3.2
道路广场用地		39.84	20.9
绿化、水面		20.77	10.9

3）建设容量

该修改规划将联洋开发区的总建筑容量由1993年原规划的500万m²调整为480万m²左右，地区毛容积率控制在2.5之内，其中住宅建筑约160万m²，公共设施建筑约320万m²，规划居住总人口为4万人（表2-19）。

联洋综合开发区技术经济指标表（1994年）　　　　　　　表2-19

项目	指标
总用地	190.74hm²
总建筑面积	480.9万m²
公共建筑面积	320.7万m²
公建比例	66.7%
住宅建筑面积	160.2万m²
住宅比例	33.3%

项目	指标
居住总户数	1.2～1.5万户
居住总人数	4万人
就业岗位	12.8万人
建筑密度	45%
建筑面积毛密度	2.5万m^2/hm^2
绿化率	30%

4）地块控制指标

全区共划分为17个街坊，近100个大小地块。在绿地率控制指标上，规划对各地块开发提出更高要求，使之与新区行政文化中心的高标准环境要求相协调。

5）道路系统（表2-20）

联洋开发区依托的城市干路包括：杨高路（红线宽50m）、内环线（红线宽50m）以及民生路（红线宽40m）、南洋泾路和浦川路（红线宽40m）。

区内规划道路红线宽24～32m，部分道路交叉口展宽。

联洋综合开发区内部道路规划一览表（1994年）　　　　　　　　　　表2-20

路名	路幅宽度（m）
规一路	24
规二路	32
规三路	30
规四路	24
规五路	24
规六路	24
规七路	24/30

6）空间形态布局

联洋地区是高层建筑区，在形态设计中强调环境布置。在联洋西区规划宽24m的绿色轴线，中心部位布置多片规模在6000m^2以上的公共绿地，用绿色空间来组织公共建筑的空间形态。联洋东区的建筑呈自由布置，开敞式的大规模的绿地与低层的学校、服务建筑区汇成一片，构成与高层建筑形态上的强烈对比。

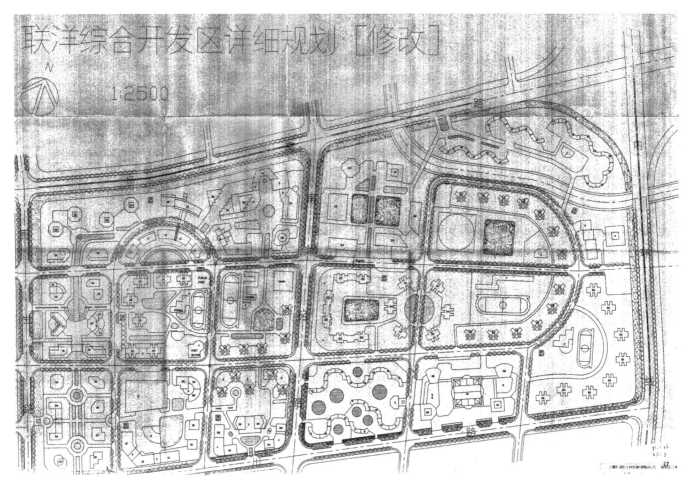

形态规划图

2. 联洋居住区控制性详细规划（1999年）

1）功能定位

从人与自然紧密结合的规划意境出发，将联洋小区建设成为高起点、高档次、高品质的，具有较高绿化率、较多集中绿地面积的舒适、高雅的生态型居住区。

2）总体布局与用地控制

在联洋居住区189.4hm²用地中，城市道路用地（杨高中路、罗山路、锦绣路、民生路、芳甸路）为23.84hm²；规划河流用地（洋泾港）为3.05hm²；规划地铁7号线控制用地2.32hm²；高压走廊用地面积9.70hm²；规划中将A、C和F地块北部保留为市、区级公建用地，占地面积10.70hm²；B7地块为220kV变电站用地，占地0.6hm²；居住用地面积为139.19hm²（表2-21）。

联洋居住区规划用地平衡表（1999年）　　　　　　　　　表2-21

用地代码		项目	占地面积（hm²）	比例（%）	备注
		居住区用地	139.19	100	
R	其中	住宅用地	82.03	58.9	
C		公建用地	17.76	12.8	
G		集中绿地	22.08	15.9	
S		道路广场用地	15.75	11.3	
U		市政设施用地	1.57	1.1	
		其他用地	50.21		
S	其中	城市道路用地	23.84		
E		河流用地	3.05		
		高压走廊用地	9.70		
U		市政设施用地	0.60		220kV变电站
		地铁控制用地	2.32		
C		市、区级公建用地	10.70		
		总用地	189.40		

注：1. 城市道路用地指杨高中路、罗山路、锦绣路、民生路、芳甸路的道路占地面积。

2. 市、区级公建用地指规划A、C、F1、F2地块及现状的东华宝都、明星大酒店用地。

3. 市级市政设施用地包括220kV变电站。

用地规划图

3）建设容量

根据花木—张江西地区控制性规划要求，以及地区功能定位由商办居住综合区变为中高档居住区，规划对该区的建筑量进行了大幅降低，其建筑总量控制在295.67万m²，居住区容积率控制在1.77之内，其中，市、区级公建建筑约49.23万m²，住宅建筑约227.85万m²，居住区及居住小区级公共设施建筑约18.59万m²，规划居住总人口为4.5万人（表2-22）。

联洋居住区技术经济指标表（1999年）　　　　　　　　　表2-22

项目		指标
总用地面积（hm²）		189.40
其中	居住用地面积（hm²）	139.19
	其他用地面积（hm²）	50.21
总建筑面积（万m²）		295.67
其中	市、区级公建建筑面积（万m²）	49.23
	住宅建筑面积（万m²）	227.85
	公建建筑面积（万m²）	18.59
居住区建筑容积率		1.77
居住区绿地率（%）		36
住宅建筑面积毛密度（万m²/hm²）		1.64
住宅建筑面积净密度（万m²/hm²）		2.78
居住总户数（户）		15000
居住总人口（人）		45000
人口毛密度（人/hm²）		323
人口净密度（人/hm²）		549

4）道路布局

由于规划总建筑量由原来的460万m²降为现在的295.67万m²，建筑面积大大减少，因此整个规划对道路的容量要求也相应降低，此外，由于联洋居住区东半部在杨高中路、罗山路上不设出入口，因此联洋居住区东部道路的过境交通量也不会大，主要承担内部的交通量。基于以上情况，规划对联洋居住区东部的道路系统进行了调整。具体调整方案为：规二路（芳甸路—规六路）、规八路红线宽度调整为24m，并将道路线形调为折线形；规三路（芳甸路—规八路）、规六路（规二路—锦绣路）红线宽度调整为20m；规六路（规二路—洋泾港）、规一路、规九路3条道路形成1条环路，由于该部分道路交通流量不大，红线宽度设为16m；规七路（高压走廊—规一路）宽度为16m，它横穿洋泾港，将洋泾港两岸用地连接起来（表2-23）。

联洋居住区道路一览表（1999年）　　　　　　　表2-23

道路名称	起讫点	走向	红线宽（m）	长度（m）	面积（hm²）
规一路	规六路—规九路	东西	16	484	0.77
规二路	民生路—芳甸路	东西	32	878	2.81
	芳甸路—规六路	东西	24	263	0.63
规三路	民生路—芳甸路	东西	30	838	2.51
	芳甸路—规八路	东西	20	645	1.29
规四路	锦绣路—规二路	南北	24	633	1.52
规五路	锦绣路—规二路	南北	24	614	1.47
规六路	锦绣路—规二路	南北	20	690	1.38
	规二路—规一路	南北	16	232	0.37
规七路	高压走廊—规一路	南北	16	165	0.26
规八路	锦绣路—规六路	南北	24	771	1.85
规九路	规一路—规八路	南北	16	475	0.76
总计					15.62

道路系统图

5）公建布局

根据规划，联洋居住区的规划人口在4.5万人左右，因此，区内的公共建筑也按居住区级配置。

（1）市、区级公建

规划中将A、C街坊及F1、F2地块保留作为市、区级公建用地，与民生路以西的行政中心相呼应，容积率控制在3.0～7.2之间，建筑物高度控制在100m以下。市、区级公建用地（包括现状的明星大酒店、东华宝都等）不计入居住区用地的平衡。

（2）行政管理

规划在P10地块设立街道办事处；此外，在P3地块设物业管理1处，内容包括物业管理、物业维修、环卫设施等；在P4地块设派出所1处，内容包括派出所、警卫值班室等；在P11地块设工商税务1处，内容包括工商所、税务所等。

（3）商业金融

规划将P1、J4地块作为商业中心，集中布置区内商业金融设施，包括超市、银行、保险、大型商场等；在P13地块设集贸市场1处，内容包括集贸市场、中心菜场、市场管理等，此外，在E8地块内设分菜场1处，以满足居民日常生活需要。

（4）文化体育

规划在P8、E7地块内设商业娱乐和社区文化娱乐中心，内容包括图书馆、科技站、文化站等；在P9地块为青少年活动中心；体育设施可利用E5地块九年一贯制学校的体育场馆，在课余时间内向公众开放。

（5）医疗卫生

在P7地块内设街道医院一处；在E2、E3地块内利用现状的东欣别墅改造作为康复中心和居住区疗养所。

（6）教育培训

根据居住区人口规模，区内宜设两处中学、两处小学，其中在E街坊内设1处九年一贯制学校，在J街坊内对原南洋泾小学进行改扩建，在T街坊北侧靠近洋泾港处设中学1处；此外，在天安花园以及B、J、Q街坊中各设幼托1组，以满足本居住区的就学、入托需要。

（7）社区服务

在P3地块内设社区福利中心，内容包括社区服务、敬老院、残疾人康复室、福利加工厂等。

6）住宅布局

根据花木—张江西地区控制性规划和世纪公园周边地区景观规划，沿世纪公园一侧的建筑高度不宜过高，且区内建筑高度在总体上应由南向北形成南低北高的格局。因此，从景观因素、与周边环境相协调等方面综合考虑，规划将整个居住区的住宅按高度分为两个层次，第一层次为靠近世纪公园一侧的G（天安花园）、H（南江房产）、R、S及T街坊南部的居住用地，该层次的用地毛容积率控制在1.9～2.0左右，建筑高度控制在50m以下，其中沿锦绣路一侧的建筑高度宜控制在20m以下，以与世纪公园的景观相协调。第二层次包括B（申威房产）、D（天安花园）、J、K、M、N、Q街坊及E街坊的北部、T街坊北部，这几个街坊的居住毛容积率控制在2.9以下，建筑高度控制在100m以下，联洋居住区规划定位较高，在规划中户均面积控制在150m²/户，总户数约为1.5万户，规划人口约4.5万人。

7）公共绿地

整个居住区的公共绿地可分为居住区级公共绿地和街坊集中绿地两个等级。在L2、P6两个地块中设2块开放型绿地，形成东、西两大景点，成为居住区的景观中心。道路两侧防护绿带及小区公园组成了本区绿化系统的第一等级即居住区级公共绿地。第二等级以各街坊中的集中绿地为主，规划各街坊集中绿地面积控制在10%～15%左右，其中沿中央公园一侧的F、H、R、S街坊的集中绿地控制在15%以上，其余地块则控制在10%～12%不等。从而使整个居住区的绿化点（集中绿地、居住区公园）、线（道路绿化、河流绿化）、面（各地块的高绿化率）相结合，形成一个有机的、连续的绿化系统。小区内的绿化建设要出精品，形成本区特色，树种宜以高大乔木为主，灌木、花草为辅，在绿化上形成层次感。整个居住区的集中绿化与周边的道路防护绿化等绿地一起，将区内建筑群包围在一片绿意之中，为整个居住区注入勃勃生机。

3. **联洋居住区修建性详细规划（2000年）**

1）规划立意

（1）立足于新世纪

在这样的一个世纪之交，让人们回首品味过去的得失，也会让人对未来有诸多期盼。对于如何建设人们生活居住的环境，每一代人都有过梦想，但在经济发展处于起步的阶段，在工业化大生产中，每一代的梦想又都淹没在经济增长的首要目标之中。

人们用自己的双手把经济的繁荣带到了新世纪，也需要在新世纪得到真正意义的高质量的生活环境。在关注经济增长的同时，人的需求，人的生活环境质量将会成为发展的主要诉求，这是新世纪的生活目标。

（2）立足于新生活

工业化时代留给人们的是快节奏、机械化、程式化的生活方式，居住的概念是相对于工业、交通、游憩等的另一种功能活动，于是有了纯粹意义的居住功能的"居住区"。人们的生产和生活活动在空间和时间上都有分离。

立足于新世纪的生活与之不同，科技的发展将带来人们生活方式的巨大改观，更加丰富和多元的生活将在空间和时间上复合，居家工作、居家学习、居家娱乐、居家购物都成为可能。这里不再只是传统意义的居住区。这里将创造出具有多元复合功能的新生活家园。

（3）立足于新观念

在人们创造良好的环境的同时，对经济增长的观念、对生态环境的观念、对能源消耗的观念以及原有的生活消费方式都有了新的理智的反思。能源危机将成为21世纪关注的焦点，绿色生活消费观念将被觉醒的人们普遍接受，这也将反映在新生活家园的建设中，充分利用土地资源，充分利用可再生能源，节能的设想将在规划中充分考虑。

（4）立足于地方性

技术发展使全球能在同一时间接收到同样的信息，为各种时尚和流行在同一时期被广泛接受提供了可能。但真正的生命力来源于地方性，地理气候赋予地方性以自然的个性，习俗传统赋予地方性以文化的个性，规划将通过地方性的塑造，提供富存魅力的生活空间。

2）规划要点

（1）充分体现对家庭生活的关怀

规划通过对家庭发展趋势的关注来实现以人为本的设计思想，家庭生活进入高质量的阶段，将越来越具有更为广阔的社会功能，因而也将赋予家居环境更为生动的时代气息。因此，规划设计定位于为每个人及每个家庭提供具有优美环境和温馨氛围的社区环境。

对老人和儿童的关注需要创造安宁、祥和的居家环境，上海已经进入人口老龄化社会，这一人口变化趋势将在21世纪产生深远的社会影响，因此需要为居住者尤其是老弱幼小者提供方便的步行系统，为其活动提供开敞空间。

对科技发展和新就业形式的关注需要创造智能化的家居工作环境，现代化便捷高效的交通与电子通信条件将为新世纪就业的灵活性作充分的准备。

对家庭社会的关注需要在户外设置多种形式的交往空间，大片的绿地里、蜿蜒的小溪边、交错的连廊上、开阔的平台中、架空的低层广场，到处可以有亲切的交流、友善的致意，使每一个居者有真正的家园感受。

（2）符合时代特征的交通组织理念

新世纪人们对交通条件提出了更高的要求，汽车的发展和普及成为一种强大的发展趋势，规划设计为适应这一发展趋势，努力营造流畅快捷的道路交通系统和充足的停车场地。

新世纪也给人们带来对过分依赖汽车的交通形式的反思，汽车在给人们带来方便和快捷的同时，也带来了污染和大量的能源消耗，新世纪将逐渐受到适度消费观念的影响，或许可以在此时此地率先倡导新的多元化的交通理念。联洋居住区规划设计了四通八达的步行系统，使汽车交通空间与步行开敞空间既有一定分隔又能达到相互交流。

（3）具有地方特点的空间处理方法

从上海的地方气候特点和传统建筑文化特点上，半开放的空间具有较强的地方色彩，规划方案中即以此为主要空间处理方法，融汇于新的建筑空间和功能中。贯穿于各个建筑组团之间的交通的空间、交往的空间、观赏的空间、通风的空间等多种功能空间相互流动结合。

（4）创造良好的城市景观形象

新世纪的联洋居住区不仅体现新的生活功能要求，而且力求在空间形式的建筑外观上形成符合时代特征和地方特色的形象效果，以舒展、开朗、明快的形式展示其内在的魅力。

浦东行政文化中心的建筑将成为浦东地区开发的标志性建筑，但要构成整体的城市形象，浦东行政文化中心是远远难及的，紧邻的联洋居住区将与之协调配合，共同创造出崭新、亲切、感人的城市景观形象。

3）规划结构

（1）总体布局

人在一个特定社区的生活质量，和这个社区的位置、社区与城市的关系、社区规划、住宅质量、社区配套、环境设计、管理模式、邻里空间、社区文化等等一系列因素有关。因此，联洋社区关注的内容将超越建筑规划设计的范畴，倾心致力于全方位营造一个具有可持续发展的大型住宅社区。未来居住品质不但体现在住宅、环境、功能上，更多地将体现在社区规模、社区功能、社区文化和社区服务上。

在这种思想的指引下，联洋居住区的中央被规划成贯穿东西的公共服务带。幼儿园、学校、医院、商业中心、娱乐中心等公用设施云集于此，这样规划既整合了本应由各住宅组团分别建设的公建配套工程，又把本来分散的人群集中到一起。大面积的人行林荫步道、宽阔的广场、开放的球场和各类社区设施，加上Laya俱乐部内的各类娱乐休闲场所，为人们提供充足的交流空间，以形成整体的认同感和归属感。联洋的文化即由此为发端（表2-24、表2-25）。

联洋居住区修规用地平衡表（2000年）　　　　　　　　　　　　　　表2-24

项目	数值（hm²）	所占比重（%）	人均面积（m²/人）
居住区规划总用地	189.4		42.1
1. 居住区用地	139.2	100	30.9
住宅用地	31.0	22.3	6.9
公建用地	21.4	15.4	4.8
道路用地	26.6	19.1	5.9
公共绿地	60.2	43.3	13.4
2. 其他用地	50.2		

联洋居住区修规经济技术指标表（2000年）　　　　　　　　　　　　表2-25

项目	单位	数值	所占比重（%）	人均面积（m²/人）
住宅套数	套	15000	—	—
户均人口	人/户	3	—	—
居住人口	人	45000	—	—
建筑总面积	万m²	244.2	100	54
住宅建筑面积	万m²	222.8	91	49.5
公建面积	万m²	21.4	9	4.8
住宅平均层数	层	12	—	—
高层住宅比例	%	82.2	—	—

总体布局以带形绿地构成核心骨架，以3条横向的主轴以及若干纵向的分支贯穿整体，将步行绿色景观轴线与具有不同用地特点和使用功能的住宅组群形态结合，通过绿化、交通系统组织空间，形成错落有致、收放有序、形式多样的整体的有机结构和丰富的空间效果。

这种空间布局形式的主要的特点是通过线形的空间组织，将不同层次的开敞空间结合起来，使每一个住宅单元融入整体结构之中，赋予每一个住宅组合单元不同的空间特点，增强场所感和可识别性。并在保证总体开发规模和绿地容量的基础上，尽可能地为每一个住户争取一个好的环境，并为居民多样化的居住活动提供空间和交往机会，创造出安全、舒适、宜人的家园环境。

（2）动态开敞空间

规划方案中的开敞空间既不是小且分散的小块空间组合，也不是大而一览无余的中心广场或绿地，而是在每一组紧凑的建筑群体空间之间，形成或收或放、相互流通和渗透的融合的系统。

开敞空间与浦东行政文化中心北侧的广场相呼应，形成一直延伸的南北向主轴，以鱼骨状向各个组团深入，并在朝向世纪公园的方向，形成中间和南北各一的3条主要伸展分支，形成面向世纪公园的动态开敞空间。既引入了自然的气息，也展示出联洋居住区明朗开阔的胸怀。

（3）建筑组团规划

规划兼顾不同组团建筑形成的外部空间效果和内部空间形式，建筑在内部和外部都构成有机的构成部分，在建筑组团内部形成内向但又不封闭的空间形式。

规划注重整体的构图和空间效果，其中的每一栋建筑都不是独立的存在，不仅是所在组团的构成部分，同时也是整体结构中不可或缺的要素。不同的建筑和建筑组群，在整体的环境中遥相呼应，形成相互对话、交流的空间效果。整体、默契、密切关联的人性化建筑空间将为形成充满人情味的家园社区增添一笔重彩。

4）空间形态

（1）疏密有致

在空间布局上，尽量保证由绿化和水域组成的中央开敞空间的开阔性和流畅性，在其两侧形成相对紧凑的建筑空间。沿中心绿带设置相对低密度的建筑，由开敞空间向两侧密度逐渐有所增加，这既能使景观相对优越的地段得到高标准利用，同时也在空间上形成更开阔的视觉通道，争取到更多的沿绿带立面，使更多的建筑得到景观的视线。

（2）错落有序

为丰富空间效果，形成生动的景观形象，群体建筑在高度上错落变化较多，存在整体有序的规律。在每一个建筑和建筑组群中，建筑高度形成由北向南逐渐降低的趋势，在整体的高度关系上，展示出同样的关系，错落的空间关系形成有序的渐变效果。

（3）空间渗透

在空间的疏密关系、高度的错落渐变以及整体肌理的反差和对照中，各种空间都能够相互融合和渗透，彼此在对照中不是相互排斥，而是相互包容，其间流动的开敞空间为各种空间之间的交流和渗透提供了媒介。

（4）通风与节能

为在整个联洋居住区形成良好的微生态环境，日照与通风条件十分重要，日照上满足充足的日照间距条件和大部分建筑的良好朝向，在通风上，由于上海常年主导风向是东南风，因此建筑组团主要在这两个方向上形成开敞的形式，空间收放的方向基本与风向一致。

5）道路交通组织

（1）车行系统

联洋居住区四周的杨高中路、罗山路、锦绣路、民生路和穿越用地中间的芳甸路是浦东主要的道路。在这一路网中联洋居住区被分成两大地块，而规划的规二路、规三路、规四路、规五路、规八路又进一步把联洋居住区用地划分成十几个地块。

作为一个整体的居住区，联洋居住区规划注重营造整体的空间效果，营造具有现代气息和宏大气势的整体环境，把规二路、规三路、规四路、规五路和规八路改造成为具有亲切家园氛围的车行路，通过加强植树和绿化，形成林荫路，这几条道路是从城市干道进入小区的主要车行路，给人们的是进入联洋居住区的第一感受，因此，弱化城市干道的环境特点，强调人情味是重点。

再次一级的车行系统是在每个小的组团内部所形成的环境，流畅的曲线赋予道路以丰富的景观变换，在车行可以方便抵达每一住户的同时，减少车行线对开敞空间整体的干扰，保证中心开敞空间的完整性。

各个车行入口都考虑能够取得引人入胜的景观效果，而每一个入口的具体空间处理手法及空间效果又各具特色。

（2）步行系统

在联洋社区中心，结合社区广场，形成联系E、P、D地块的开敞绿带和广场，也是主要的步行空

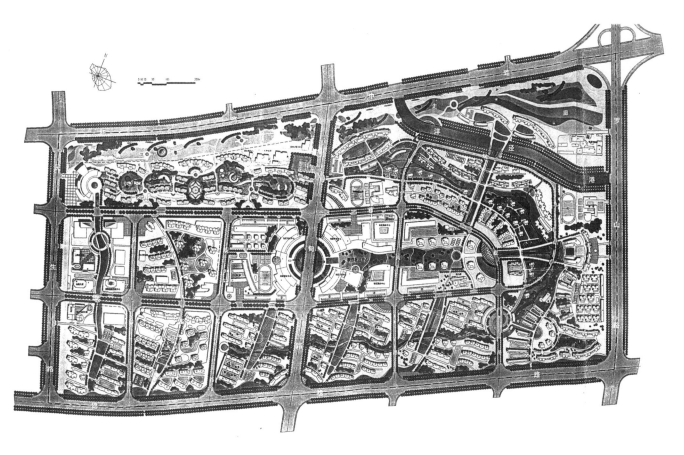

总平面图

间；在环绕外围的B、J、N、T、S、R、H、G地块形成连续的绿化空间，结合穿流其间的水系，连接贯通、曲折蜿蜒、洋洋洒洒。以上成为联洋居住区步行系统的主体。

（3）停车

为适应汽车交通工具发展的需要，规划方案中设置了设置了充足的停车用地，在每个入口的公共建筑附近设置地面停车场，住宅的架空底层也考虑有部分停车面积，以解决众多的临时停车问题。考虑到这一用地的特殊性，更多地是采取地下停车的方案，可以充分利用地下空间。

6）空间景观

（1）丰富的绿地系统

结合联洋居住区中心的开敞空间和环绕外围的水域开敞空间，形成游园式大面积的绿地，以获得规模化效果和便于集中管理，形成流动的视觉感受和多样的空间活动系统。

（2）渗透其间的水域系统

在流动的空间和绿化系统中，贯穿着自然的水域系统，或是开阔的水面，或是蜿蜒的细流，或是整齐的渠道，渗透到建筑组团深处，为空间配以视觉和听觉上的生动感受。

4. 联洋新社区开发理念特色

1）控制性规划有效引导社区整体协调开发

联洋居住区修建性详细规划在整个联洋新社区的开发过程中，起到了引导和监督的作用，使每一家开发商有了统一的建造方向，在此方向的引导下，再进行局部的规划。因此，整个联洋新社区的10

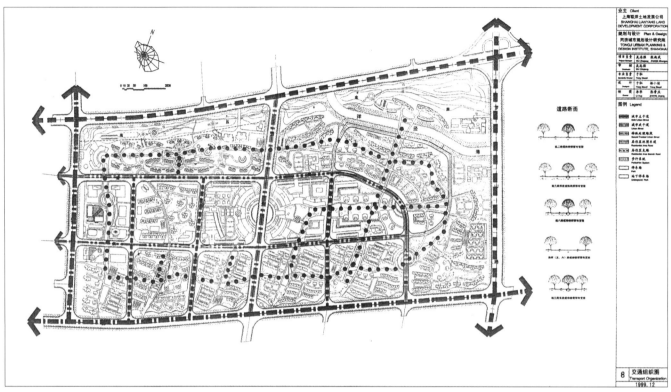

交通分析图

地块细分图

家开发单位，均服从整体规划，保持统一的基调，朝着最具人性化居住空间的方向发展。

2）社区文化的精髓——邻里中心

"邻里中心"是集社区的地域中心、活动中心、消费中心、集散中心和管理中心为一体的社区配套。区别于传统社区规划的零星分散，联洋新社区将大小40多个公建配套集中整合在一起，成为"邻里中心"，是联洋新社区文化精神的体现。"生活在联洋"是社区的居住理念，联洋不仅有居住的功能，还有生活、交流的功能。

3）社区商业配套与文化相结合

联洋新社区以全新的运作模式规划物业形态，其住宅的高起点、高定位必然需要顶级的商业中心。首先确定"以人为本"的商业理念，引进知名的商家企业，把发展社区商业同社区文化的理念相结合，以适应"联洋"品牌文化的需要。

以"集中配套"著称的联洋新社区邻里中心，拥有一流的商业、文化和娱乐设施——罗丹广场、联华超市、Laya俱乐部、意大利广场、艺博画廊、家信形象设计中心、国际标准足球场……共同的文化生活把居民们汇聚到规划中明确的交流空间，楼盘的小空间被社区的大空间包容了，人们相互接触、交流的机会更丰富了。

除此之外，文化内涵的重笔渲染，更是淋漓尽致地体现了社区的创新文化意识。著名雕塑"大拇指"与罗丹广场的"思想者"遥相呼应，为整个联洋新社区增添了不少文化魅力。

社区中心–大拇指广场地区建设实景照片

第五节　产业转型示范：陆家嘴软件园

一、规划背景

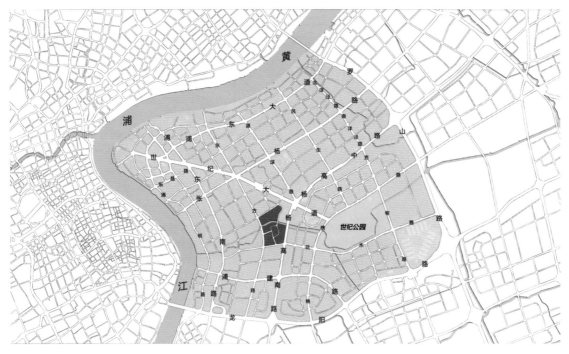

陆家嘴软件园区位示意图

　　陆家嘴软件园的前身是峨山路工业小区，其紧邻竹园商贸区、陆家嘴中心区、花木行政文化中心等新区重点区域，并且被张家浜、竹园公园、塘桥公园所环绕，区位条件十分优越。早在1995年编制批准的《陆家嘴开发区（19平方公里）控制性详细规划》中，就明确峨山路工业小区应充分利用浦东优势，依托上海市域腹地、面向海外，升级成为以贸易、高附加值产品加工、科技研发为主要功能的都市型工业园区。

　　随着陆家嘴金融贸易区建设的逐步成熟，峨山路工业小区的更新改造进入了议事日程，并明确转型升级为软件产业园区。为了在陆家嘴金融贸易区内建设一个环境优良、具有标志性、展示性及品牌效应的软件开发园区，2003年，受陆家嘴（集团）有限公司的委托，由上海市浦东新区规划设计研究院编制了《浦东软件园陆家嘴分园控制性详细规划》，主要针对陆家嘴3-1地块（即原峨山路工业小区）及陆家嘴2-16地块（即规划的竹园公园）进行改造和规划建设控制。该规划于2003年7月获得新区人民政府的批准（浦府［2003］138号）。

　　2003~2007年间，软件园区按照规划，部分地块的用地性质进行了用地变更，由工业职能转变为研发、商业、办公功能进行使用；部分地块进行了建筑置换，将原厂区建筑改造后作为研发功能使用。但由于各方面的原因，软件园的开发建设碰到了一系列的问题，如地块划分的可操作性、配套服务设施缺乏、道路系统待优化、开发成本等问题。为了增加规划的可操作性，根据规划主管部门的要求，

2007年，由上海市浦东新区规划设计研究院进行了《浦东软件园陆家嘴分园控制性详细规划调整》的编制，针对规划实施中出现的问题提出解决对策。该规划于2007年12月获得新区人民政府的批准（浦府〔2007〕338号）。

二、详细规划

1. 首轮规划：浦东软件园陆家嘴分园控制性详细规划（2003年）

1）规划范围

该规划的规划范围为：东至燕乔大厦、浦东交通巴士股份有限公司、杨高南路，西至东方路，南至峨山路，北至浦电路、张家浜，占地面积约43.12hm²。其以张家浜为界，南部为陆家嘴3-1地块（即原峨山路工业小区），北部为陆家嘴2-16地块（即竹园公园地块），共同组成了陆家嘴软件园。

2）规划核心问题

（1）营造适合研发产业特征的园区氛围

软件园区应尽可能地拥有清幽宜人的自然环境，有活力的交流活动场所，便利的服务设施，这些对吸引研发人员来此工作，对新思想的萌发和人们之间的交流与合作至关重要，因此应合理地规划布局，因地制宜，营造和谐创新的园区氛围。

（2）工业区更新方式探寻

园区的南部是原规划的峨山路工业小区，基本已建成，道路、市政设施配套齐全，厂房林立，对这些设施是保留，并结合园区建设，予以更新改造，或是拆平重建，是规划亟须解决的问题之一。

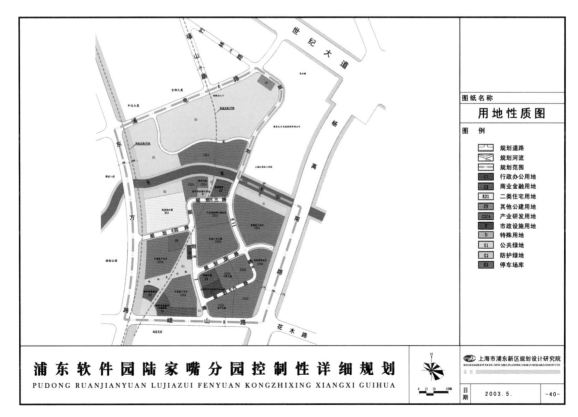

用地性质图

浦东软件园陆家嘴分园控制性详细规划 保留建筑示意图

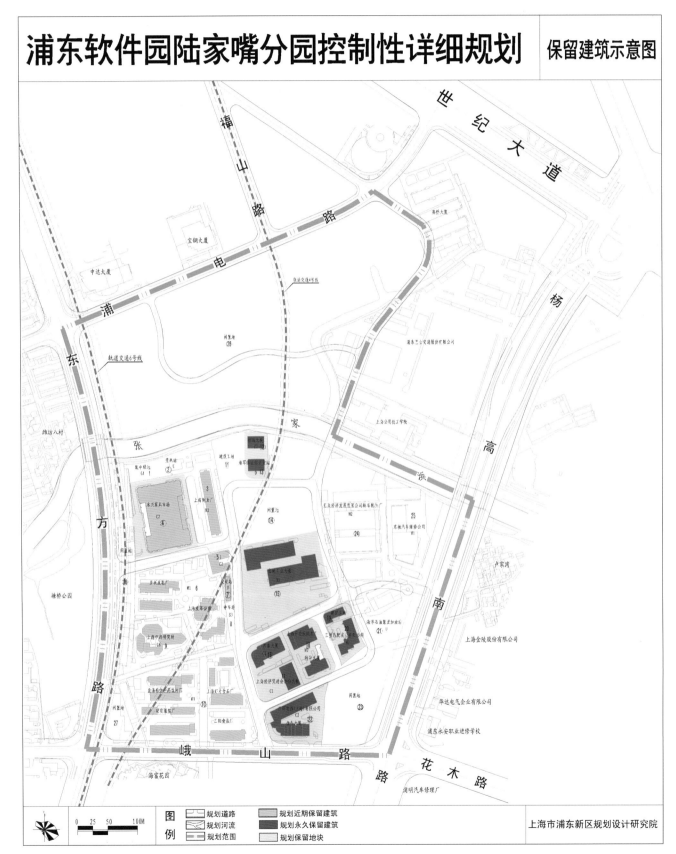

图例
规划道路　规划近期保留建筑
规划河流　规划永久保留建筑
规划范围　规划保留地块

上海市浦东新区规划设计研究院

现状保留建筑图

（3）南北两区的联系

张家浜是新区重要的景观河道，亦可借景入园，成为园区的生态廊道；同时张家浜又将园区划分为南北两部分，如何解决园区南北联系，包括交通流、景观流等，以及充分利用张家浜的景观优势，亦是规划的重点工作。

3）功能分区与结构

规划在功能分区与结构上强调研发—生活—休闲一体化的软件园的特色，根据现状建设情况及土地适宜性分析，将张家浜以及两侧的滨水景观带确立为规划的生态走廊，沿生态走廊向北依次规划为低密度研发中心、绿化休闲区；南部由西至东依次为服务性公寓区——中密度产业区——公共设施服务区；产业研发孵化综合开发区及高密度产业区——高密度研发区。各区以步行绿化带游走其间，形成非正式交往空间，作为各企业游憩、休闲、交流的场所；同时也使不同的功能区相对独立，避免相互干扰。

（1）低密度研发中心

主要布局在张家浜以北的竹园公园地块内，各办公楼傍水而建，以1000～2000m^{2}的低多层别墅式单元为构筑模式分散布局，掩映于绿树丛中，环境幽雅而静谧。本区规划容积率为0.60。

（2）中密度产业区

东方路以东，规划一路以西的地块内布置中密度产业区，该区在方案设计时应充分考虑利用塘桥公园及张家浜良好的景观视觉效果，创造宜人的办公环境，在借景的同时又成为美景的一部分。建筑体量上应与张家浜以北的高级办公楼群相呼应，北高南低。该区规划占地面积2.48hm^2，规划建筑面积3.95万m^2。

（3）产业研发孵化综合区

布置于张家浜南侧，规划一路东侧，利用原峨山路工业小区已建厂房和办公楼，适当加以更新改造，作为标准研发楼，提供给规模较小的软件公司办公。标准研发楼是共享式办公区域，数家公司共享办公资源，有利于节约用地，更可减轻原始创业者的租金压力，使软件园区不同档次的研发楼适应不同的用户需求。规划的标准研发楼占地面积4.73hm^2，规划建筑面积13.57万m^2。

（4）高密度产业区

杨高南路以西、张家浜南侧规划布置高密度产业区，规划高密度产业区占地面积2.48hm^2，规划建筑面积7.95万m^2。

（5）高密度研发区

峨山路以北、杨高路西侧规划布置高密度研发区，除提供给规模软件公司办公外，还可为IT企业提供高级的交流和展示场所，规划高密度研发区占地面积2.57hm^2，规划建筑面积7.75万m^2。

（6）服务性公寓

规划布置于东方路东侧，张家浜南侧，主要为区内员工提供单身公寓、专家公寓等配套居住服务设施，使园区工作、生活一体化。规划的服务性公寓区占地面积1.94hm^2，规划容积率为2.4，规划建筑面积4.66万m^2。

（7）公共设施服务区

峨山路、东方路沿线，依托地铁明珠线蓝村路车站的优势，布置公共服务设施，如便利店、银行、邮局、餐饮、咖啡吧等，形成园区的公共服务主中心，既可方便软件园区员工的生活需求，同时又可服务周边地区，形成具有活力的生活空间，此外中心区内结合行业特点还设置软件贸易、软件展示等。

张家浜以南、规划三路以北设置园区公共服务次中心；各组团结合办公楼可在底层设置小型便利店、咖啡吧等；三级配置的公共服务设施，使区内员工步行5 min即可享受公共服务。规划的公共设施服务区占地面积1.68hm²，规划建筑面积3.22万m²。

4）建设容量

规划园区用地面积为33.6hm²，总建筑面积为44.36万m²，其中研发产业建筑面积为34.42万m²，行政办公、公共设施、市政等配套服务设施建筑面积为9.94万m²。园区利用现有建筑改造再利用的面积达到11.21万m²，占到总建筑面积的25%左右（表2-26）。

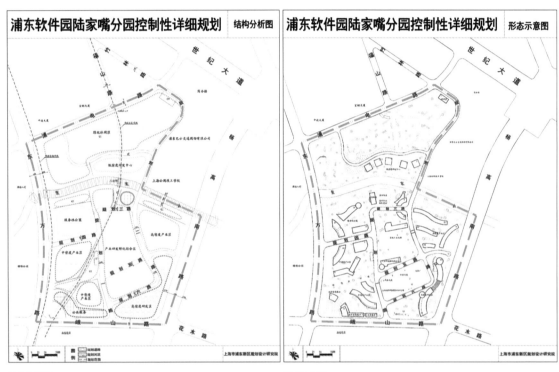

结构分析图　　　　　　　　　　　　　　　　　　　　形态示意图

浦东软件园陆家嘴分园规划技术经济指标表（2003年）　　　　　　　表2-26

	占地面积（hm²）	容积率	建筑面积（万m²）	备注
低密度研发区	2.00	0.6	1.20	
产业研发区	12.26	2.7	33.22	其中保留建筑9.02万m²
服务性公寓	1.94	2.4	4.66	
公共设施服务区	1.68	1.9	3.22	其中保留建筑1.14万m²
停车楼	0.41	2.4	0.98	
市政设施用地	0.09	0.3	0.03	
行政办公用地	0.34	3.1	1.05	其中保留建筑1.05万m²

续表

	占地面积 （hm²）	容积率	建筑面积 （万m²）	备注
公共绿地	12.31			
道路用地	2.57			
园区总计	33.60	1.3	44.36	不含海军保证部定货站及教堂用地及建 筑面积
其他用地	0.30	1.8	0.63	海军保证部定货站及教堂
总计	33.96	1.3	44.99	

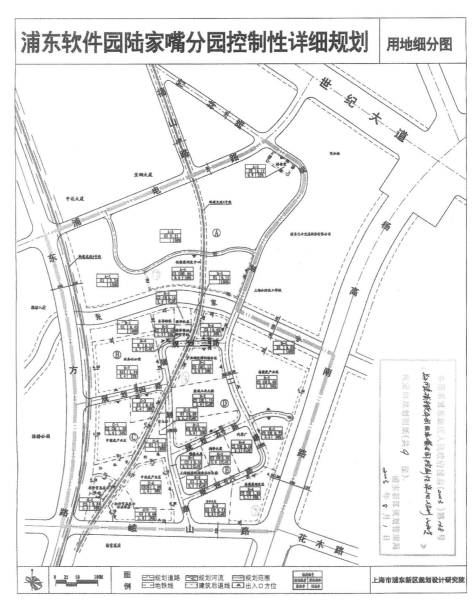

用地细分图

5）交通系统

（1）入口

全区南面、西面各设1个出入口，北面设2个出入口。为方便联系竹园商贸区，规划于浦电路上设标志性及辅助性2个出入口，其中竹林路出入口为园区的标志性出入口；南出入口开口于峨山路上，为园区的主入口；西出入口位于东方路上，为避免进出园区的车辆对东方路的交通干扰，该出入口在今后的管理中需设定右进右出的通行原则。

（2）车流

地块内道路由区内主路将南北两个相对独立的道路系统，贯通为一整体，方便园区的交通联系。南部充分利用已建的环状路网形成环形的主路网络，保证园内车流通畅及与园外的联系；北部结合总体布局形成曲线形道路，作为街坊内部道路。区内主要道路为双向4车道，红线宽16m，由主要道路向各功能区枝生尽端路，避免车流穿行办公区。

（3）停车场

停车场的设置要充分考虑便捷、绿化和美化、隔离及无障碍等因素，方便员工的使用。依停放方式分为4类：

A. 集中地面停车：在公建附近。

B. 地面零散停车：在每栋办公楼入口附近配有少量停车位，方便来访客人及残疾人。

C. 地下停车：区内设置集中的地下停车场，满足员工的停车需求。

D. 停车楼：区内设置集中的停车楼一座，规划占地面积0.41hm^2，规划建筑面积9800m^2，可停放车辆280辆。

（4）步行系统

结合沿地铁线设置的绿化带布置小区步行系统，采用流线型的线形设计，给人流动、有机之感，是观光、散步的场所，并提供各企业间非正式交流的空间。

6）绿化及景观

绿化系统由大型绿地、滨河生态走廊、绿化步行带及道路防护绿带构成，点、线、面相结合，形成园区的绿化系统网络。张家浜两侧的滨河绿地规划为园的生态走廊，将绿色呼吸空间楔入到小区内部；结合地铁明珠线的走向设计园区的绿化步行带，延展了员工活动空间，将绿渗透至园区各个视觉活动界面；浦电路南侧，张家浜北侧是规划的竹园公园，以园林式绿地为主，地形高低起伏有致，沿浦电路和东方路设置主题广场，丰富沿线景观；东方路、杨高路及世纪大道规划设置防护绿带。区内规划公共绿地面积达到12.31hm^2，集中绿地率达36.64%。

为塑造园区整体良好的环境，需对重要节点景观予以控制，尤其是小区内规一路、规三路交叉口，既是小区交通汇聚点，亦是小区绿化通廊及步行空间的组成部分，对该节点将在小区开发中，结合地块的总平面设计，作深入的研究。

2. 规划调整完善：浦东软件园陆家嘴分园控制性详细规划调整（2007年）

1）规划范围

该规划调整范围针对陆家嘴软件园张家浜以南部分，即东至杨高南路，西至东方路，南至峨山路，北至张家浜的区域，规划用地总面积约28.56hm^2。

2）原规划实施中的矛盾

原规划在实施过程中受到各种阻碍而进展缓慢。实际情况的复杂性使得更新开发过程中遇到了各

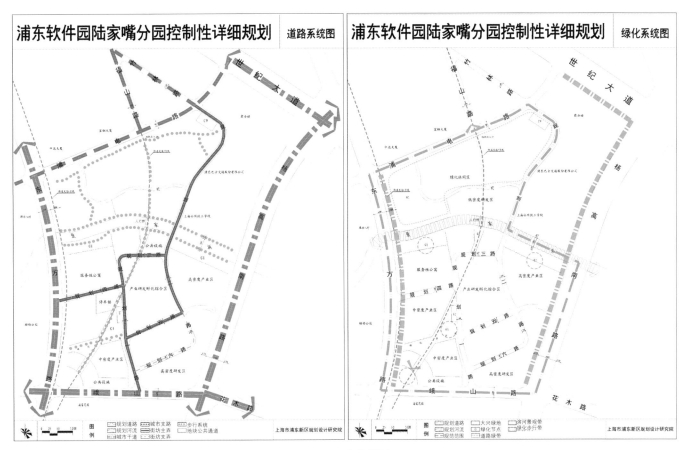

道路系统图   绿化系统图

种操作上的困难，影响了地块改造的顺利开展。

（1）开发地块划分缺乏可操作性

上轮规划中对开发地块的划分以整体规划结构为主，较少考虑到现状建设情况对用地的限制。在某一规划地块改造中，往往由于牵涉到多家现状企业而难以进行土地的收购、置换操作，影响了规划实施。

（2）开发实施造成用地不均衡建设

在园区改造过程中，由于原规划的公共设施用地无法与研发用地同步进行收购、建设，造成了公共设施配套建设的严重滞后。2003年原规划编制完成后至今，除了当时已建成的伟泰大厦作为宾馆服务外，其余公共服务设施用地均由于土地收购和开发引资问题没有任何推进。陆家嘴软件园反而在其他地块内自发形成餐厅、体育健身房等小规模的服务配套。这种配套服务设施严重不足的状态只有通过新的开发模式才能得到改善。

（3）道路规划需要优化

上轮规划中道路（红线宽度为12～16m）的交通组织很难满足将来商业、办公功能的交通需求，应该考虑整体路网结构的调整和路幅的局部拓宽。

原规划规划五路东段作为原规划D-5地块和E-5地块的分隔条件，以尽端路的形式伸入现作为由集团整体开发的地块，在杨高南路没有出入口。考虑到D-5地块和E-5地块现已合并整体开发，该段道路性质已由外部城市道路转变为地块内部道路，因此，原规划五路应予以调整。

（4）土地开发量设置问题

截至2007年，陆家嘴软件园现在尚未改造的地块包括永兴家具市场、上海中药研究所、东方路灯饰城、上海虾片食品厂等4、5家企业，占地约4.6hm²，现状建筑面积约5.2万m²。在土地收购、企业拆迁、建筑建设等各方面都需要较高成本。

上轮规划中对地块开发容积率的设置普遍不高，园区总建筑量43万m²。在尚未改造的地块内规划建筑量只有约9万m²，地块容积率为1.6～2.4。这在土地、拆迁成本快速增长的现实情况下很难进行土地收购和实施改造。

3）主要解决对策

（1）制定分期开发模式

由于陆家嘴软件园的开发带有众多现状限制条件，建设无法在短期内统一进行，规划以分步骤开发的模式操作实施。软件园已建成的保留用地约4.96hm²，规划将其余未按规划实施的用地开发分为近期、中期、远期三步：近期主要对已收购的地块和建设条件成熟的地块进行改造更新，包括陆家嘴公司10号、11号、12号、13号楼所在地块和由由集团准备开发的地块，面积7.60hm²（含邻近的公共绿地）；中期准备对陆家嘴软件园西南侧的部分用地进行收购和统一开发，面积约2.44hm²；远期对部分需要在一定时间内保留现状的建筑进行整修、改造和功能置换（表2-27）。

浦东软件园陆家嘴分园开发时序一览表（2007年）　　　　　　　　表2-27

开发时序	地块面积（hm²）	比例（%）	备注
保留地块	4.96	24.8	1号~9号楼（除6号楼外）所在地块以及伟泰大厦、供电开关站、海军订货站等已建成地块
近期开发地块	7.60	38.1	10号、11号、12号、13号楼所在地块、由由集团地块（含邻近的公共绿地）
中期开发地块	2.44	12.3	东方路灯饰城、上海虾片食品厂等地块，考虑中期进行收购、开发
远期开发地块	4.96	24.8	上海开伦版纸总厂、利华大厦、三智汽配实业有限公司、金牛大厦、新鹏大厦、童涵春堂中药饮片厂、亚洲皮鞋厂等所在地块，在远期开发中考虑建筑置换
合计	19.96	100%	

在整体结构上：首先沿杨高南路进行东线开发，以由由集团建设为主结合在建的9号楼，形成现代的杨高南路商务走廊形象；然后沿东方路进行西线开发，逐步进展上述近期和中期建设项目；最后对部分建筑进行功能置换，在整个规划范围内整理和协调现代化研发生产和服务功能，构建和谐发展的软件园区。

（2）道路交通系统的优化

以环状单向交通的方式梳理园区内交通流；北侧竹林路拓宽至24m，南侧峨山路出入口局部拓宽道路至24m；在基于现状地块权属划分的基础上优化道路线形，增加地块改造的可操作性。

（3）绿化布局和操作机制

针对陆家嘴软件园的特性，绿地布局应更加分散、有机地结合开发时序。

规划绿化系统分为防护绿地和公共绿地两种主要类型。沿东方路、杨高南路、张家浜南侧设防护

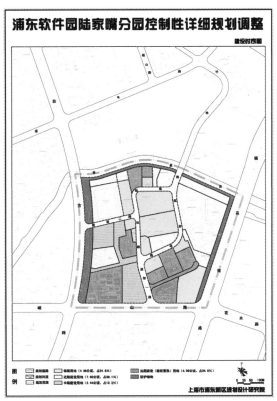

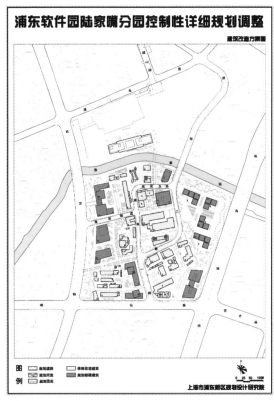

建设时序图   建筑改造方案图

绿带。公共绿地分为滨河绿地与园区绿地两部分：张家浜南侧防护绿地以南30m范围内设滨河公共绿地；规划环路西侧设置由北向南的园区绿地，通过连续的步行系统将滨河绿化导入并贯通软件园。

（4）公共设施布局和操作机制

软件园公共设施的布局针对陆家嘴软件园的特性，应结合开发时序，在地块开发中综合考虑，功能混合布局。

软件园内的公共设施由上一轮规划中的集中布置改为分散布局，除了现状的商业、餐饮设施外，不再单独增加公共设施，在研发功能的地块内配置一定比例的商业、餐饮和休闲功能。

（5）开发容量

通过上述对改造成本的分析，考虑到现状动拆迁成本较高，建议根据周边条件提高部分地块的容积率和建筑控高，增加土地利用的经济性和开发操作的现实性。

4）功能定位

（1）软件园的特性

A. 软件园是城市功能的组成部分之一

软件园发展的初期，必须依托城市生活，必须依托城市基础设施，必须依托科研单位，必须依托强有力的研发型企业入住，必须依托大规模的资金投入。为此，一般软件园选址通常位于中心城区或者高新技术开发区，满足居住、服务、交通功能条件。软件园是集科研、贸易、会展、交流、金融、培训等多种功能于一体，强调智力密集、风险资本、基础设施、信息服务。

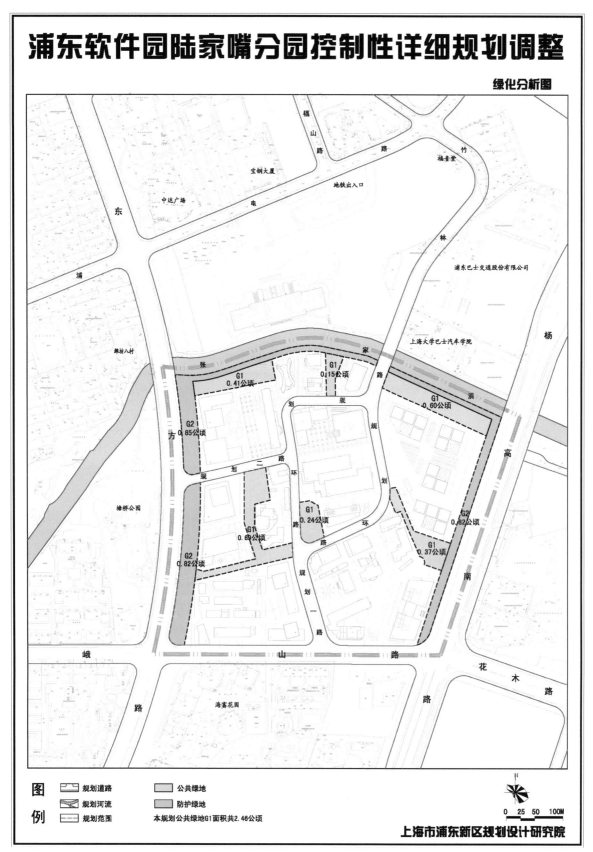

浦东软件园陆家嘴分园控制性详细规划调整

绿化分析图

图例

规划道路　　公共绿地

规划河流　　防护绿地

规划范围　　本规划公共绿地G1面积共2.46公顷

上海市浦东新区规划设计研究院

绿化分析图

软件园的发展体现出开放性特征。软件园内的活动内容有：科研活动、管理办公、国际交流、商务谈判、投资洽谈、技术论证、培训教育、信息发布、商业综合服务设施等。

B．良好的物质环境是软件园的建设目标

软件园发展的过程中，小规模企业占较大比例，所以研发中心和附属设施的建设十分关键；软件园中从业人员年龄年轻化对非正式交流方式的依赖，高工资使从业人员对自身工作和生活环境的更加关注，需要营造适合软件开发的工作环境及生活环境。实际建设过程中，往往物质环境建设超前于创新环境的建设。

C．软件园发展的关键是持续创新

软件园进一步发展的关键是持续的创新能力，这种能力的形成要求园区和外部的联系十分紧密，更强调相互学习、交流、依存的文化环境。同时软件园进一步发展的过程中也会出现人才更新和人才流动快的现象。

（2）功能定位

规划用地通过分地块逐步更新、再开发，由封闭型工业小区转变为以研发为主，结合适量办公、商业、休闲等城市综合功能的新型开放式产业园。

陆家嘴软件园位于近邻城市中心区的位置，在功能配置上应着重考虑它和城市的有机联系。与一般毗邻大学或高科技园区内的软件园不同，城市中心的软件园能够充分利用周边建成区的资源，与居住区、大学、商业中心、商务中心、高科技园区等城市功能互补互利。陆家嘴软件园可以利用周边居住区满足员工居住需求，利用区域集中商业文化中心满足部分购物、休闲需求，利用大学和高科技园区的成果作为研发动力；同时软件园研发、生产的软件产品也能更便捷地输入市场，园区内的绿化、商业功能开放地为周边居民享用。

浦东软件园陆家嘴分园的主要功能设定为研发、生产、服务配套（商业、商务）和绿化景观4个部分。

5）总体结构

规划园区用地结构可归纳为"两带、两心、三组团"。

（1）"两带"

是指沿张家浜南侧形成的滨河绿化休闲带和贯通软件园南北的中心景观绿带。滨河绿化休闲带主要由滨河防护绿化带、三两处集中公共绿地和部分滨河商业、文化休闲设施组成，成为将张家浜沿岸滨水生态走廊的重要组成部分，同时也是联系塘桥公园和竹园公园的绿色纽带。中心景观绿带则是组织园区内部系统的主要公共绿化。

（2）"两心"

是规划用地内公共服务设施和绿化景观相对集中的核心，其中8号楼西侧地块在现有的餐饮、体育功能基础上扩展，结合小广场和绿化形成近期的主要公共服务中心；远期从现状软件园中心现状已形成的公共绿地向西扩展，结合规划中心绿地、伟泰宾馆和规划服务设施形成以绿化景观为主体的公共核心。

（3）"三组团"

是对空间结构设计的具体化。其中，西部依托东方路为主要对外联系形成东方路组团，主要由陆家嘴集团公司进行开发；东部形成杨高南路组团，作为杨高南路商务走廊的重要组成部分，依托规划环路为主要对外联系，由由集团进行开发；中部规划环路围合范围内为现状组团。

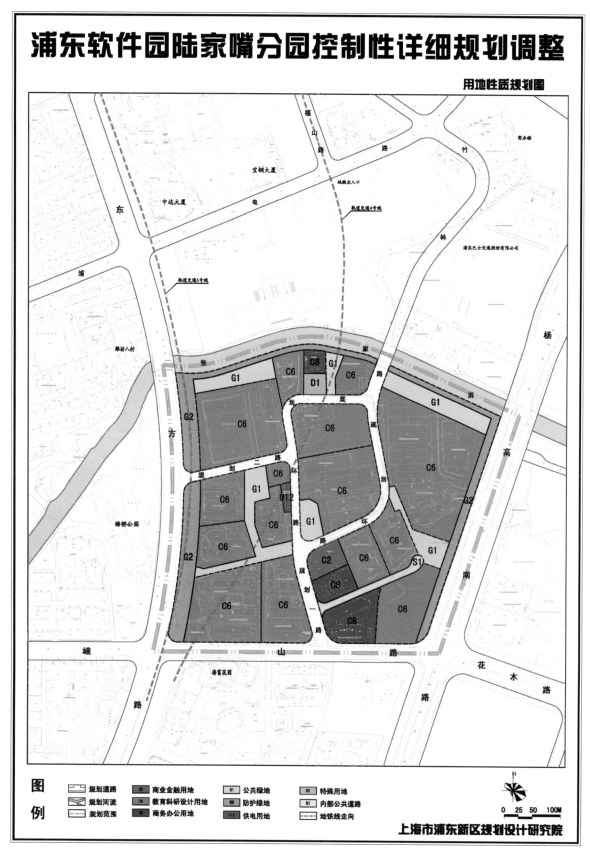

浦东软件园陆家嘴分园控制性详细规划调整

用地性质规划图

图
例

	规划道路		商业金融用地		公共绿地		特殊用地
	规划河流		教育科研设计用地		防护绿地		内部公共道路
	规划范围		商务办公用地		供电用地		地铁线走向

0 25 50 100M

上海市浦东新区规划设计研究院

用地性质图

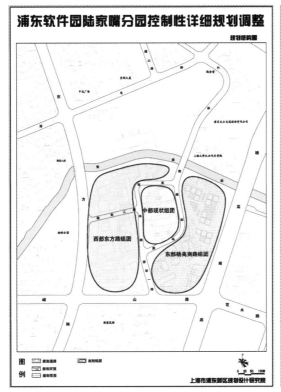

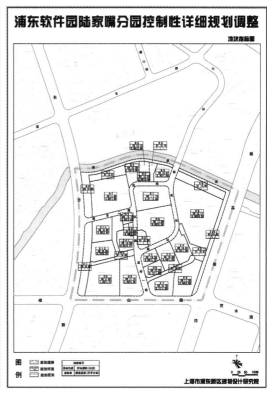

规划结构图　　　　　　　　　　　　　　　　　　　　地块指标图

6）建设容量

园区位于陆家嘴金融贸易区内，应尽量经济集约地进行土地使用。2003年的控制性详细规划确定一般地块的容积率在1.2～3.4之间。建筑高度以30～70m为主，最高限高为80m。现状园区北侧已建的中达大厦和兴业嘉园为26层，宝钢大厦30层，浦项商务广场35层，园区南侧海富花园25层。鉴于周边建筑高度都在100m左右，从景观形象和开发成本考虑，规划将部分地块容积率进行了上调。

上轮规划该区域总建筑量为43.64万m²，毛容积率1.5；本规划建量最终调整为53.55万m²，毛容积率1.9，建筑量增加9.91万m²。

7）配套服务设施

（1）配套服务设施等级结构

规划公共设施等级结构分为2级。第一级是指为园区配套的主要服务设施：在D-1地块形成以餐饮、商业、体育、休闲等生产性服务为功能的园区中心；结合D-3、C-4-2地块的中心绿地、E-1地块的宾馆以及周边地块内的规划服务设施形成另一处园区服务中心。第二级是指为各地块配套服务的次要服务设施：每个地块内根据各自需求进行配比，以10%为基础配置比例。

（2）园区公共服务中心

园区主要服务中心位于D-1地块，主要功能是商业购物、便利店、体育健身、文化休闲中心、职工服务中心（包括商务餐厅、咖啡厅、浴室和美容院、保健室、健身房等）。

园区配套服务设施还集中在绿心周边。结合伟泰宾馆及规划的10号、13号楼成为第二处公共中心，主要布置内容有：行政管理中心、园区咨询服务、展览、会议、商务服务（金融服务、企业咨询服务、商务办公服务）、购物零售等。

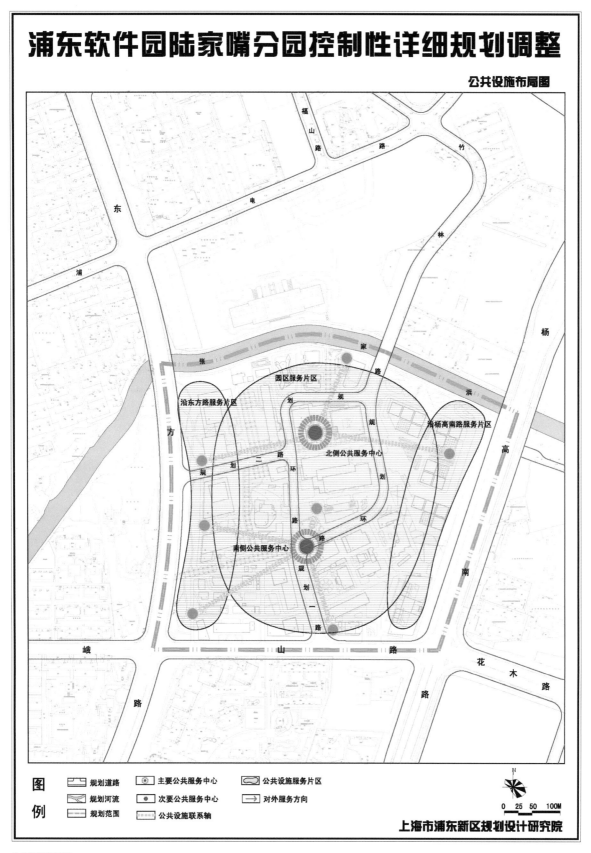

公共设施布局图

8）道路交通系统

（1）道路系统

规划道路系统采用环状放射路网结构。规划区形成单向交通的内部环路，向北、西、南3个方向发散出连接外围的道路。支路对外联系规划区和外部片区，是交通疏散的主要通道；对内主要起疏通内部交通流的作用。内部道路则由支路伸入地块内部到各单位。

浦东软件园陆家嘴分园规划调整规划道路一览表（2007年） 表2-28

等级	道路名称	红线宽度（m）	区内长度（m）	走向	起讫点
主干路	杨高南路	60	440	南北	张家浜—峨山路
次干路	东方路	40	500	南北	张家浜—峨山路
	峨山路	32	500	东西	东方路—杨高南路
支路	竹林路	24	90	南北	张家浜—规划环路
	规划一路	24	180	南北	规划环路—峨山路
	规划二路	16	220	东西	东方路—规划环路
	规划环路	16	760	环状	竹林路—规划一路—规划二路

（2）交通组织与保障

根据根据周边道路的运行情况，以及园区的用地限制，建议园区的环路红线宽度控制在16m，采取机动车单向行驶的交通组织形式，环路机动车单向2车道，与峨山路及相关道路合理的进行衔接。峨山路拓宽之前，峨山路与规划一路的交叉口采取限制左转的管理措施，以降低对峨山路目前饱和度高的影响。峨山路拓宽后，峨山路与规划一路的丁字交叉口采取信号控制，取消左转限制，引导进出软件园的车辆有秩序的进出。

对有条件的关键路段进行拓建，以缓解基地交通对周边交通系统的冲击作用。竹林路连接规划环路，需要快速疏散功能，红线拓宽至24m，双向4车道；峨山路现状2车道已经不能满足现状机动车的出行需求，对于园区的开发带来负面作用，应尽快按照规划将红线宽度拓宽至32m。

建立畅通、安全、高效的基地交通环境。由于基地内部开发量大，内部道路红线宽度均为16m，机非混行，通行能力较低，建议基地内环路实施单向交通，保证基地内部交通系统的正常运行，为基地的发展提供保障。

建议园区内的停车泊位控制在1000以内。主要是考虑到小汽车拥有量和使用量的快速增长，估计远期规划区域范围内的小汽车使用规模主要受道路通行能力和停车场规模的限制，在机动车交通达到饱和后，其余部分的交通需求将由轨道交通和常规公交来承担。基地周边2条轨道线路相交形成的换乘枢纽，可保障基地高比例的轨道出行，地面常规公交系统也可基本可以满足基地的公交出行需求。因此在不降低开发强度的情况下，在园区采取限制停车配建泊位的方式，减少泊位供应，从根源上减少小客车的出行方式，引导出行者采取"轨道＋公交"的出行方式，减少机动车对园区外道路及园区内部道路的压力。

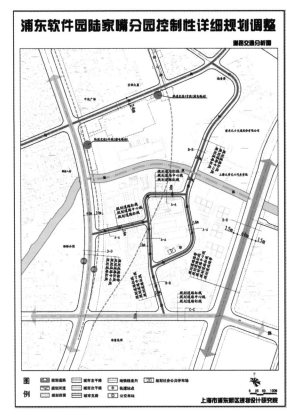

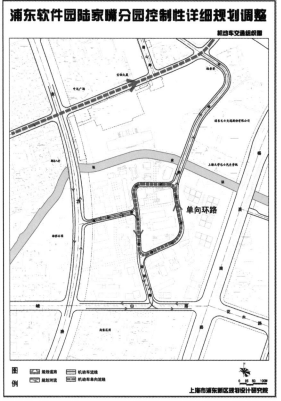

道路交通分析图　　　　　　　　　　　　　　机动车交通组织图

（3）静态交通——停车场

园区停车场的设计以分散服务于各地块为主。

规划在D-2地块南侧结合10号楼的建设设置公共停车楼，成为规划区相对集中的社会停车服务设施；其他地块结合建筑修建地下停车场和小型地面停车场，以服务本地块为主。根据交通影响评价，规划区内鼓励公共交通及步行方式通行，控制机动车交通及停车设施配置，共设停车位1000个。

9）绿地及景观系统

（1）绿地系统结构

园区绿地系统结构可归纳为"一心、五带、多点"的绿化系统。

一心：在规划区的几何中心位置——规划一路、规划环路交叉处形成绿心。绿心结合广场形成各方向视线聚焦的中心，周边地块中商业、休闲等公共服务功能的配置比例增加。

五带：北侧沿张家浜南侧设置滨河休闲绿带，与张家浜北侧的竹园公园遥相呼应，为规划区最重要的景观带；西侧东方路防护绿带已经颇具规模，形成环境良好的绿色步行通廊；东侧杨高南路防护绿带隔离主干路的交通干扰；从东方路和杨高南路向园区内部引入2条绿化步行带。

多点：多点绿化指各地块的内部绿化。地块内部绿地的布局与南北延伸的绿化通廊统一考虑，形成绿化网络系统。

（2）景观控制

园区位处靠近城市中心位置，具有充分的区位优势，规划通过塑造具有时代特征的现代建筑和现代景观，创造体现新型产业特色的园区形象。着重在东方路、杨高南路沿线塑造体现国际都市感的街道界面，沿张家浜设计滨河开敞空间。

A. 景观节点

景观节点位于园区核心，是以广场和绿化景观为主的中心景观节点。在东方路/峨山路口，张家浜/东方路桥头，规划步行桥等处设置一般景观节点。

B. 景观界面

东方路与杨高南路的沿街界面以高层建筑为主。东方路一侧考虑到河口景观要求以及南侧居民区景观视线，采用南北低中间高的天际线控制；杨高南路一侧采用高层天际线控制。张家浜沿岸景观以绿化为主，紧邻滨河绿地的第一层面建筑高度控制在40m以下。

C. 开敞空间

开敞空间在北侧张家浜沿线及园区中心的公共核心。滨河地段和北侧竹园公园呼应设置绿化开敞空间，保持视线通透，局部进行建设的地块建筑高度个超过40m。

10）步行系统

由于软件园改造、开发带动大规模的建设，无论在道路交通量上还是停车设施上都形成巨大压力。但中心区位决定了软件园及周边不可能有足够的用地用于机动车交通服务，也就意味着步行方式作为另一种主要通行手段必须在规划区及周边形成有效的系统网络。

（1）有效的通勤步行系统

A. 主要出入口

东方路作为人流积聚点的主要源头，是步行通勤需求最集中的线路，软件园在东方路上除了机动交通出入口——规划二路之外，还在现状机动车道路的基础上增设专门的步行出入通道——东方路步行通道，通过这两条道路将通勤人流尽快疏散到规划环路上，再由环路分送至各地块。另一处通过增设的步行桥和张家浜步行通道直接连通软件园与地铁4号线浦电路站。

B. 通勤步行系统结构

园区通勤步行系统形成内外双环的发散式网络。双环中内环为规划环路；外环为周边道路及北侧滨河步行通道围合形成的环路；西侧通过规划二路和东方路步行通道联系双环；北侧联系通道是竹林路和张家浜步行通道；南侧利用规划一路人行道发散。整体系统便捷有效。

（2）景观步行系统

步行系统除了达到保证通勤需求的目标外，另一个重要功能是连接园区公共绿化，形成景观步行系统。景观步行系统的主要目标是生活功能的串联，将公共设施中心、绿化中心和各处商业休闲设施、绿化、广场等节点通过林荫大道连通。软件园的景观步行系统主要由北侧地铁4号线浦电路站为起始，经过规划步行桥和张家浜步行通道通往园区北侧公共中心处的小广场，再由南北公共绿轴到园区绿心，通过规划二路、东方路步行通道在东方路上与另一处人流积聚中心连接。景观步行通道将张家浜河滨亲水景观、小广场人文景观、中心绿化景观等多层面、多风格的景观纳入联通的步行通道上，提升园区形象，同时也提供员工、客户、周边居民甚至观光客休闲游憩的场所。

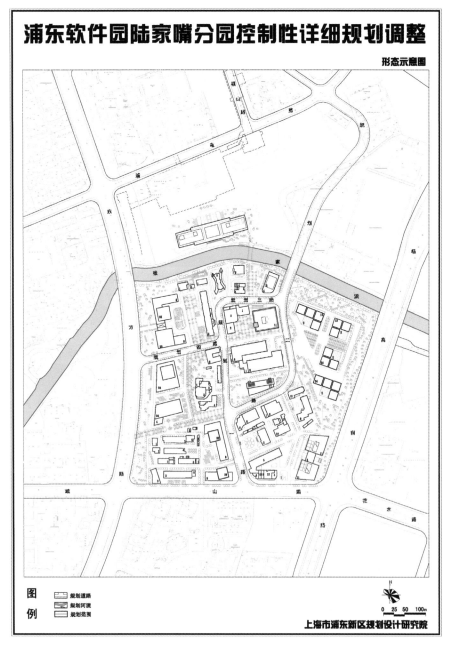

形态示意图

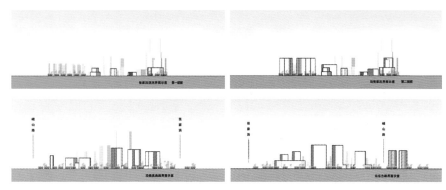

天际线示意图

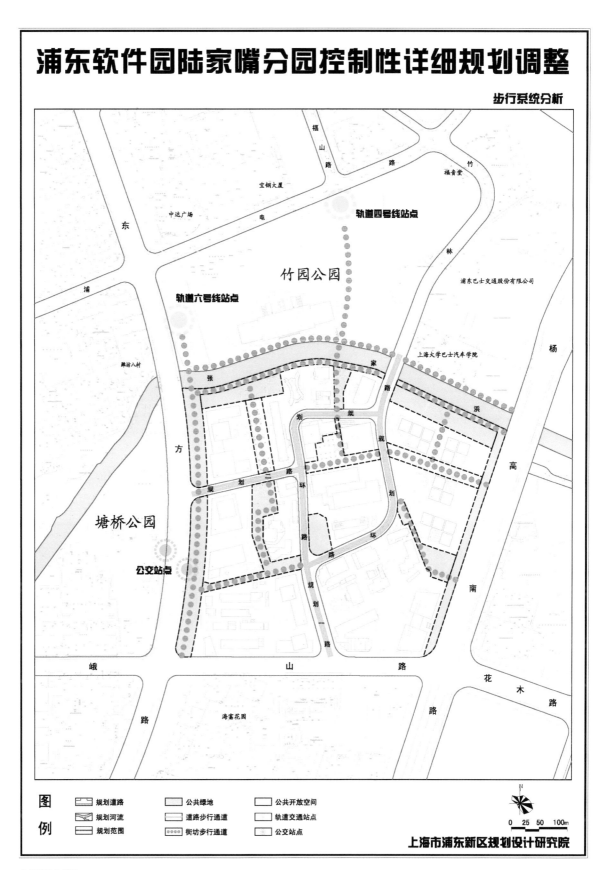

步行系统分析图

第三章

顺畅通行：城市脉络的革新

第一节 目标：都市新交通从这里起步

一、上海城市交通发展的目标与政策

《上海市交通发展白皮书（公示稿）》明确提出上海交通的总体目标是：构筑国际大都市一体化交通，加快建成国际海空枢纽城市，着力打造绿色交通都市，努力满足经济社会快速发展需要和人民群众日益增长的交通需求，为"四个中心"和现代化国际大都市建设提供有力支撑。

以交通发展总目标为指引，上海将努力实现安全、畅达、高效、绿色、文明等五类发展指标。

安全：交通运行安全、可靠，事故率处于较低水平。全年道路交通事故万车死亡率比2012年下降25%，为2.63人/万车。

畅达：人员出行和货物运输更加方便快捷。中心城内上下班平均出行时间在45min以内；新城与中心城之间平均出行时间在60min以内；长三角主要城市与上海中心之间平均出行时间在90min以内。

高效：交通系统有机整合、高效运行。中心城公共交通出行比重（不含步行）达到60%，其中轨道交通客运量占公共交通运量的60%；新城公共交通出行比重（不含步行）力争达到30%。拥挤路段的公交优先道高峰时段运行车速不低于相邻车道社会车辆的运行速度。快速路系统高峰时段平均运行车速不低于40km/h。

绿色：全市公共交通、步行、自行车等出行比重不低于80%。节能与新能源公交车比例达50%以上。单位客货运输量碳排放明显下降，交通污染物排放量得到有效控制。

上海市总体规划道路系统图（中心城区）

上海市总体规划轨道交通图（中心城区）

文明：交通决策更加公开透明，交通执法行为更加严格规范，交通参与者安全意识、法治意识、环保意识显著增强，全社会交通文明程度明显提升。

二、浦东新区交通发展目标

浦东新区城市交通发展的总体目标是构筑畅达、宜人和共享的交通空间，满足多层次和多形式的交通需求，形成内外一体化的交通格局，增强辐射功能，促进新区发展。

（一）构筑畅达的交通空间

即要缓解交通拥挤和减少出行时间，又要确保人和物能够方便的抵达目的地。通过建设高等级道路和发展现代化交通设施（轨道交通等）来实现新区交通的"畅通"。在满足机动车适度增长的同时，保持道路的通行速度；大部分居民能享受到轨道交通快速出行带来的便利。通过轨道交通与常规公交的结合，扩大公共交通的覆盖范围，将居民步行到站的距离控制在200m以内。

（二）构筑宜人的交通空间

浦东新区的魅力不仅在于优美的居住环境、现代化的办公楼宇及高档的娱乐设施；同时也在于宜人的交通空间，即人们在出行过程中，同样享受高品质的生活。以人的出行需求为基本出发点，优化乘车环境，改善换乘条件，保护步行空间，倡导绿色环保交通，注重交通设施与周边环境的协调。

（三）构筑共享的交通空间

兼顾各个阶层的需要，无论贫富、老幼、无论驾车步行或乘坐轨道交通，都能平等的共享有限的交通空间。共享的交通空间中，各种交通方式将紧密衔接，充分发挥多种交通方式的组合优势。为此，将建设换乘枢纽作为交通发展的关键举措，构筑舒适、开阔和紧凑的换乘空间，促使轨道交通、地面公交与个体交通、区内交通与对外交通能够轻松的实现换乘。

（四）多层次、多形式、内外一体化的交通格局

浦东新区规划建立层次清晰的综合交通体系，包括道路系统、公共交通系统、越江交通系统。公共交通系统中各种方式间分工合理、衔接紧密，区分骨干轨道与支线公交，即发挥轨道交通快速、大运量的优势，又使居民感受到支线公交带来的便利。为居民提供更多的方式选择，保证居民能够根据实际需要选择最合适的交通方式完成出行。

三、陆家嘴金融贸易区交通发展目标

（一）陆家嘴金融贸易区的交通体系构成

1994年分区规划明确，陆家嘴金融贸易区的交通体系是通过越江交通与浦西联成整体，并通过杨高路等使之与浦东新区的南北轴向发展走廊相呼应，同时通过轴线大道（即世纪大道）体现上海东西发展轴与浦东新区中心地区的繁荣、安适、快捷的交通体系。越江交通由两座大桥、5条地下有轨交通、4条隧道、7条轮渡所组成；内环线是快速干道；主干道有轴线大道（80m）、杨高路（50m）、浦东大

道、浦东南路、源深路和浦建路（均40m）等6条；次干道7条。快速有轨交通有地铁2号线、6号线、7号线等3条，轻轨交通A、E、F线3条，线路长36km，在分区内设站30个。为了体现以公交为主的综合交通规划的原则，除快速有轨交通以外，根据预测，分区内公交客流量每天201万人次，其中有轨交通负担60万人次，其余140万人次的客流量需由公交承担。约需公交线路67条（已有18条），公交枢纽13座（每一枢纽站设2～8条公交终点站），终点站29座（已有5座）。随着居民生活水平的提高，规划在分区内设24座出租车营业站。

（二）大力发展公共交通

经过二十多年的建设，陆家嘴金融贸易区的综合交通发展较为迅速，通过城市干道网、快速路网、轨道交通，形成了快速到达机场、高速公路、铁路客站的立体化综合交通体系。

陆家嘴金融贸易区轨道交通线路规划有7条（始发线路未纳入），长度43.1km，轨道交通线网密度1.3km/km² （表3-1）。常规公交线路发展方面，根据市民不同公交需求，形成了多层次公交线路，鼓励不同收入群体使用公交，实施公交换乘优惠政策。同时结合综合性交通枢纽建设，进一步优化调整公交线路网络，有效衔接各种交通方式，缩短各种交通方式之间换乘时间，整合各种交通资源。另外新开出金融城专线、旅游专线，完善公交专用道系统。

陆家嘴金融贸易区轨道交通线规划一览表　　　　　　　　　　　　　　　　　表3-1

序号	轨道线	起讫点	陆家嘴地区内长度（km）
1	2号线	青浦诸光路—浦东机场	9.0
2	4号线	铁路上海站—虹桥路	6.5
3	6号线	浦东港城路—浦东济阳路	7.0
4	7号线	宝山美兰湖—浦东花木路	2.7
5	9号线	松江新城—浦东曹路	6.7
6	14号线	嘉定江桥—浦东金桥	5.7
7	18号线	宝山场北路—浦东航头	5.5
8	16号线	浦东龙阳路—临港新城	始发站
9	磁悬浮线	浦东龙阳路—浦东机场	始发站
合计			43.1

以公共交通引导居住和服务业布局，以慢行交通优化提升公共交通的吸引力，将是陆家嘴金融贸易区交通发展的主要策略之一。相对于浦东新区其他开发区而言，陆家嘴金融贸易区的居住人口密度和就业岗位密度比较高，在中心城区强大吸引力以及浦东新区外高桥、金桥、三林等地区的南北向通勤交通和浦东浦西越江通勤交通的作用影响下，造成了陆家嘴地区高峰时期的交通压力比较大、交通拥堵现象比较明显。因此，必须突出轨道交通的主体地位，发挥枢纽可达性的集聚效应，引导枢纽地区用地集约开发，形成沿轨道交通线的轴向点状空间结构，实现交通发展和用地布局的协调互动；必须进一步加快轨道交通网络的建设，增加轨道交通线路的数量；必须进一步加大越江交通的建设力度。

近年来，陆家嘴地区的城市干道如浦东南路、浦东大道、东方路、张杨路、杨高路在不断拓宽机动车道的同时，将非机动车道与人行道合并设置，从而压缩了人行空间，弱化了慢行交通的优先性和安全性。今后的规划建设过程中首先要保证慢行交通的优先性和安全性，通过增加人性化设施来进一步改善慢行交通环境，加强慢行交通与公共交通的有机衔接，提升公共交通吸引力。

（三）提升对外交通环境

进一步衔接对外交通设施，改善本区域的对外交通环境，将进一步增加陆家嘴金融贸易区的影响力。衔接空港方面：根据城市总体规划，浦东新区的对外交通由海港内河航运、空港、铁路、公路四部分组成，其中空港（浦东国际机场）规划目标是将其建设成为亚太地区航空枢纽港，到2015年浦东国际机场将建成4条跑道，客运量7000万人次，虹桥机场建成2条跑道，客运量3000万人次。通过航空枢纽可以加强与国内外其他地区的快速联系。陆家嘴金融贸易区通过轨道交通（地铁2号线、磁悬浮线）直接到达浦东国际机场和虹桥枢纽（虹桥机场和虹桥高铁车站），方便快速地到达中心城其他地区。今后随着轨道交通网络和越江通道的进一步增加，将会改善本地区的对外交通条件。衔接公路方面：根据城市总体规划，浦东新区的高速公路、快速路基本呈方格网，中心城内与浦西地区快速路形成环形贯通。陆家嘴金融贸易区通过城市快速路（内环线罗山路和龙阳路）连接到上海市域的高速公路网络和机场港口。

（四）重视交通战略的引导作用

城市交通不仅为适应城市发展的需要提供保障，而且要发挥交通的引导作用，积极促进城市发展战略目标的实现。城市交通不仅要满足市民的基本交通需求，而且要提供高质量、高水准的交通服务。城市交通要提高综合管理水平，才能发挥交通设施的效率。城市交通要全局统筹，内外结合，重视交通对外辐射和衔接，形成与周边交通贯通的格局。从浦东新区的发展现状和趋势来看，中心城尤其是陆家嘴地区的交通压力会越来越大，因此浦东新区总体规划修编提出，优化浦东新区城市交通结构，缓解中心城交通压力，必须确立以公共交通为主体、轨道交通为骨干、辅以足够容量和密度的地面公交及出租车的多方式优势互补的综合客运体系；浦东新区中心城轨道交通比重占公交60％以上，占新城与中心城之间机动化交通客运量40％以上。规划至2020年浦东新区轨道交通网络总规模约305km，线路14条，其中中心城内183km，轨道交通网密度0.68km/km^2。

第二节　复合：三维新交通

一、越江交通完善有序

（一）上海越江隧道发展

上海市区由于黄浦江的阻隔，两岸发展很不平衡。早在1956年上海市第一届人民代表大会第四次会议上，有代表提出发展浦东、兴建黄浦江越江工程的提案。1963年4月～1965年11月，在塘桥试验基地，用直径4.2m盾构进行地下浅、深层隧道推进的综合试验。1970年建成第一条黄浦江越江隧道即打浦路隧道。1989年5月1日延安东路隧道建成通车。两条越江隧道的建成，不仅便捷越江交通，社会效益显著，而且也为在饱和含水软土地层建造地下工程积累丰富经验。

1996年11月，延安路隧道复线建成通车，2003年外环线隧道、大连路隧道建成通车；2004年10月复兴东路隧道建成通车；2005年翔殷路隧道建成通车；2009年上中路隧道南线试通车；2010年人民路隧道、打浦路隧道复线、新建路隧道、龙耀路隧道、上中路隧道、西藏南路隧道建成通车；2008年12月底长江西路隧道开工建设。

浦东开发开放之后，上海越江隧道的发展非常快速。上海市中心城区18条越江通道，除了南浦大桥、杨浦大桥、徐浦大桥、卢浦大桥、打浦路隧道、延安东路隧道外，又建成了12条隧道，分别是外环线隧道、大连路隧道、复兴东路隧道、翔殷路隧道、人民路隧道、打浦路隧道复线、新建路隧道、龙耀路隧道、上中路隧道、西藏南路隧道、军工路隧道、长江西路隧道。

（二）陆家嘴区域越江隧道

陆家嘴金融贸易区除了南浦大桥、杨浦大桥、延安东路隧道外，现状建成的隧道主要有4条隧道，分别是大连路隧道、复兴东路隧道、人民路隧道、新建路隧道。规划民生路、公平路、浦建路也将设置越江隧道（表3-2）。

2003年9月大连路隧道建成通车，建成后打通了浦西杨浦、虹口越江直通浦东新区的捷径。大连路隧道，由两条直径为11m的双向四车道隧道组成，设计车速40km/h，通行净高4.5m，线路总长约2.5km。隧道位于杨浦大桥和延安东路隧道之间，浦西出口位于霍山路大连路，隧道浦东出口位于栖霞路口。在东方路上，隧道两侧各布置1快1慢的车道，以满足浦东地区地面交通通行的需要。

2004年10月复兴东路隧道建成通车。复兴东路隧道是世界上首条投入运行的双层双管6车道地下越江隧道，比同类单层隧道提高40％的车辆通行能力。它是继打浦路隧道、延安东路隧道、外环线隧道和大连路隧道后，上海兴建的第5条越江隧道。复兴东路隧道工程于2001年10月开工，采用盾构法施工，隧道西起复兴东路、光启路，东至浦东张杨路、崂山西路以东，全长2780m，隧道上层净高2.6m，为双车道，供小型车辆通行；下层净高4m，为单车道，供大型车辆行驶，另备一条紧急停车道。2004年10月建成通车，中国第一家"隧道博物馆"也同时建成开放。

2010年1月底人民路隧道全线建成。人民路越江隧道是上海市总体规划中确定的黄浦江越江工程之一，连接浦江两岸的城市核心区域，起沟通浦江两岸的作用，主要为地方性越江交通服务，属城市次干路性质的区域性越江通道，主线为双管单层双向四车道。人民路隧道全长约2325m，浦西在人民路河南路以西设有一组进出匝道；在河南南路以东设有一组进出匝道。浦东在东昌路陆家嘴环路（原银城东路）以西设有一组进出匝道，并设置一处西向北左转定向匝道，可通过陆家嘴环路地道（原银城东路地道）连接新建路隧道。人民路隧道的主要作用是改善核心区路网状况，沟通外滩地区与陆家嘴中心区的交通联系，分流延安东路隧道流量；另外与新建路隧道一起串联外滩、北外滩航运商务中心、陆家嘴中心区，形成黄浦江、苏州河河口地区的黄金三角。人民路隧道为避免车流集中交会，采取了匝道分级疏导、多重布置的方式，在隧道浦西段设置了2个出入口，即河南路出入口匝道和浙江路主线出入口。

2010年3月新建路隧道全线通车。新建路隧道是上海"井"字形道路交通规划的一个重要组成部分，位于连接浦西北外滩与浦东陆家嘴中心区。东线隧道线路全长2235m，西线隧道线路全长2190m。同向双车道，路面宽度为7.5m，车道净高为4.5m。隧道浦西北起海伦路海拉尔路，沿新建路穿越黄浦江至浦东，浦东沿银城东路，至银城中路以南。全线一共设5个出入口：浦西新建路海拉尔路设1个主出入口，新建路东余杭路设1个匝道进口，在唐山路上设1个出口匝道，在浦东银城东路上设1个入口，银城中路上设1个出口。

陆家嘴金融贸易区的越江交通规划　　　　　　　　　　　　　表3-2

序号	越江桥隧名称	功能类型	衔接道路等级	车道规模	备注
1	南浦大桥	通道型	快/快	6	现状
2	杨浦大桥	通道型	快/快	6	现状
3	延安东路隧道	通道型	快/快	4	现状
4	大连路隧道	区域型	主/次	4	现状
5	复兴东路隧道	区域型	次/次	6	现状
6	新建路隧道	区域型	次/次	4	现状
7	人民路隧道	区域型	次/次	4	现状
8	江浦路-民生路越江隧道	区域型	次/次	4	规划
9	公平路隧道	通道型	快/快	6	规划预留通道
10	陆家浜路-浦建路越江隧道	区域型	主/主	4	规划

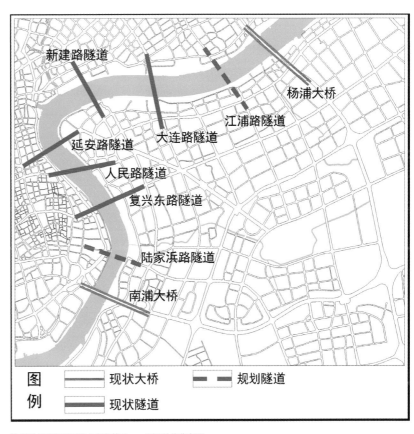

陆家嘴金融贸易区综合交通体系——越江设施分布图

复兴东路隧道实景图

此外，陆家嘴区域还拥有我国第一条越江行人观光隧道——外滩观光隧道。外滩观光隧道浦西出入口位于外滩陈毅广场北侧，浦东出入口在上海国际会议中心南侧，2001年元旦启用，位于上海浦东东方明珠广播电视塔和浦西南京东路外滩之间，全长646.70m，总建筑面积近17500m^2，两边的地下建筑均为地下3层，局部4层结构。外滩观光隧道是20世纪90年代国际先进的、全自动无人驾驶、索引式封闭车厢、专为输送旅客用的越江隧道。12辆四壁透明的观光车可以不间断地运送游客往返于浦江两岸，采用当时国际上最先进的连续式轨道自动车厢运输系统，整个过江时间在2.5～5min，每小时最大输送量为5000人次，已成为沪上一个旅游景点。

二、轨道交通快速便捷

（一）上海轨道交通网络规划

1956年8月，上海根据中央的指示，按照战备要求编制提交《上海市地下铁道初步规划（草案）》，该规划明确提出了横贯东西和纵穿南北的两条地铁线，横贯东西的即为2号线。1983年上海城市轨道交通网络规划总体规划明确线网总长176km，车站137座，包括4条直径线，1条半径线，1条环线，1条半环线。1999年在国际招标的基础上，上海市编制了全市轨道交通网络规划方案，并纳入到国务院于2001年批复的《上海市城市总体规划》。2005年为了适应上海市社会经济发展，出于规划方案落地及支撑重点地区、重大项目建设的需要，上海市轨道交通网络又对2001年国务院批复的网络规划方案进行了深化研究和优化调整。

　　2001年上海总体规划中，规划轨道线网络由市域快速轨道线、市区地铁线、市区轻轨线组成，共有线路17条，总长约810km，线路的功能等级包括4条市域快速铁（R线），8条市区地铁线（M线），5条市区轻轨线（L线）。采用市域快速地铁为基本骨架，以市区地铁为主线、增强网络在中心区的功能、市区轻轨为补充，并以大型换乘枢纽"锚固"整个网络，形成网状均衡分布的网络布局结构。中心城内规划轨道线网的网密度为0.73km/km^2，中心城内规划轨道线网的站密度为0.57个/km^2。龙阳路到浦东国际机场的磁悬浮列车线路1条，线路长度约为35km。提出并研究了上海磁悬浮列车线与周边省市连接的可能性。

　　2001年规划的轨道交通网络的主要特点：明确了线路的功能等级，加强了枢纽锚固和线路编织，考虑了系统的资源共享。

　　2005年的上海市轨道交通深化规划后，上海市轨道交通网络共由21条线路组成，全长1051km，共设587座车站；其中，中心城线网长度约492km，车站399座。

（二）浦东新区轨道交通网络规划建设现状

1. 浦东新区轨道交通网络建设现状

　　浦东新区的轨道交通建设自从2号线2000年6月11日全线试通车后，至目前为止已有包括2号线、4号线、6号线、7号线、8号线、9号线、11号线、12号线、16号线通车运营，目前通车里程188km，设置站点数量95个（表3-3）。

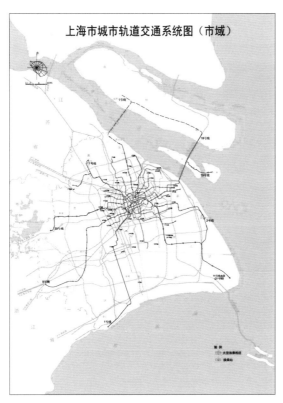

上海市城市轨道交通网络规划（市域）

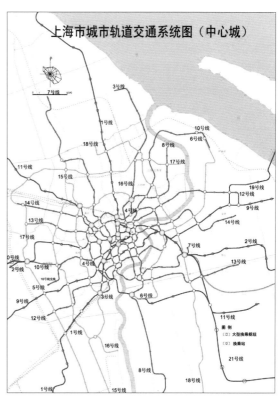

上海市城市轨道交通网络规划（中心城）

截至2014年底已建成通车线路 表3-3

轨道线	线路长度（km）	站点数量（个）	站点名称
2号线	38	17	陆家嘴、东昌路、世纪大道、上海科技馆、世纪公园、龙阳路、张江高科、金科路、广兰路、唐镇、唐镇东、华夏东路、川沙、川沙东、远东大道、海天路、浦东机场一站（浦东机场二站未建）
4号线	6.7	5	浦东大道、世纪大道、浦电路、蓝村路、塘桥
6号线	34	28	济阳路、灵岩南路、上南路、华夏西路、高清路、东明路、高科西路、临沂新村、儿童医学中心、蓝村路、浦电路、世纪大道、源深体育中心、民生路、北洋泾路、德平路、云山路、金桥路、博兴路、五莲路、巨峰路、东靖路、五洲大道、洲海路、外高桥保税区南、航津路、外高桥保税区北、港城路
7号线	13	10	浦江耀华、长清路、耀华路、云台路、高科西路、杨高南路、锦绣路、沪南路、龙阳路、新国际博览中心
8号线	10	6	周家渡、耀华路、成山路、杨思、济阳路、凌兆新村
9号线	4.7	3	商城路、世纪大道、杨高中路
11号线	13.2	7	东方体育中心、灵岩南路、三林、三林东、浦三路、御桥、罗山路
12号线	8.5	6	利津路、巨峰路、杨高北路、金京路、申江路、金穗路
16号线	59.5	13	龙阳路、华夏中路、罗山路、周浦东、鹤沙航城、航头东、新场、野生动物园、惠南、惠南东、书院路、临港大道、滴水湖
合计	188	95	

经浦东新区的在建轨交线路共有6条线，站点56个（表3-4）。

浦东新区在建轨道线路一览表 表3-4

轨道线	浦东境内长度（km）	浦东境内站点数量（个）
9号线三期	13.8	9
10号线浦东段	8	5
11号线迪士尼段	9.2	3
13号线（局部）	15.6	11
14号线浦东段	17	14
18号线浦东段	26	14
合计	89.6	56

2. 规划情况

经过2005年的上海市轨道交通网络深化规划，并随之对规划线网的不断调整，根据既有规划，浦东新区规划轨交线路14条，全长约305km，共设置站点167个，车辆段11处（表3-5）。

现有规划参数表 表3-5

	新区中心城	新区总计
规划线路长度（km）	183	290
规划线网密度（km/km²）	0.67	0.21
规划站点数	125	156
换乘站数	25	27
站密度（个/km²）	0.46	0.11
站点600m服务半径覆盖面积	98	132
站点600m服务半径覆盖率	0.36	0.09

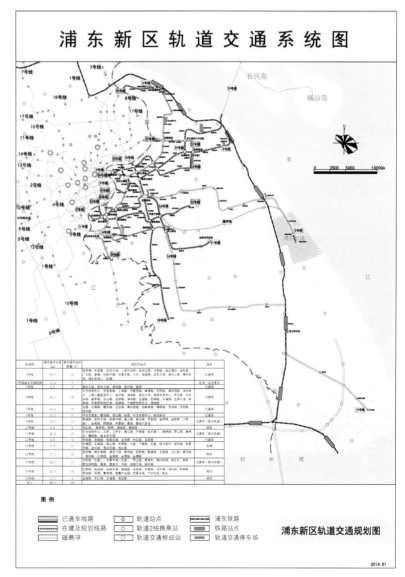

浦东新区轨道交通系统图

（三）陆家嘴金融贸易区轨道交通的规划建设

为了科学地研究制定城市综合交通规划，经济合理地进行城市骨干道路网络的建设，1992年6月上海市综合交通规划报告，提出了城市疏解、加快交通工程建设、优先发展公共交通、大力发展城市有轨交通等交通发展战略。在轨道交通方面，建议在地下铁道1号线建成后，进行地下铁道2号线一期工程建设，从中山公园经静安寺、人民公园、南京东路至浦东，并陆续进行其他工程。

陆家嘴地区的第一条轨道交通是2000年6月11日正式通车的轨道交通2号线，也是上海第二条地下铁路线路，是轨道交通中的骨干线路之一。该线是连接上海东西交通的大动脉，连接起上海东侧的上海虹桥国际机场（虹桥2号航站楼站）和上海浦东国际机场（浦东国际机场站）两大机场，日客流量目前为上海轨道交通日均客流量最高的轨交线路。

根据上海市总体规划，陆家嘴金融贸易区规划7条轨道交通线，分别是2号线、4号线、6号线、7号线、9号线、14号线、18号线（表3-6）。

陆家嘴区域轨道交通线路一览表 表3-6

轨道名称	建设情况	线路起讫点	本区域内所经站点
2号线	已建	虹桥机场—浦东机场	陆家嘴、东昌路、世纪大道、上海科技馆、世纪公园、龙阳路
4号线	已建	环线	浦东大道、世纪大道、浦电路、蓝村路、塘桥
6号线	已建	外高桥—济阳路	儿童医学中心、蓝村路、浦电路、世纪大道、源深体育中心、民生路、北洋泾路
7号线	已建	祁连山路—新国际博览中心	龙阳路、新国际博览中心
9号线	已建	松江—崇明	商城路、世纪大道、杨高中路、崀山路
14号线	在建	环西二大道—金桥	陆家嘴、浦东南路、源深路、民生路、罗山路
18号线	在建	长江西路—华夏中路	浦东大道、张杨路、杨高路、锦绣路、龙阳路

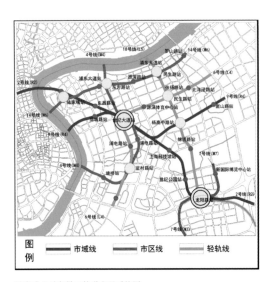

陆家嘴金融贸易区轨道交通系统图

三、地面交通四通八达

（一）浦东开放初期路网

1990年中共中央国务院决定开发开放浦东。1992年3月，上海市规划院编制完成的浦东新区总体规划方案中，明确了浦东新区城市空间结构分为5个综合分区，即外高桥—高桥、陆家嘴—花木、庆宁寺—金桥、北蔡—张江和周家渡—六里等。1994年上海市规划院编制完成的陆家嘴—花木分区，并初步明确了该地区的道路网络。1995年编制完成《浦东新区干道系统规划》方案，1998年对浦东新区117条快速干道、主干道、次干道逐条审核、调整，形成《补充意见》后和《浦东新区干道系统规划》一并报市规划局审批。

路网系统规划的总体目标旨在建立功能布局结构清晰，布局科学合理，服务水平优良，设施水平先进，环境优美，满足多层次用户需要，与其他城市交通设施衔接完善，适应城市长远发展要求的现代化城市道路交通系统。道路网络的布局原则为：快速干道与浦西连为一体，为环形放射形，中心区快速路与市域高速公路网直接连接，通过快速路与上海市快速干道网实现对外及空港、海港等重要节点的对外联系；干道网以方格网状均衡分布；支路以方格网布局为基础，一般支路注重满足连通要求。

浦东新区首轮道路网规划

（二）浦东新区道路系统规划修编

回顾浦东新区城市干道系统的确定，早在浦东开发之初的《浦东新区总体规划》阶段，已基本形成了快速路和主干路的规划布局。但没有明确次干路的规划布局，只确定了部分次干路的走向。经过1999年《上海市城市总体规划》、1999年《浦东新区干道系统规划》的完善，并以2002年《浦东新区综合发展规划》和《浦东新区道路系统布局规划》等一系列后续规划为参考，进一步完善和基本确立了浦东新区城市干道系统的总体布局，明确了浦东新区城市道路由快速路、主干路、次干路、支路四级等级体系构成。

《浦东新区干道系统规划》在"十五"期间，较好地支持了浦东新区各项建设的发展，并成为"十五"以来浦东新区各项城市规划编制的技术依据之一。随着浦东新区"十五"以来，经济社会持续高速发展，新区人口快速增长，建设用地规模不断扩展，城市机动车拥有量持续迅猛增长。特别是随着近年来上海2010年世博会等重大项目的批准建设，新区六大功能区域的成立，上海市"1966"城乡规划体系的明确，以及航空港、深水港、浦东铁路、轨道交通、越江设施、新区骨干河道整治等一批重大市政设施的规划建设，使得浦东新区规划用地结构和空间布局一直处在不断的调整之中，新区道路系统规划建设发展的内外环境、需求供应和组织结构也相应发生了很大变化。在对外交通方面，崇明越江通道东线的开辟，上海洋山深水港的开通和浦东国际机场的扩容，改变了浦东地区以往尽端式的交通区位状况，直接转变为上海的又一个对外交通前沿；2010年世博会配套道路交通设施建设以及后续开发与利用对浦东新区道路系统的规划建设也提出了前所未有的机遇与挑战。

应对以上新形势下的变化与发展，作为新区综合交通系统框架下的新区道路系统在实际的规划建设中也一直处在调整，并将进一步实施调整与优化。由此使得原新区干道系统规划的修编被提上了议程，以适应并推进浦东新区新的历史阶段的可持续发展。

而新区城市支路等级的道路，在1999年干道系统规划中未统筹考虑，是随着各级详细规划的审批而逐步进入道路网系统的。因此新区也迫切需要一个整合的支路网规划，作为新区各项规划建设和管理的依据。

据此，为完善和深化浦东新区道路系统的布局，进一步优化浦东新区道路系统结构，明确道路功能，改善地区交通，提高路网服务水平，进一步完善市政配套设施和新区环境，支持浦东新区的可持续发展，根据《城乡规划法》的要求，又编制完成了《浦东新区道路系统规划修编》。

经过1999年批复的《浦东新区干道系统规划》对干道系统的调整、完善、提升，和对支路网系统的汇总、梳理、调整，形成由16条快速路，46条主干路，108条次干路组成的干道系统，干道总长为1096km。加上总长为1199km的支路系统，整个浦东新区规划城市道路总长2295km，道路总面积7569万m²（红线范围内道路面积）。快、主、次、支长度比例为1：1.74：3.25：6.55。道路网规划技术指标已达国家规范标准，各级道路长度比例接近国家标准。

经本次规划修编后，陆家嘴金融贸易区的城市道路等级分为快速路、主干路、次干路和支路。干道系统形态结构为"环线+方格网"结构。

陆家嘴功能区域规划支路网基本为平行和垂直于黄浦江的方格网和围绕在世纪公园周边的组团+方格网结构。

浦东新区道路网络规划（干道网）

（三）浦东新区干道网规划修编

2009年4月24日，国务院批复同意南汇区行政区域划入浦东新区，为这一国家战略拓展空间、增强动力，更好地发挥浦东在上海加快推进"四个率先"中的示范带动作用，在加快建设"四个中心"中的核心功能作用。以此为起点，浦东开发开放进入了二次创业的新阶段。

两区合并前，路网规划包含3部分：原浦东新区、原南汇区、临港新城。从网络结构看，总体在市级路网结构上，浦东新区路网还是以"环+放射状"的布局。区级路网结构上，浦东新区建成区的路网布局呈不规则方格网，间距在400m左右。

原浦东新区中心区道路特别是干道网密度较高，因此这些地区道路供应水平相对其他区域较高。但也存在着一些问题：首先由于路网密度较高，交叉口的平均间距较短，影响了整个网络的通行能力。

原南汇区，道路网突出问题在于路网密度较低，除了连接区域之间的主要干道外，支路系统有些基本没有形成。这样的道路布局结构造成了原本应由支路承担的到发交通大量由干道系统来承担，进而降低了干道快速通过的功能。现状由于车辆拥有量还比较低，因此这种由于道路功能不完善带来的交通问题并不严重，但在未来机动车快速发展时期，这样的道路网结构和功能将难以适应。

同时临港新城是新规划区域，干道网密度较高，道路供应水平也较高。

针对这些问题，结合不同的道路布局形式，确定了认为适合浦东新区发展的路网形式为"环+放射性"。

两区合并后浦东新区示意图

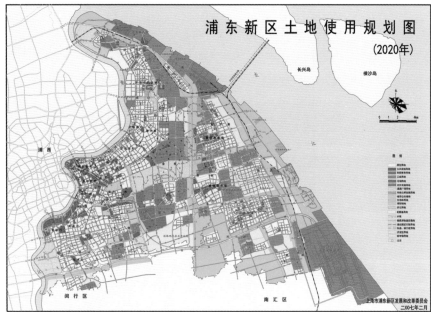

原浦东新区土地使用规划图

原南汇区土地使用规划图

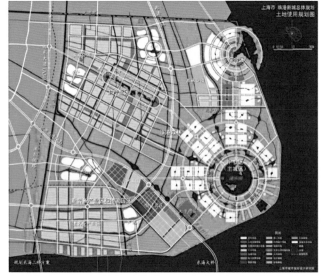

临港新城土地使用规划图

1. 环路功能作用

环路的发展伴随着城市用地的拓展，两者互为影响，相互作用。多层环路的发展过程既不是由内而外，也不是由外而内的单一方向的发展，一般都会经历从内到外，再从外到内的跳跃式发展过程，充分反映了城市用地与交通发展的互动作用。当城市发展到一定的规模，市中心往往会聚了大量的交通量，由此出现了严重的交通堵塞现象，为了疏导中心过于集中的交通压力，往往会在建成区的市中心附近形成环路，起到保护内核的作用。我国城市总体规划一般都会事先确定城市未来发展的规模，为防止城市用地无限蔓延，往往会在规划区的周边形成半径较大的环路，一方面成为城市集中发展区的边界，另一方面将郊区之间的客货运输和过境交通先行阻止在城市外围，成为保护城市交通的外壳。大都市腹地广阔，在城市拓展的过程中，城市功能将逐步向内外疏散，旧城区的交通问题将逐步向外蔓延，为了适应城市的发展，在内环与外环之间会逐步形成一个或者若干个环路，从而形成多层环路。

环路是城市的保护壳，不仅保持城市交通的通达性，而且要维护城市中心的功能，避免交通量集中在中心区域，起到截流和分流的作用。环路的保护功能按照作用的大小排列，分别为穿越截流、进出分流和内部疏解。穿越截流是指环路像一道屏障对过境交通起到穿越截流的作用，将起点和终点都在环线以外的交通量均吸引到环线上，有效避免过境交通占用城市内部道路的现象，提高环内交通的运行效率；进出分流是指环路对进出市中心的交通起到进出分流的作用，即将一个端点在环内，另一个端点在环外的交通量部分吸引到环线上，一方面减少进出车辆对环内道路的占用，另一方面将交通量分散到多条射线道路上，避免交通集中涌入；内部疏解是指环路对市中心的交通起到内部疏解的作用，即将终点和起点都在环内的中长距离的交通量部分吸引到环线上，为城市内部交通提供快速绕行的选择。如果环线上集中了大量短距离的内部交通，环线特有的交通功能就会逐步丧失，仅能成为形态上的环路，其功能与多条径向线相交围成的矩形网络相当，主要起到通达交通的作用。

2. 射路功能

射路的作用是承担市中心与外界联系的交通，方便车辆快捷地进出，与环路的作用不仅互补而且有时还会产生矛盾。环路吸引车辆绕行以缓解环内的交通压力，射路满足了车辆直达的要求以减少车辆的绕行距离。

通行条件良好的射路系统固然改善了市中心和城市外围的交通联系，但是同时也可能将外围车辆引入的市中心，甚至形成了穿越之势，从而会加剧中心区的交通压力，先前的直达作用也将被大大削弱。射路保证车辆直达的作用，必须建立在不将外围穿越交通引入城市内部的基础上，需要多层环路的配合。

环路与射路互相配合方能确保交通畅达。环路和射路都有其各自的功能，环路将射路联系起来，使射路上的车辆逐层分流，减少其对中心区的交通压力。同样，射路也加强了多层环路之间的联系，减少了车辆的绕行距离。射路将城市的中心城和新城紧密的联系起来，同时也为城市对外联系提供了便捷的通道。如果说，这些射路本身是孤立的，毫无关联，那么环路将它们紧密地结合起来。环路和射路是城市干道系统的两个重要元素，只有他们互相配合、协同考虑，才能使城市交通变得有序、便捷。

在此研究结果下，规划出浦东新区远期干道网方案：

1. 高速公路、快速路

《规范》对快速路提出如下要求：

快速路应与其他干路构成系统，并与城市对外公路有便捷的联系；

快速路机动车道应设中央分隔带，机动车道两侧不应设置非机动车道；

与快速路交会的道路数量应严格控制，快速路与快速路或主干道相交应设置立交；

快速路两侧不应设置公共建筑出入口，快速路穿过人流集中的地区应设置人行天桥和地道；

在非城市化地区，高速公路采用100～120km/h设计时速，红线宽度一般不低于60m，4～8车道，全封闭，设置中央分隔带和紧急停车带。全线立交。

当高速公路全线处于集中城市化地区时，可采用城市快速路的设计标准，4～8车道，控制红线宽度50～60m，全封闭，可采用高架或者地面道路形式，设置中央分隔带，设计时速80km/h。

浦东新区快速路系统不仅是上海市城市快速路系统的东部组成部分，其也需自成相对独立的系统以满足自身现代化新城区的快速交通需求。

本次规划修编在近年来上海市快速交通总体格局调整的战略规划部署的基础上，综合考虑上海市过境、到发快速交通需求和浦东新区自身快速交通需求，在原规划的快速路基础上增设了部分快速路，形成浦东地区快速路系统环线+连线+射线的布局结构。本次路网修编，浦东新区规划快速路总长371.7km。

2. 主干路、主要干线公路

《规范》对主干路提出如下要求：

主干路上的机动车与非机动车应分道行驶，交叉口间机，非分隔带应连续。

主干路两侧不宜设置公共建筑物出入口。

浦东新区主干路系统总体结构基本为方格网式结构。其中沿黄浦江和沿长江区域的主干路网顺应黄浦江和长江的走向稍作变形，纵向主干路平行于黄浦江和长江，横向主干路垂直于黄浦江和长江。原规划的主干路已基本贯通。主干路间距在1500~4000m不等，路网密度较为稀疏，与国家规定的标准尚有一定差距。

主干路是区域性交通的主要通道。浦东新区的主干路密度相对较低，本次规划修编为增加新区主干路线网密度，缩小部分地区过大的主干路间距，提高主干路总体服务水平，在原规划的主干路总体结构基础上，根据新区路网整体条件，以近年来编制的世博规划、功能区规划、新市镇规划以及控制性详细规划为依据，新增主干路8.9km，提升主干路2.7km，形成了密度较为均匀分布的环形+方格的网络状主干路结构。调整后的主干路和快速路系统共同构成浦东新区的主要交通走廊，承担新区的主要客货交通。连接新区各功能分区及郊区重要公路，是新区长距离出行的主要通道。本次路网修编，浦东新区规划主干路总长685.2km。

3. 次干路、次要干线公路

城市次干路是城市内部区域间联络性干道，兼有集散交通和服务性功能。

《规范》中规定：对于人口大于200万的大城市，次干路设计车速40km/h，道路网密度1.2~1.4km/km²（平均道路间距0.6~0.9km），道路中机动车道数为4~6条，道路宽度40~50m。次干路两侧可设置公共建筑物，并可设置机动车和非机动车的停车场、公共交通站点和出租车服务站。

浦东新区次干路系统的结构，沿黄浦江地区基本为平行或垂直于黄浦江的格网，其他地区基本为顺应相邻快速路和主干路线型的格网。1999年规划的次干路系统，目前在外环以内中心城区已大部分建设实施，贯通长度为70%左右；外环以外地区则仅有不足30%的长度已实施。根据上海市和浦东新区后续规划，有部分原规划没有的新增道路已按次干路等级标准实施。

为改善新区次干路线网密度，缩小部分地区过大的次干路间距，合理衔接干路网布局，本次规划修编以原规划和后续新增建设的次干路为基础，以近年来编制的世博规划、功能区规划、新市镇规划以及控制性详细规划为依据，调整、新增了多条次干路，形成了密度较为均匀分布的网格状次干路结构。次干路的总体格局为基本平行于相邻的快速路和主干路，在局部区域形成的方格网，起到主干路与支路的衔接与过渡作用。本次路网修编，新增次干路78.2km，提升次干路60.3km。浦东新区规划次干路总长达到1276.9km。

在建设项目地区路网规划中，重点放到"两个中心"建设和生产力布局。热点着重于后世博、迪士尼、商飞基地、大型居住社区。难点主要解决南北对接项目、越江接线项目、排堵保畅项目。分别从宏观、中观、微观3个层次来解决这些重点、难点和热点：

1. 宏观层次

1）高速公路、快速路

浦东新区快速路、高速公路网规划分别是东西通道、中环线浦东段东段、罗山路快速化、两港大道（大治河—拱极路）、两港大道（拱极路—S32）、S3沪奉高速、S2沪芦高速公路、龙东大道、济阳路、申江路高架、G1501闭环浦东段前期。

2）越江交通接线

综合浦东新区越江交通，在建越江项目有长江西路越江、龙耀路越江、军工路越江，规划项目有周家嘴路越江、嫩江路越江、银都路越江、江浦路越江、沿江通道越江等（表3-7）。

越江配套相关道路总表　　　　　　　　　　　　　　表3-7

序号	项目名称	起讫点	规划红线（m）	实施长度（km）	配套越江名称
1	浦东北路	港城路~外环线	50	1.5	长江西路越江
2	中环线浦东段东段	高科中路~浦东大道	70	9	军工路越江
3	东靖路	周家嘴路隧道~杨高北路	40	1.5	周家嘴路越江
4	芦恒路	浦星公路~林海公路	40-45	4.5	银都路越江
5	港城路	浦东北路—环东一大道	50	2.6	长江西路越江
6	济阳路快速化	耀华路—环南一大道	60-70	4.5	龙耀路越江
7	G1501闭环浦东段	隧道—五洲大道	60	18.3	沿江通道
8	浦东北路	五洲大道~港城路	50	5.8	周家嘴路越江、长江西路越江
9	双江路	港城路—江心沙路	50	0.9	长江西路越江
10	双江路	外环线-随塘路	50	0.95	长江西路越江
11	民生路	浦东大道—灵山路	45	1.64	江浦路越江
12	民生路	滨江大道~浦东大道	45	0.38	江浦路越江
	合计			51.57	

其他重点还有浦东新区与闵行、奉贤对接道路、浦东新区南北片区对接道路等。

2. 中观层次

1）生产力布局配套

结合国际旅游度假区、临港产业园区、空港保税区外围（含外高桥排堵保畅项目）、金桥出口加工区、张江高科技园区、三林世博区域、陆家嘴金融贸易区等重点发展区域，规划路网为其快速发展提供保障。其中陆家嘴金融贸易区包括：民生路白杨路连接工程、南洋泾路（灵山路—杨高路）、民生路（昌邑路—灵山路）、车站路、南洋泾路（车站路—高科西路）、浦东南路（滨江路—银城中路）、源深路北段（滨江大道—浦东大道）等道路。

2）大型居住区和国家级小城镇改革试点镇配套

目前浦东新区大型居住区分两批，第一批：曹路基地、三林基地、周康航基地；第二批：航头基地、川沙基地、惠南镇民乐路基地、浦东铁路站基地、南汇城基地。国家级小城镇改革试点镇为：川沙镇、六灶镇。

大型居住区配套和国家级小城镇改革试点镇规划配套道路合计58条，道路长度约205.69km。

3）迪士尼项目配套

配合迪士尼项目，规划提出16条配套道路，总长约71.90km。

4）商业配套

配合商业项目，规划提出13条配套道路，总长约60.77km。

5）轨道交通及浦东铁路配套

"十二五"期间浦东新区拟建的轨道线路有9号线3期、12号线、13号线、14号线、18号线、21号线等7条。还有浦东铁路的建设，为保障轨交和铁路的建设规划配套相应道路。

3. 微观层次

1）重要节点完善

对影响交通出行的重要交通节点进行完善，可以进行立体化改造，如：杨高路—花木路节点，杨高路—芳甸路节点，临港大道—东海大桥节点，凌空路—迎宾大道节点等。

2）建成区断头路辟通

对建成区的主要断头路进行专项梳理，特别是针对一些民众反响大，社会矛盾突出的城市支路项目进行辟通。其中，陆家嘴金融贸易区主要节点有：竹林路、商城路、栖山路、北张家浜路等。

3）非机动车专用道建设

发挥非机动车特别是自行车短距离出行和接驳公交的功能，同时积极引导长距离的自行车出行向公共交通转移。

在中心区主干路上全面推进机动车专用的同时，积极创造条件，通过改建和辟通平行支路，逐步形成区域性的非机动车通道网络。

建设滨江、滨河、滨湖自行车交通系统。对于滨湖道路原则上要限制或禁止机动车通行，以保障滨水区的亲和力，为居民休闲、健身提供良好的交通环境。

轨道交通车站、公共汽车站以及公共交通枢纽应根据需要就近设置充足的非机动车停车场，为非机动车驻车换乘提供良好和方便条件。

为打造低碳环保的交通出行理念，拟结合规划，重视非机动车道的建设。结合轨道交通和公交枢纽的建设，逐步在新区试点和推广建设自行车自助租赁设施等设施。

4）货运专用道建设

根据《上海国际航运中心核心功能区货物集疏运体系规划研究》提出集疏运一体化方案，基于公路模式，铁路模式和内河航运模式的各自规划方案，同时坚持科学发展观，可持续发展和交通一体化发展的理念，综合考虑"动态货运通道"和"静态货运节点"，形成多模式的集疏运一体化概念性规划方案。

"动态货运通道"方面，提出必须形成复合型货运走廊，包括由公路（主要为G1501，同时也应考虑其他道路）和铁路（甚至可包括内河航运模式）所组成的鱼骨形货运复合走廊。

"静态货运节点"方面，提出以集约化用地为宗旨，将公路货运堆场和铁路货运堆场进行整合，为高效运营货物静态交通系统的目的提供规划和建设条件。

结合三港三区自身布局和浦东铁路及其铁路货运站点，对整个集疏运体系进行分类型分模式的综合布局（包括对铁路货运站点和各类堆场附近设置市政道路提高集疏运节点的交通可达性），以形成一个"合身"的可持续发展的货运集疏运体系。

公路集疏运方案：对外依靠高速公路、干线公路网、对内建立区内专用集装箱货运通道或货运车道，形成货运快速直达、区内重要区域客货分流的格局。

G1501（上海绕城高速）、G40（沪陕高速）、S2（沪芦高速）、S3（沪奉高速）、S32（申嘉湖高速）

5）人行交通

实行步行者优先的交通政策；实现步道和过街设施的无障碍化；行人过街设施以平面形式为主，立体方式为辅；确保步行道的连续性、直达性、便捷性、安全性，提高步行的吸引力。

行人横道尽量加装灯控设施，立体过街设施逐步加装机械升降装置，路面较宽处的人行横道应设置二次过街安全岛，在人流、车流繁忙的路口设置高质量的行人过街设施。

提高中心区人行道设计标准，步道与其他车道之间实行物理隔离。

居住区内部道路应限制机动车车速，以保证行人的安全，同时结合小区绿化建设良好的步行设施，提高居住质量。

结合滨水区道路，建设环境宜人的步行道路，保障市民亲水、休闲的交通环境要求，提高滨水区的舒适性和亲切感。

对五洲大道、机场高速、沪芦高速、郊区环线等地面快速干道，为方便两侧居民出行，完善道路两侧辅道及相应过街设施。对区内部分行人密集节点，从需求出发完善行人过街设施。

经本次规划修编后，浦东新区路网格局呈现"4环、12纵、18横"的格局，具体如下：

6）4环

4环主要指市级层面的4条环线，包括内环线、中环线、外环线、郊环线。

7）12纵

12纵主要指浦东新区南北向主要通道，贯穿性较好，可以承载主要交通量的道路。包括：浦东北路—浦东大道—浦东南路—耀华路—济阳路—浦星公路、杨高北路—杨高中路—杨高南路—林海公路、浦建路—沪南路—航塘公路—奉贤区界、罗山路（地面）—罗山路—S3、申江路—申江南路、S2、六奉公路、华东路—南六公路—南芦公路、川沙路—大川公路、凌空路—南祝公路—南团公路、川南奉公路、老泥公路—Y8路。

8）18横

18横主要指浦东新区东西向主要通道，贯穿性较好，可以承载主要交通量的道路。包括：港城路、洲海路、五洲大道、东靖路、金海路、龙阳路（地面）—龙东大道、高科西路—高科中路—高科东路、华夏西路—华夏中路—华夏东路、S1、芦恒路—秀浦路—航城路、周祝公路—闻居路、S32、下盐公路、航三公路—人民路—拱极路、闸航公路—沪南公路–南港公路、丰新公路—X9、东大公路—临港大道、X2路。

编号	4环		规划等级	红线宽度(m)	起讫点	长度(km)
1	内环线	罗山路	快速路	80	杨浦大桥—龙阳路	6.2
		龙阳路	快速路	80	南浦大桥—罗山路	7.1
2	中环线	金桥路	快速路	70	军工路隧道—龙东大道	8.3
		申江路	快速路	70	龙东大道—华夏中路	4.4
		华夏路	快速路	70	申江路—上中路隧道	16.6
3	外环线	S20环东一大道	快速路	100	外环隧道—五洲大道	16.4
		S20环东二大道	快速路	75	五洲大道—川杨河	12.2
		S20环南二大道	快速路	100	川杨河—S1	4.2
		S20环南一大道	快速路	100	徐浦大桥—S2	17.3
4	郊环线	G1501	高速公路	60	G40—奉贤区界	44.4

编号	15线	规划等级	红线宽度(m)	起讫点	长度(km)
1	浦东北路—浦东大道—浦东南路—耀华路—沔阳路—浦星公路	主干路\快速路	50\70\45	港城路—闵行区界	32.2
2	杨高北路—杨高中路—杨高南路—林浦路	主干路	50	港城路—闵行区界	31.9
3	浦建路—沪南路—航塘公路—奉贤区界	主干路	50\40	浦东南路—奉贤区界	27.1
4	罗山路（地面）—S3	主干\快速路	50\80\60	济阳大道—奉贤区界	30.1
5	申江路—申江南路	主干路	50\70	五洲大道—奉贤区界	35.1
6	S2	高速公路	60	S20—东海大桥	46.9
7	六奉公路	次干路		航头公路—奉贤区界	16.4
8	华东路—南六公路—南芦公路	主干路	50\45	五洲大道—D1	57.3
9	川沙路—大川公路（*）	次干路	40\32	东靖路—南芦公路	36.8
10	凌空路—南汇公路—南团公路	主干路	40\30	东靖路—南芦公路	39.1
11	川南奉公路（*）	主干路\次干路	40	东靖路—奉贤区界	40.8
12	老港公路—Y8路	主干路	30\50	S32—东海二桥接线	28.4
13	两港大道	快速路	60	浦东机场—奉贤区界	36.8
14	东海大道—S7—沪城环路—捷崎路—D2大道	主干路	50\60	盐朝公路—奉贤区界	41.7
15	东滩大道（*）	次干路	35	龙东大道—X9	36.5

编号	18横	规划等级	红线宽度(m)	起讫点	长度(km)
1	港城路	主干路	50	长江西路隧道—S20	7.8
2	洲海路	主干路	50	赣江路隧道—S20	6.9
3	五洲大道	快速路	80	翔殷路隧道—G40	11
4	东靖路	主干路	40	浦东北路—G1501	11.4
5	金海路	主干路	50	杨高北路—海桥路	10.9
6	龙阳路（地面）—龙东大道	主干路/快速路	80	浦明路—G1501	21.9
7	高科西路—高科中路—高科东路	主干路	50	浦东南路—G1501	22.8
8	华夏西路—华夏中路—华夏东路	主干路	80	上中路隧道—G1501	29.0
9	S1	快速路	100	S20—浦东机场	17.5
10	芦恒路—壳浦路—航城路	主干路	50\40\32	闵行区界—S2、S2—浦东机场	27.1
11	南祝公路—闻居路（*）	主干路	40\35	闵行区界—浦东机场	21.5
12	S32	高速公路	60	闵行区界—两港大道	27.3
13	下盐公路	主干路	50	闵行区界—东海大道	31.8
14	航三公路—人民路—拱极路（*）	主干路\次干路	40	闵行区界—西乐路—西泥路—东海大道	30.5
15	闸瓶公路—沪南公路—南港路	主干路	40	闵行区界—两港大道	27.7
16	丰新公路（*）—X9	次干路	30\40	闵行区界—东海大道	33.4
17	东大公路—临缑大道	主干路	50\100	奉贤区界—环湖西二路	24.3
18	X2路	主干路\次干路	35\50	沪南环路—西乐路	17.6

浦东新区骨架路网示意图

<table>
<tr><td colspan="7" align="center">浦东新区路网指标</td><td align="right">表3-8</td></tr>
</table>

道路 等级	原规划 长度 （km）	修编后 规划长度 （km）	增加长度（km）			修编后路网密度 （建设用地800km²）
			总计 长度	提升 长度	新增 长度	
快速路 高速公路	342.5	402	59.5	17.9	41.6	0.50
主干路 主要干线公路	673.6	731.2	57.6	32.3	25.3	0.91
次干路 次要干线公路	1138.4	1264.5	126.1	60.3	65.8	1.58
合计	2154.5	2397.7	243.2	110.5	132.7	2.99

　　经过多年发展，浦东新区的道路网络已经基本形成并建成，城市道路等级分为快速路、主干路、次干路和支路（表3-8）。道路网布局基本呈方格网形态，规划道路网总长度约204km，道路网密度6.8km／km²，道路面积率23%（与纽约持平，超过伦敦和东京），人均道路面积12.5m²。

　　本次规划中，对陆家嘴金融贸易区影响最大的为新增快速路：东西通道。由于延安东路隧道已经呈现出常态化拥堵的状态，为更好地为陆家嘴金融贸易区提供服务，规划了此快速通道。东西通道是指由浦西的延安路高架和浦东的浦东大道地下道路构成的东西方向快速交通系统。全长7.8km，地下道路长6.1km，规划按4～6车道规模建设。全线结合轨道交通14号线同步建设。

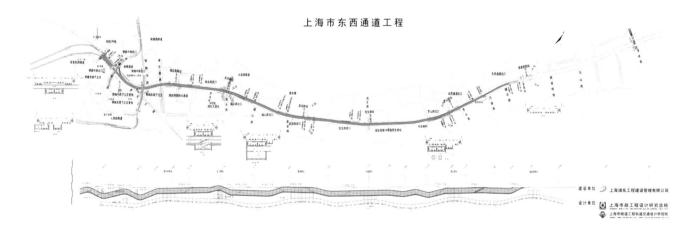

东西通道规划示意图

第三节　绿色：通达便捷的公共交通

经过近些年的大力建设，在公交优先的原则下，浦东新区常规公交系统发展迅速。目前已经形成了运营的公交线路共有384条，线路长度5379km。公交平均线网密度1.46km/km²，平均非直线系数2.41。

其中站点数约为5800个，站点密度4.13个/km²，站点300m覆盖率39%，站点500m覆盖率62%，站点平均停靠线路数2个（表3-9）。

浦东新区现状公交站点　　　　　　　　　　　　　　　　表3-9

	站点密度（个/km²）	站点300m覆盖率（%）	线网500m覆盖率（%）	站点平均停靠线路数
内环内	16.87	86	97	3
中环内	11.99	73	90	3
外环内	9.87	66	85	2
外环外	3.09	31	54	2

日前浦东新区常规公交日均客流量约215万人次/d，约占全市公交客运量1/4。共有公交车辆46余辆。已建公交专用道长度67.8km，占全市公交专用道里程的42%。此外已建公交枢纽15处，临时枢纽11处，公交停车场10处。

目前，陆家嘴金融贸易区内共设有4处公交枢纽站，18处公交首末站。从金融城内始发的常规公交线路共有45条，经过金融城的常规公交线路共32条，总计77条公交线路。就总体线网布局而言，受制于路网布局先天影响，常规公交线路主要集中于少数干道，常规公交线网布局同陆家嘴中心区均质、高密的开发模式存在一定的不适应性。

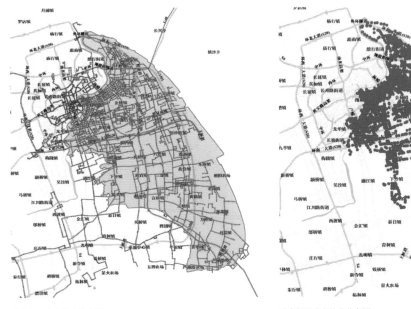

浦东新区公交线路分布图　　　　　　　　　　　浦东新区公交站点分布图

其中，始发或经过金融城并通往浦西方向的常规公交线路共有24条，主要集中在延安路隧道越江，其次是复兴东路隧道、大连路隧道、人民路隧道、南浦大桥等（表3-10）。

越江线路数量统计　　　　　　　　　　　　　　　　　表3-10

越江方式	越江线路数量
南浦大桥	1条
大连路隧道	4条
新建路隧道	1条
延安东路隧道	9条
人民路隧道	3条
复兴东路隧道	4条
南浦大桥	2条
合计	24条

从核心区内越江线路的线站布设可以看出，虽然经过金融城核心区的越江公交线路较多，但越江线路大部分未在核心区设站，越江线对核心区站点服务较弱。

选取300m为服务半径（提供较高水平的公交服务），则在金融城新开发地块内仍存在着站点覆盖盲区；如在船厂地区，常规公交站点300m覆盖率目前只有63%。以500m为服务半径，则常规公交站点在金融城内的覆盖率可达100%（表3-11）。

分区域常规公交站点300m覆盖率表　　　　　　　　　　表3-11

陆家嘴核心区	99%
船厂地区	63%
新上海商业城	100%
竹园商贸区	100%
杨高路商务区	91%
花木行政区	91%
整体	91%

第四节　创新：第一个现代交通地区规划

一、陆家嘴中心区交通规划国际咨询

（一）陆家嘴中心区交通规划国际咨询的背景

陆家嘴中心区的交通规划是上海市整体交通规划的一个组成部分，由于陆家嘴中心区特殊的性质（CBD功能）和特殊的地理位置（与浦西外滩隔江相对），加上400万m^2的高建筑容量，决定了该地区对交通规划要求很高。

1993年12月上海市人民政府批准了《上海陆家嘴中心区规划设计方案》，根据市政府批复中"进一步完善细化该规划方案并认真组织实施"的要求以及黄菊市长关于陆家嘴中心区的规划要中外结合、东西结合、历史与未来结合的指示，陆家嘴开发公司在听取交通规划等各方面专家的意见后，决定举办一次国际咨询，中外结合，使该地区的交通规划水平在原有基础上再有提高，并对下一步具体实施起到实际的指导作用。

经过充分酝酿和准备，陆家嘴开发公司于1993年12月向国外10家交通规划咨询机构发出了邀请，有5家公司于1994年2月底交了参加国际咨询的建议书，分别是美国施伟拔公司、巴顿—阿希曼公司、富顿公司、英国奥斯卡菲柏公司、日本地域计画联合株式会社，经过评委会的比较分析和技术商务谈判，最终确定与英国奥斯卡菲柏公司正式签约，开始交通规划设计工作。经过准备，由英国奥斯卡菲柏公司牵头与英国罗杰代蒙公司、麦克唐纳公司和上海城市综合交通规划研究所共同组成了一个交通规划咨询组，1994年4月正式开始工作。

咨询工作得到了上海市及浦东新区领导、专家的指导和支持，特地成立了以上海市副市长、浦东新区管委会主任赵启正为组长的领导小组，负责对交通规划工作中的重大问题进行决策，成立了一个由上海市有关专家组成的专家顾问小组，负责具体评价、审查交通规划方案，提出技术上的意见和建议。咨询工作主要分为四个阶段，第一阶段主要评审土地使用、EMME/2模型、已有的交通预测和交通运输规划并确定修正现有数据的缺陷；第二阶段为土地使用数据、基础设施规划和旅程数据的收集分析；第三阶段主要是评估方案准备的3个不同层次模型的开发；第四阶段为交通规划方案的评估。1994年5月召开了第一阶段工作报告评审会，与会专家对报告中借鉴亚洲其他城市的交通数据、上海交通运输规划模型、过江需求量、通行能力和小汽车、自行车与公交车的交通政策问题展开讨论；6月底召开了第二阶段工作报告评审会，提出交通规划应该留有余地，自行车交通方案供政府选择，公共交通将在上海长期起作用；7月底召开了第三阶段工作报告评审会，最后根据领导小组的指示精神及专家小组的意见，于1994年8月完成了最终成果。经专家验收，本次咨询工作的要求已基本完成，达到了预期的效果。

（二）咨询工作的具体要求

1. 本次交通规划国际咨询的工作建议书

1993年12月陆家嘴开发公司向国外10家交通规划咨询机构发出邀请的同时，初步提出了（国际咨询）工作建议书的主要内容。一是设计公司及在此次项目服务中准备联合的公司的背景组织和经历，包括设计公司过去做过的或现在进行的同类性质的主要工程项目的清单和资料，设计公司在国外特别是在亚洲或世界上其他相类似地区的工作经历。二是交通规划研究内容主要有以下两项：全面论证评

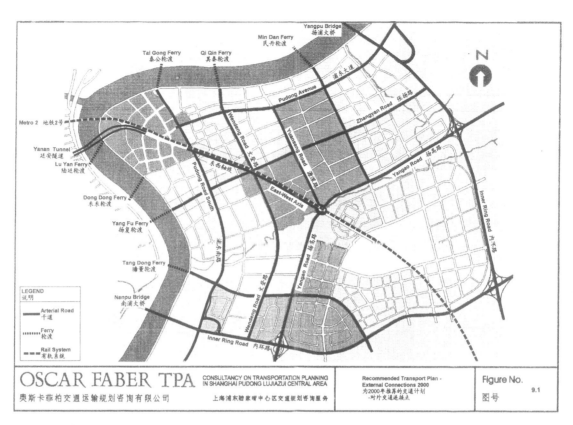

交通规划咨询方案示意图

价陆家嘴中心区深化规划中交通规划部分的内容，并提出经过改进的、切实可行的、富有独创性的交通规划方案；制定一项交通系统评价方法，它必须重视城市交通基础设施的巨大投资、直接经济效益、社会效益及公共交通服务质量水平，根据以上研究内容，列出一份工作中将完成的工作成果的清单和说明。三是研究的工作成果要能够直接与下一步工作中的工程设计、工程实施衔接，中选公司将负责在技术上对工程的设计和实施进行指导。

2. 本次交通规划国际咨询的技术总纲

陆家嘴中心区位于上海浦东新区的黄浦江转弯处，面积1.7km²，按照上海市总体规划，它将与浦西外滩地区共同组成上海的中央商务区，是未来上海最充满活力的地区之一，亦是极富挑战性的地区。所谓挑战性主要表现在：该地区处在浦东和浦西联动发展的关键地位，而且位于浦东陆家嘴金融贸易区发展的端点，同时该CBD的形成具有旧城改造、快速生长的特点。

本次交通规划的目标：一是提交的交通规划方案应满足上海作为现代的国际金融贸易中心之一的交通需要，并为未来的交通发展留有余地，同时应对研究地区交通与上海市整体交通网的圆满连接，尤其是要注意与浦西外滩地区和浦东周边地区的紧密联系。二是最终成果要满足编制实施性交通规划的要求，并能够直接指导下一步的工程设计。三是最终成果要提出交通组织和交通设施开发实施模式的指导性意见。

本次交通规划的基本要求：① 正确理解陆家嘴中心区在城市总体规划中的地位和地区开发的特点；② 评价陆家嘴中心区土地开发所产生的交通需求；③ 评价现有的交通规划方案；④ 提出几个经过改进的交通规划备选方案，并运用交通系统评价程序，对备选方案进行测试和评价，最后提出优化的交通规划建议方案；⑤ 提出实施交通系统的计划及相应措施。其他要求：举办讲座，介绍世界上几个大城市交融贸易中心区的交通实例。应对中方有关人员进行必要的技术培训，将其先进的理论和技术手段传授给中方有关人员。

（三）本次交通规划国际咨询的方案内容

1. 土地使用与交通规划

根据陆家嘴中心区的土地使用规划，该地区的建筑面积总量将达到450万m²以上，其中商业地块的建筑容积率为4.04，办公楼地块的地块的建筑容积率为7.58，住宅地块的建筑容积率为3.2，整体上属于较高的建筑开发强度。计划到2000年完成第一期200万m²的开发建设。

在第一阶段报告中，特别就陆家嘴中心区的开发计划作了一些结论以帮助指导交通规划工作，使中心区规划目标得以实现。具体如下：① 陆家嘴中心区的成功与否将取决于开发区内土地和房屋占用者对陆家嘴中心区功能上能否与浦西现有的商业中心成为一个整体的信心，这也意味着跨越黄浦江的交通设施是最为重要的。② 对服务业而言，最重要的因素是有足够的熟练劳动力，因此，在很大程度上，让周围地区的居民能够很容易地进出陆家嘴中心区，为达到这一点的交通项目也是非常重要的。③ 考虑加大目前计划的5.5%的住宅区开发规模，部分是为了给工作人士提供居住方便，部分也是为了增加下班后本地区的活动。④ 在陆家嘴中心区，凡是靠近黄浦江现有公共交通越江设施，尤其是轮渡站的地区，应该考虑尽量给予尽早优先开发。⑤ 凡是可能的地方，抓紧对行人和车辆分流，这一点对轴线大道尤其重要。

根据"八五""九五"计划，2000年道路网络应该包括以下道路：内环线竣工、改良杨高路交叉口、延安路高架道路、发展外滩、成都路南北高架道路、真北路和龙吴路之间的外环线、内江路穿过黄浦江的隧道。2020年还应该完成以下工程：外环线，中环线，打浦路隧道，浦东轻轨线，地铁3、5、7号线。

2. 过江交通方案

延安路隧道禁止卡车通行，以减少陆家嘴中心区和浦西的卡车流量，从而增加其他车辆的过江容量。轻轨建设不能仅仅是陆家嘴中心区受益，我们认为应该从陆家嘴和上海整体城市的更大区域受益来考虑轻轨建设，建议在浦东大道铺设一条轨道交通线。认识到过江隧道和有轨系统设施的昂贵造价，在考虑隧道时，强调利用最大潜在通行能力是至关重要的，为了做到这点，隧道进出口附近的交叉口对隧道的通行能力的限制必须消除。

3. 公共交通系统方案

咨询小组推荐公共交通方案，在2000年时地铁2号线已经建成时的陆家嘴中心区的公共交通系统，应该继续加强对3条轮渡的服务，增加4条公交线：L1线每小时10辆，行走陆家嘴渡口与浦东大道之间，L2线每小时10辆，行走浦东大道与东昌路渡口之间，L3线每小时10辆，行走轴线大道与中心区的南北区之间，L4线每小时10辆，行走浦东南路与东昌路渡口之间。

地铁2号线与渡口之间增加2条专线：M1线每小时20辆小型公交车，行走陆家嘴渡口、东昌路渡口与地铁2号线车站之间，M2线每小时20辆小型公交车，行走陆家嘴渡口、泰同路渡口与地铁2号线车站之间。

4. 陆家嘴中心区交通运输方案的制定过程

咨询小组为陆家嘴中心区准备交通运输规划时，所采取的方法是，由咨询组提出一系列方案，对它们作出评价，然后确定一项方案供推荐采用。首先考虑系列方案的一些共同前提，即在考虑一系列交通运输措施时，认定某些设施是已经被确定的，它们在所有可选择的方案中都是共同的，这些设施是延安路隧道复线，地铁2号线及车站位置，陆家嘴路、浦东大道、浦东南路、轴线大道等过境道路。其次考虑上海市交通行为特点，特别是现有运输网络的通行能力很低的原因。

咨询小组制订方案的宗旨：①简单的分流系统。其原则是在陆家嘴中心区过境交通尽可能在地下；

行人路网设在地面；如果允许自行车进入陆家嘴中心区，自行车与其他交通在不同层面上分流；②单向系统距离缩短。其原则是为了避免开发区内地块与地块之间运行距离过长以及过分分散；③为开发区内各地块提供服务而需要进入陆家嘴中心区的车辆数予以限制；④提供能在短期内实施，但将来在关键地点能够予以改善的系统。

咨询小组对系列方案的评价方法：在各个方案的基本因素确定之后，我们选择了4个陆家嘴中心区交通运输方案供测试，方案A代表了当时的一些建议（表3-12）。

4个陆家嘴中心区交通运输方案 表3-12

设施/项目	供选择方案编号			
	A	B	C	D
本地区交通和过境交通分隔				
分隔的	部分	无	有	有
不分隔的	有	有	无	无
出入服务设施				
双层立体通道	有	无	无	无
单层-全部转向	无	无	有	无
单层-右进右出	无	有	无	有

方案A至D的交通管理安排分别如图所示。

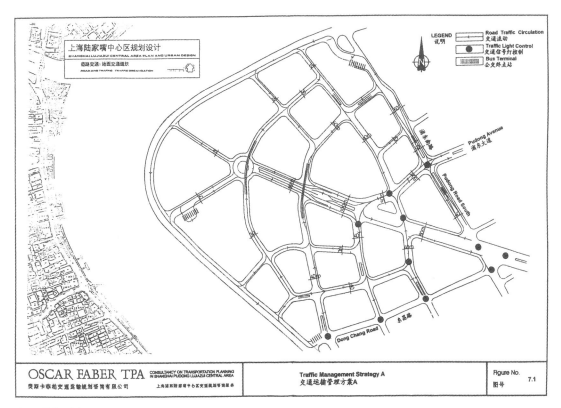

交通运输管理方案A

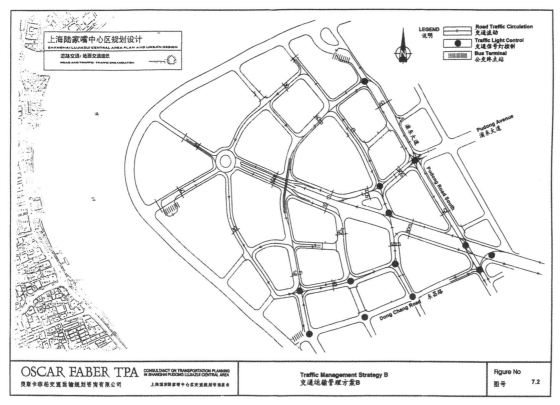

交通运输管理方案B

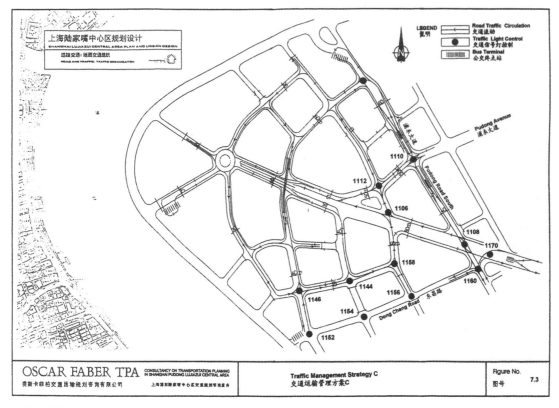

交通运输管理方案C

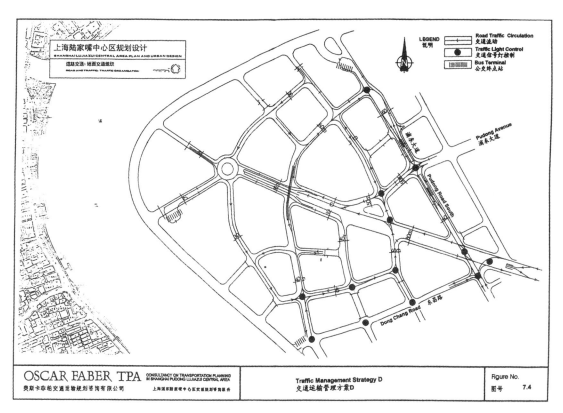

交通运输管理方案D

　　咨询小组对系列方案的评价结果。利用本地区道路模型对4个方案进行测试，初步分析后，方案B会产生严重堵塞，该方案没能将过境交通和本区交通分隔开来。此外，从功能上看，方案C和方案D非常相似，所以方案A和方案C被提出来供更为详细的评估（表3-13、表3-14）。

方案评估因素　　　　　　　　　　　　　　　　　　　　　表3-13

主要考虑因素	方案A	方案C
（1）交通表现		
交叉口储备通行能力		
——浦东南路/浦东大道	18.8%	7.1%
——陆家嘴路/浦城路	10.7%	9.0%
——浦东南路/东昌路/轴线大道		
——A点	33.3%	9.0%
——B点	82.9%	68.0%
——C点	86.0%	50.0%
连接道路通行能力		
——大于0.85	1.10	1.10
——0.5～0.85	4.27	3.56
——小于0.5	22.00	14.31
（2）可达性		
——中心区车辆公里数	285049	271906

续表

主要考虑因素	方案A	方案C
（3）安全/保养		
——隧道长度（km）	7.1	1.56
——车道合并数	19	1
——车道分流数	18	1
（4）对地下水电配套的影响		
——地下车道与过境隧道长度对比	4.50	1.46
（5）紧急情况下的应变能力		优
（6）费用		
——建造费用比地面道路系统增加（人民币）	936亿	326亿

方案比较结果 表3-14

主要考虑因素	方案A	方案C
通行能力		
——交叉口	1	2
——路线	1	1
可达性容易程度	2	1
安全/保养	2	1
对地下水电配套的影响	2	1
紧急情况下的应变能力	2	1
建造费用	2	1

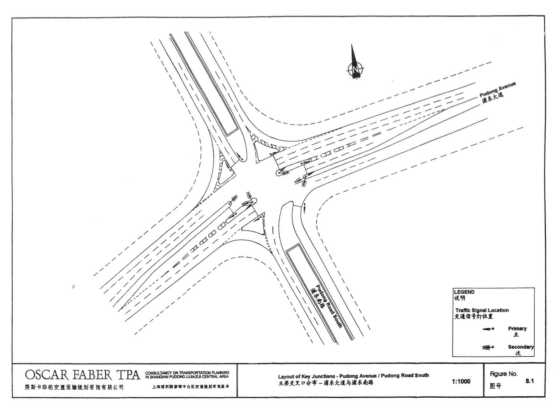

主要交叉口分布图一

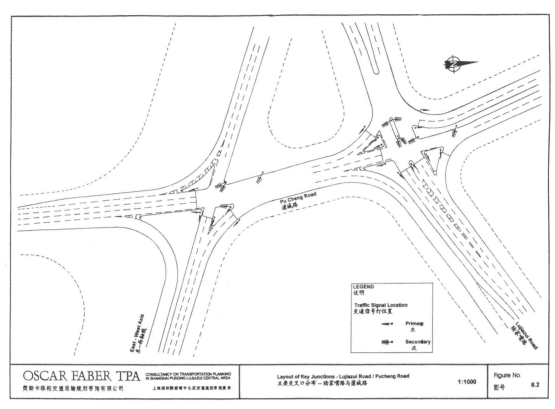

主要交叉口分布图二

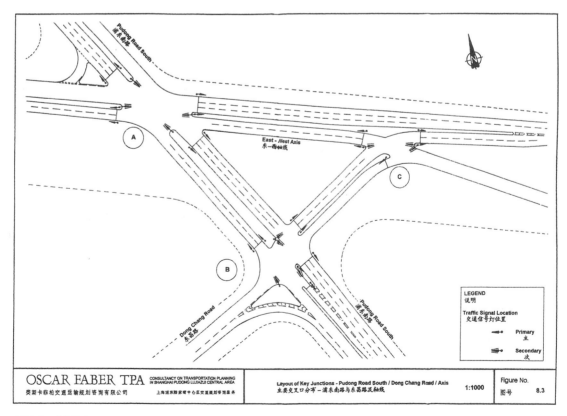

主要交叉口分布图三

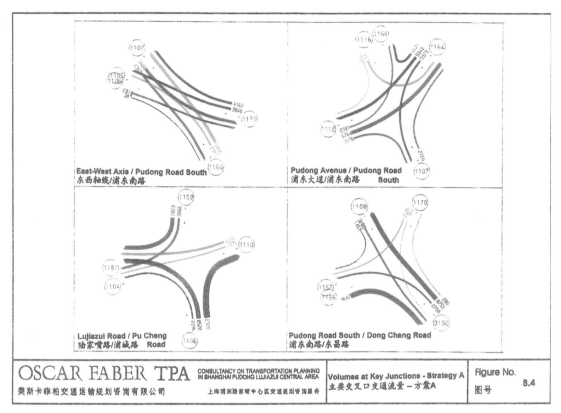

主要交叉口流量图一

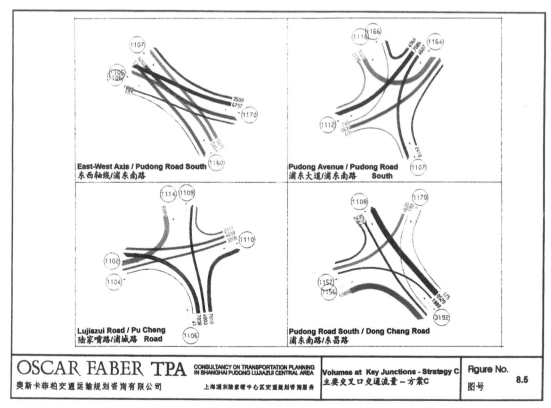

主要交叉口流量图二

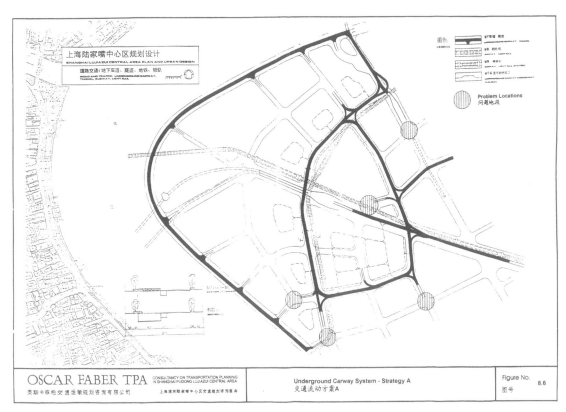

方案A地下车道系统图

5. 陆家嘴中心区交通运输方案的推荐方案

经过筛选，选择方案A，其优点在于：①实现了机动车、自行车和行人的分流；② 沿轴线大道，与地铁2号线平行隧道；③ 利用单向系统使进出开发地块车辆的冲突减少。

6. 本次交通规划国际咨询工作总结

1994年8月在浦东新区管委会召开了陆家嘴中心区交通规划国际咨询领导专家小组会议。听取了陆家嘴开发公司关于咨询工作过程的汇报和中方技术顾问对最终成果报告的评价意见后，就本次咨询工作的总结和陆家嘴中心区交通规划下一步操作问题展开了讨论，会议形成了以下5点结论。

（1）咨询工作的意义。此次交通规划国际咨询是浦东新区为了提高城市基础设施规划水平而采取的有力措施之一。引进了国外设计力量来拓展交通规划设计的思路，体现了新区对提高城市基础设施水平的决心，并为规划设计体制闯出了一条新的路子。该工作是市领导关于陆家嘴中心区规划"三个结合"指示的进一步体现，对应用普及现代交通规划思想有着积极现实的意义。此次咨询工作总的来说达到了预期效果，为我们如何认识现代交通，解决交通问题的科学手段开阔了视野。交通问题是个复杂的系统工程，交通规划应从数据、模型和实际经验相结合的方法来解决问题。特别是可操作性和经济分析工作应得到加强，真正使陆家嘴中心区的交通规划在开发过程中得到贯彻和实施，为21世纪该地区的腾飞奠定坚实的基础。

（2）咨询工作关注的主要问题。根据现代的经验，城市规划中对交通问题总是估计不足，交通规划要留有余地；交通规划的重要前提是边界结论，这一结论实际上与地域经济、文化紧密结合在一起；自行车不仅仅是个工程问题，更是文化和民意问题；公共交通要长时间在城市发展中起作用。这四方面的问题在咨询最终报告中基本上得到了贯彻，但这毕竟只是规划咨询阶段，最终的实施工作还要靠中方有关单位的通力协作。

（3）咨询工作的主要成果。此次交通规划国际咨询最终方案在原有规划方案的基础上有了新的深化和提高，为今后的建设发展提供了有价值的观点。如：在越江设施方面提出了建造隧道的地点、数量和实施时间表，即在2020年前需要在张杨路和文登路（即东方路）增建两条越江隧道；对于区内交通，明确了平面系统满足规划的容量并留有适当余地的意见是积极的，并为今后规划实施提供了参考意见，建议中方设计单位在实施性规划设计中进一步深化；区内轴线大道的方向直通隧道得到了专家们的肯定；自行车问题提出了3个方案，即禁止、允许和逐步禁止，这为今后政府的决策提供了参考依据；此次咨询工作在制订方案前，做了大量的基础咨询准备工作，这些数据为国内的交通规划工作提供了科学依据。

（4）咨询工作的不足之处。由于时间所限，外方咨询公司在了解中国国情以及和中方有关单位和专家的沟通和理解方面，还显得不够；最终报告中的部分观点如隧道通行能力、停车系统和公交系统的规划未能与中方专家意见取得一致；对陆家嘴中心区在实施过程中的原有规划控制条件还缺乏深入的研究和理解。

（5）咨询工作的启迪。国际咨询工作虽然结束了，但陆家嘴中心区的交通问题并没有完全解决，对于陆家嘴中心区交通规划来说工作并没有结束，而应是一个新起点；咨询工作本身有特点，为今后的设计模式树立了榜样，应学习外方好的工作方法和思路；咨询工作的性质决定了我们必须用"以我所用"的观点来汲取外方方案中的积极建议，并作为进一步深化工作的参考。

二、陆家嘴中心区交通规划

（一）规划背景

陆家嘴中心区规划经过了1992年国际咨询，1993年深化工作之后，上报市政府。期间，当时的上海市市长黄菊同志曾听取了规划汇报，并指出该规划体现了历史与未来、浦西与浦东、中国与外国的结合。市政府于1993年12月作了正式批复，原则上肯定了"1993版深化规划"在形态、交通、市政等方面的编制内容。

到1996年，浦东开发建设有了很大的进展，陆家嘴中心区的土地批租亦呈现良好的势头，中心区内已批租31幅土地，落实总建筑容量约233万m²，占中心区规划总容量的53%，其中已建及在建约147万m²，按照进度要求，需在2年内陆续完成道路与市政配套。但是，陆家嘴中心区是旧区改造模式的开发机制，很难适应原规划中交通、市政等方面系统性整体性的开发要求。

（二）规划内容

1. 双层单行环路

"1993版深化规划"分析了陆家嘴中心区所处的地理位置、外部交通条件以及中心区形成后由于大量工作岗位而产生的交通量，提出了解决中心区交通问题的规划战略：①强化地区间交通，按照陆家嘴中心区及整个金融贸易区交通要求调整上海市中心城总图交通网络，以解决陆家嘴中心区交通为契机，推动旧城中心区交通环境改造，克服干道系统中"越江、蜂腰、南北"三大交通薄弱环节，达到容能匹配开发良性循环；②建立有效、完善可行的区内综合交通体系；③交通开发与土地开发、建设开发结合，以利于引资、融资、高效与节约，并且对陆家嘴中心区内的隧道、地铁、轻轨、道路网密度与比重等提出了具体方案。

双层单行环路系统即是为形成高效、完善的区内综合交通体系所提出的主要内容，其原则是在陆家嘴中心区内不设置信号灯、通过地面与地下双层不同的交通组织来解决中心区的交通问题，重点是有效释放高层带与核心区的建筑总容量所造成的交通压力。

路堑式环路位于银城东路、银城路、银城南路（原东宁路）的外侧，最终形成逆时针单向4车道，以银城路为例：由西向东断面布置为人行道4m，机动车道7m，路堑环路18m，机动车道16m，人行道5m。

地下环路由地下路段、地下立交、进出口坡道三部分组成，其中路段总长约2300m，包括9处地下立交，出入口坡道共12处（其中2车道7处，4车道5处），坡道总长约1320m。由于受街坊规模、交通要求等各方面条件的限制，环路出入口坡度如果套用现行规范，则许多出入口将无法满足要求。规划以解决陆家嘴中心区的交通问题为前提条件。建议坡道坡度的设计应考虑今后陆家嘴中心区运行车辆的性能，在可能的条件下，突破以往常规做法，适当放宽坡度方面的限制。

2. 街坊集中停车

深化规划对中心区内的停车方式作了初步研究，并分析了几种模式，鉴于区域集中停车会造成局部地区交通压力；按地块单体建筑设置停车又过于分散，道路出入口复杂，难以有效组织交通；故建议采用分街坊集中停车方式，使规模适中，有利于组织交通。市府会议精神指出，"街坊集中停车有利于提高现代化城市道路交通管理运作水平和土地利用率的规划方案，作为对陆家嘴中心区建设的特殊要求，凡批租开发时，要求开发商必须按规划方案中各项参数实施，以保证建设的高起点和规划的一致性"。

分街坊集中停车，根据不同街坊特点可采用多种方式：

比较合理的是每个街坊根据地块规划合并各地块停车规模，预先合建一街坊规模的地下停车库，并结合街坊内部道路统一设置与城市道路衔接的出入口，土地开发时计入批租价格。但这种方式现行的土地开发与管理机制还无法适应，它首先需要预先较大的投入，而这靠目前用批租资金进行土地开发，设施建设的机制是无法操作的，并且在建筑管理中的控制与协调目前还无章可循，存在较大困难。

较为实际的方式是：遵循街坊集中停车的原则，减少地块进出对城市道路交通的影响，在形式上仍采用各地块分车库的方式，但归并各分车库的出入口于街坊内部道路，这样也可以减少由于各地块在城市道路上均设置出入口而造成对城市道路交通的干扰。

与路堑环路相衔接的街坊（地块）地下车库需明确接口位置与标高。由于地下环路的道路底标高一般在-8～-7m左右（地面以0m计），因此与地下车库的接口既可在地下一层，也可在地下二层，具体标高可结合项目，较为可行的方式是路堑与街坊内部地块之间的公共通道相接，地块车库的接口设置在公共通道上（地上或地下）。

3. 滨江大道与轮渡

陆家嘴中心区滨江大道北至泰同栈轮站，南到东昌路轮站，最窄处50m，最宽处170m，全长约2500m，沿江建筑布置走向基本上与江岸平行。按上海市黄浦江防汛标准，滨江大道的顶标高应≥7m，断面根据防汛标准以及滨江游览人流亲水、事业等要求，滨江大道临江一侧设计呈斜坡型，沿斜坡分设3层平台，标高分别为4.00m，5.8m（百年一遇），7.0m（千年一遇），（中心区沿江地区地面标高一般在4.5～5m之间）。滨江大道不仅需满足步行游览需求，同时作为中心区道路网络的组成部分，也要解决滨江大道及相邻街坊的车行要求。为此滨江大道同时亦需考虑车行道布置，为充分利用滨江空间，滨江的人流与车流采取分层布置。车行道标高确定为1.7m，设双向4车道。

沿滨江大道设广场6处，作为垂直滨江大道方向的交通出入口，人员及机动车可分别进出滨江大道的上层与下层，其中3处为过黄浦江轮渡站，由次向南分别为泰同栈、陆家嘴、东昌路轮站，3处广场分别为北段的明珠广场（东园路），东方广场（丰和路），南段的富都广场（花园石桥路）。从全局与长远考虑，将陆家嘴轮站迁至东昌路轮站与之合并，规划在原东昌轮站下游新增轮渡泊位，并相应对轮渡站外围的公交枢纽、道路拓宽、近远期人流车流组织等亦提出了具体方案。原规划东方广场目前已建东方游乐码头，规模约为5000m²。

4. 步行系统

为避免人车相互干扰，使步行人流处于安全、舒适、方便的环境之中，深化规划确定了中心区内步行与活动系统的框架："以地铁站、核心区地下商场为基础，组织地下公共层为东西步行轴，并引向滨江或邻近"，立体连续的步行系统以绿化为依托与商业、文化、游憩设施与核心区、滨水区及组团中心紧密联系，形成富有生气的中心场所感。

根据以上总体设想，中心区深化方案提出了包括以下3个方面的步行系统方案：

地下：以地铁车站、地下商场为集散点，既与地面、地上二层有垂直联系也与地下其他地铁站商场有横向联系，同时部分也作为穿越车行道路的地下步行设施，形成树枝状结构。

地面：以环街坊步行道为基础，在有公共活动设施（商场、文化、娱乐场所、大型绿地等）的街坊，则组织步行街坊，形成以街坊为单元的独立步行区域，呈发散环状结构。

地上（二层）：以步行天桥为主体，主要满足跨越各街坊之间步行便捷的要求，其中自滨江大道、东方明珠电视塔起，经地铁2号线车站、中心绿地、核心区，至浦东南路形成东西向二层连续步行天桥，自东昌路起沿银城路西侧高层带东侧向北至泰同路形成南北向二层连续步行天桥。

以此作为中心区内主要步行轴线，其余街坊之间联络主要靠天桥联系，二层步行系统是中心区内步行系统的主体，呈网状结构。中心区内的步行系统以地面二层为主，以地面地下为辅，主要考虑中心区内地下工程较为复杂，隧道、地铁、共同沟市政管线垫环路等纵横交叉，人行系统如果地下工程过多，则工程方面相对更为复杂，需很大投资。而二层步行系统具有与地下交通、市政等设施矛盾少，工程相对较为简单，投资较省，行人能直接接触空气、阳光，能观赏周边城市景观等优点。

主干系统为轴线（世纪大道）—高层带—放射线—滨江大道，二层主要步行道位置一般在街坊外侧，宽度控制在5~10m，部分人流集中地区段适当放宽，联系大量人流区域的节点宜设二层步行平台（如核心区、滨江广场等）。

次要步行道一般控制在3m左右，可在街坊外侧，亦可从街坊内部通过。

二层步行道的标高一般以建筑物二层为联系层面，跨越城市及街坊道路，其下净空需满足地面通车要求。与各街坊（地块）中的建筑有"面"与"点"2种衔接方式，步行道与建筑界面平行时，既可采用步行道紧贴建筑方式即面衔接方式，亦可使步行道与建筑保持适当距离，面用垂直方向的点衔接；步行道与建筑界面垂直时，同样可用2种方式，选用不同的衔接方式应视可以缓冲的空间，步行道的实际效用由可能增加的投资、对建筑的影响等方面的条件而定，但应以整体系统的要求为前提。

5. 常规公交

常规公交是解决中心区上下班主要交通方式，根据中心区内的交通预测规划，公交结合地铁站、轮渡站组织五组12线常规公交站，其中布置大致为陆家嘴轮站3-4线，泰同栈轮站2-3线，东昌路轮站2-3线，地铁2号线陆家嘴站2线，东昌路站1-2线。

虽然陆家嘴中心区内目前已有的常规公交及其他各种公交专线车，社会车辆已具相当规模，但如果中心区内大量的办公楼投入使用，目前的配备将无法适应要求（公共交通应作为中心区解决上下班的主要交通方式），而要解决这个矛盾，根据中心区内及周边的道路条件，主要还需要靠公共交通，原深化规划控制的五组十二线规模并不十分充足，而目前未增加，相反还有所减少，规划建议今后开发建设中，应当再增加公交线路。

6. 公共停车场

公共停车场的设置主要考虑中心区内人流集中地公共活动区域（包括商场、娱乐、文化、会议设施等）的来往社会车辆的停车问题。原深化规划对中心区内的公共（社会）停车场未明确。就中心区而言，人流集中的公共活动区域主要集中在以下3个地区：① 滨江大道正大商场；② 东方明珠电视塔，二期会议中心、音乐厅、游乐码头、商场；③ 中央绿地。其中滨江大道在已建成的南段富都一起紧贴半地下车道配有公共停车场地；在局部编制的越江人行隧道出入口环境规划方案中考虑在B6-6地块设置地下公共停车库（地面规划扔为公共绿地）以满足周边东方明珠等文化娱乐设施来往游览车辆的停车要求。

第四章

驱动城市：基础设施保障体系

第一节　统筹：有机融合的市政规划体系

一、总体规划层面

交通及市政公用设施系统规划是城市总体规划的重要组成部分。1992版浦东新区总体规划在明确规划指导思想、规划期限、城市规模（包括人口规模和用地规模）、城市总体布局等内容的基础上，提出了市政公用等设施的规划内容。

浦东新区是上海城市的一个有机整体，同时又是有相对独立性的新区；浦东的开放要依托浦西的综合优势，促进浦西产业结构和城市功能的调整。浦东新区初期规划集中城市化地区约90km^2，人口为150万人。远期规划集中城市化地区为200km^2，人口约200万人左右。预测到2020年，浦东新区经济平均每年以15～20%左右的速度递增。

（一）供水

源水主要来自青草沙水源地。结合青草沙原水工程的建设，敷设外环线环东大道输水管系统并与之连通，向凌桥水厂、金海水厂、川沙城镇水厂、惠南水厂、新场水厂输送原水。

青草沙水源地原水工程设计总供水规模为719万m^3/d，陆域部分总规模为708万m^3/d，其中分配给浦东供水区的供水规模为330万m^3/d。主要由严桥支线、凌桥支线、金海支线构成。

1. 供水水厂

新区现有：凌桥水厂40万m^3/d、临江水厂60万m^3/d、居家桥水厂10万m^3/d、陆家嘴水厂10万m^3/d、杨思25万m^3/d、川沙水厂20万m^3/d、航头水厂12万m^3/d、汇南水厂24万m^3/d、新场水厂2m^3/d、其他镇级小水厂约26万m^3/d总供水规模229万m^3/d。

规划关闭陆家嘴水厂及其他镇级小水厂，规划扩建金海水厂、凌桥水厂，川沙水厂，2020年原浦东供水区水厂规模安排如下：凌桥水厂60万m^3/d、临江水厂60万m^3/d、居家桥水厂10万m^3/d、金海水厂80万m^3/d、川沙水厂20万m^3/d。惠南水厂仍保持24万m^3/d供水能力，主要向惠南、南汇工业区、老港等地区供水；新建南汇北水厂规模30万m^3/d，主要向周康、六灶、祝桥等地区供水；新建临港水厂规模48万m^3/d，主要向大治河以南的大团、

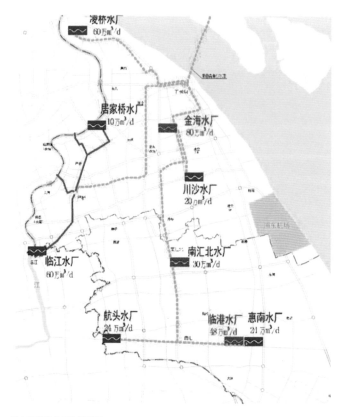

浦东新区给水系统规划图

临港新城、洋山港区等地区供水，扩建航头水厂规模至24万m³/d。主要向周康、航头地区供水。新区总供水规模：356万m³/d。

2. 供水主干管网布局

现有供水管道DN75～DN1800，管道长度近4500km。此外，另有张桥泵站、严桥泵站、三林泵站、龙东泵站、机场泵站、高南泵站、临沂泵站、东沟泵站、康桥泵站、周浦泵站、老港泵站、大团泵站、临港泵站、洋山泵站及在建的长清泵站等水库泵站或增压泵站。规划新增新建云间泵站、凌空1号泵站、外环线（华夏路至A1附近）泵站、南汇北、南汇等水库泵站。

（二）污水排水

排水体制：采用分流制排水系统。

根据《上海市污水处理系统专业规划》，城镇综合污水量按用水量90%计。未来浦东新区污水总量约300万m³/d。

污水水质：污水处理厂规划进水水质根据目前实测资料和参考类似地区的情况进行确定，详见表4-1。

污水进水水质指标 表4-1

指标名称	数值（mg/L）	指标名称	数值（mg/L）
BOD5	150～200	CODcr	300～400
SS	200～300	NH3—N	30～40
TP	4～6		

排放标准：排入长江、东海等大水体的，执行国家《城镇污水处理厂污染物排放标准》（GB 18918—2002）中的二级标准或根据环境评价报告的要求确定排放标准。生活污水和工业废水排放纳管必须满足《上海市地方标准：污水综合排放标准》（DB 31/199—1997）中的三级标准。

根据《上海市污水处理系统专业规划修编》，全市污水系统分成石洞口区域、竹园区域、白龙港区域、杭州湾沿岸区域、嘉定及黄浦江上游区域、长江三岛区域6大区域。浦东新区的污水排放将充分利用竹园区域、白龙港区域中的污水管网，按总管划分的服务范围，就近纳入所属排放系统，经处理后外排长江。

1. 竹园区域

竹园第一污水处理厂系统：设计规模170万m³/d，接纳旱流污水量约为162万m³/d，主要由上海市河流污水治理一期工程和浦东外高桥地区污水收集系统组成。该系统在浦东主要接纳赵家沟以北的高桥化工区、外高桥物流中心、外高桥新市镇、保税区一期、保税区三公司、东沟、高行、外高桥微电子、高东镇、杨园社区等地区城市污水，总规划污水量约为26.09万m³/d。

2. 白龙港区域

白龙港区域规划服务人口约712万人，规划污水量约350万m³/d，区内有污水治理二期、吴闵北排、苏州河6支流治理一期南片等大型工程。

白龙港第一污水处理厂系统：总规划旱流污水量为120万m³/d，其中浦东地区规划污水量104.46万m³/d。在浦东新区城区范围内包括龙东大道中线总管和南干线。其中中线总管由浦西穿越黄浦江，沿着龙阳路、龙东大道由西向东至白龙港排入长江，沿途设置2座污水中途泵站M1和M2泵站。目前总管和M1、M2泵站均已建成投入使用。由于南线总管东段尚未建成，由龙华机场过黄浦江后接纳南支线的南线总管通过罗山路连接管与中线总管接通，近期纳入龙东大道中线总管过渡，其中南线SA、SB中途泵站已建成。

3. 南汇污水处理厂区域

南汇污水处理厂厂址位于老港垃圾处置场北面约200m处的滩涂处，该地是长江泥沙和钱塘江水汇流而逐渐沉积的平原，属于沿海软弱地范围，是典型的河口三角洲沉积平原，并且生长约45km²的芦苇地，该处目前已受规划控制作为远期污水处理厂的用地。南汇污水处理厂近中期设计规模为20万m³/d，规划远期按40万m³/d规模控制用地。

4. 临港新城污水处理区域

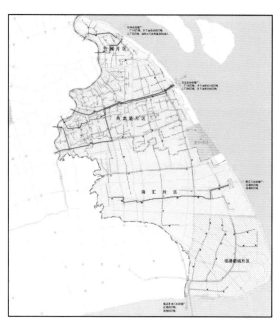

浦东新区排水系统规划图

临港新城污水处理系统为"一厂、一线、五个收集系统"基本格局。一厂：即临港新城污水处理厂。一线：即两港大道污水系统总管，该总管设计管径Φ800～Φ2400，自书院镇起，沿两港大道有由北向南，至沪芦高速公路再沿两港大道向西，穿越泐马河后再沿泐马河西侧防汛通道南下，最终接入规划临港新城污水处理厂，沿途依次收集临港主产业区东块、都市综合产业区、临港新城主城区、同盛物流产业区、临港主产业区中西块和重装备产业区的污水。5个收集系统：分别为临港新城主城区、同盛物流产业区、都市综合产业区、临港主产业区、重装备产业区等5个污水收集系统。

（三）雨水排水

重现期：采用3年设计重现期标准。

排水模式：根据《上海市城市雨水排水系统专业规划修编（2020年）》的要求，本市排涝采用城市小区强排水、城市缓冲式排水和区域排涝3种排水模式。

排涝模式的确定取决于相应区域内的水位、地面高程、河网的密度、排水体制等因素。

按照浦东新区的实际情况，原则上外环线以内的城市化地区及沿江自成系统以城市小区强排水模式为主，城市缓冲式排水模式为辅；外环线以外集中城镇地区以城市缓冲式排水模式为主，部分重要地区采用城市小区强排水模式。其他地区采用区域排涝模式。

浦东新区现状雨水系统的建设基本上严格按照《浦东新区雨水排水系统专业规划》执行，初步形成了浦东新区雨水系统的框架，已建有雨水排水系统65个，汇水面积161.06km²，扣除自排、自成系统流量，实际泵排流量628.34m³/s左右。新区城市化地区已建雨水管道1185km，排水系统覆盖率内环内约为95%；环间约为55%；环外（泵排）约为28%。所有这些对促进浦东经济建设发展、提高人民生活、改善投资环境等起到了积极的作用。

（四）供电

浦东新区范围内电力供应尚不能实现自给自足，高峰时还需向区外购电。目前共有3座发电厂、2座500kV变电站。浦东新区是上海重要的电源基地之一，通过500kV电网和220kV电网将外高桥电厂一期、二期和在建三期工程的电力送往全市。浦东新区现有杨高及顾路500kV变电站各1座，是上海500kV环网的主要枢纽变电站，负责浦东地区的电源供应。浦东新区县有高东、张桥、银山、源深、东昌、龙东、浦东、杨思、浦建、锦绣等220kV变电站20余座，主变容量合计约740万kVA。新区供电电压等级采用500kV—220kV—110kV（35kV）—10kV—380V。

为改变电源缺乏状况，临港新城内规划新建临港燃气电厂及新建老港大桥风电场。规划新增45座220kV变电站，外环内18座，外环线外27座，新增降压容量3000万kVA。规划沿A20、杨高路、华夏路、罗山路、浦东运河、华

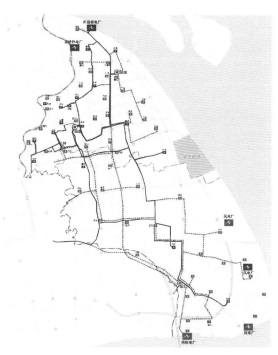

浦东新区电力系统规划图

东路、机场高速公路、A3公路、下沿公路、A30公路、宣黄公路、白玉兰大道、两港大道、北护城河、南芦公路、A2公路、白龙港、Y8路、渤马河、D1路等道路需预留高压走廊。

浦东新区现有35（110）kV变电站共140余座，主变容量约600万kVA；为了满足浦东新区今后的用电需求，需将部分满足建设条件的35kV变电站升级为110kV变电站，并需同时新增设35（110）kV变电站。本次研究规划新增180座，其中原浦东和南汇地区各约90座。

（五）燃气

新浦东气源构成：东海天然气+西气东输+进口液化天然气。目前，上海已有东海平湖天然气和"西气东输"天然气供应，东海西湖凹陷天然气和进口液化天然气（LNG），也即将开通。新浦东的天然气气源接自上海市天然气主干管网。

目前浦东天然气管网的压力级制采用高—次高—中—低4级制（南汇地区为高—中—低3级制），即：气源接自上海市天然气主干网系统外环线1.6MPa高压天然气管网和2.5MPa东海天然气长输管线、0.8MPa次高压天然气管网、中压天然气配气管网0.4～0.1MPa、5kPa低压天然气管。

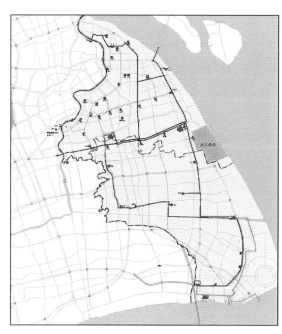

浦东新区燃气系统规划图

目前原浦东地区已建高—中压调压站19座，规划新增9座（3座在建）；南汇地区已建高—中压调压站4座，规划新增5座。

（六）信息

上海电信浦东新区电信局已建有电话端局51个；南汇电信局现有综合通信局30座。多网融合尽管是大势所趋，但至少还需要经过几年甚至更久的时间才能逐步实现。浦东新区机房既要面向未来的网络部署，也要立足现状，满足近中期网络建设的需求。

目前，各主要电信运营商在浦东新区均已建有核心机房，即网络交换或传输的核心节点机房，在整个网络中实现汇聚、转接、交换等功能，满足了现状用户的语音、数据、多媒体等各种信息业务需求。根据浦东新区各运营商现有局

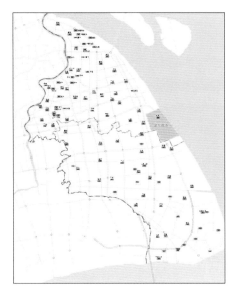

浦东新区通信邮政系统规划图

房资源情况来看，不建议新增骨干节点机房。近中期，各运营商可充分利用现有核心局房资源满足新增需求，远期则可利用这些局房资源部署下一代网络的骨干节点。

规划原浦东新区新增3个汇聚层节点机房，以满足近中期网络建设的需求。原南汇地区需在对现状局所交换容量扩容的基础上，规划新增通信机房15处（其中临港新城9处）。汇聚层节点机房应采用各运营商联合共建的方式集约化建设，结合浦东新区未来功能区域的开发建设设置。

二、分区规划层面

陆家嘴—花木分区是浦东新区的核心部分，由陆家嘴、洋泾、花木、塘桥等4个地区组成。市政公用设施规划内容主要是：

分区供水：按生活用水每人每天250m³，公共建筑用水每万平方米150m³的标准，总用水量每日为50万～60万t。由杨思水厂、凌桥水厂、居家桥水厂、临江水厂供水，近期还由浦东水厂每天供水10万t，远期浦东水厂改为水库基站。雨水排泄系统有小陆家嘴和陆家渡、其昌栈、张家浜、塘桥、泾西、泾东等7个。花木地区为有3个排水泄水系统。小陆家嘴区污水总量达每天10万t，污水排向白龙港，泾西污水系统规划每日接纳7万t污水，经泾西3座泵站纳入南区污水总管排向白龙港。花木地区污水干管将沿峨山东路至建平路并经龙东路，将污水排向第二期南区污水干线，至白龙港外排入长江中泓。

邮政通信方面，按照上海规划发展信息港的要求，将在陆家嘴地区内建设电信、信息中心（信息港主要组成部分），在花木地区内建设长途电信大楼，并在花木市政中心内设置专用电话局，还将规划建设6个电话局（每局4万～8万门）和7个电话站（每站2万～4万门），再加上现有东昌、民生、沈家宅、明华电话局共11个电话局（未包括市政中心专用电话局）。使陆家嘴—花木分区共有75万号线（交换设备88万门），建成具有国内国际直拨电话、数据通信、可视图文、智能信息、电子信箱、有线电视等新兴业务的国际一流水平的通信设施。在邮政方面，原有东昌、洋泾、浦电3个邮电支局，规划建设3个邮电支局（兰村、联洋、桃林）和1座在花木市政中心附近的邮政综合楼，作为新区邮政服务中心。

分区内用电负荷，至2020年，将达300万kW，整个分区约需82座35kV变电站和12座220kV变电站

及相应的电力营业站。并在峨山路、浦川路的220kV变电站所在地建设新区供电局电力调度楼。

分区燃气原为人工煤气及罐装液化气，潍坊、乳山、崂山等新村，均已设煤气中低压调压站，规划采用东海石油天然气，由新港油气处理厂进行油气分离后输送至北蔡、川沙天然气门站，通过敷设于沪南公路、杨高路等天然气高压管网环网，再经轴线大道下的高压管输送至陆家嘴—花木地区。

为了适应陆家嘴金融贸易地区管线众多，节约地下空间，避免修建地下管线重复开挖路面，规划建设张杨路（浦东南路—上川路）的地下管线共同沟。建设陆家嘴中心区及轴线大道（世纪大道）将进行设置共同沟的规划方案。共同沟的管理控制中心设在张杨路、崮山路。

陆家嘴—花木分区的绿化、水系规划是以发展亲水绿地为特色。陆家嘴金融贸易区的滨江明珠公园、花木市政中心的中央公园是两大绿地中心。中央（世纪）大道的林荫大道把两大绿地联系起来。黄浦江沿岸调整为滨江游憩绿带，保留的洋泾港、张家浜、郁家浜、咸塘浜、华漕等排水河道的两岸滨河绿带以及内环线、杨高路、地下铁道控制带上的防护绿带，使分区内形成点线面相结合的绿化体系。

环卫设施方面，将按照环卫管理科学化，工作机械化，生活垃圾袋装化，运输封闭化的原则，实行垃圾分类，定时收集、处理模式。在白莲泾沪南公路规划水陆联运的垃圾中转站1座，环卫管理机构4处和相当的公厕、垃圾收集房。

防震按7度烈度设防，组建3级消防体系，消防站按接警5min到达责任区最远点设置，责任区面积在4～7km²。民防按平战结合的原则，形成民防工程体系。在花木地区设抗灾救灾指挥中心，以形成灵敏的监测信息和指挥体系，在指挥中心内要设置地震监测中心及500m左右的地震观测深井，纳入上海市地震遥测台网之内。

三、陆家嘴中心区层面

为了配合陆家嘴中心区内开发地块与道路市政工程设施建设的需要，受陆家嘴开发公司的委托，上海市规划院编制了《陆家嘴中心区市政公共设施规划》。规划依据是1993年市政府批准的《陆家嘴中心区规划设计》，其主要内容如下：

（1）绿化系统：主要由"滨江绿地+中央绿地+沿发展轴绿带"组成，并作为设计结构的基础。

（2）空间形态格局：16hm²中央绿地空间包围核心区超高层三塔（360～400m高）作为里程碑建筑，这个核心空间又为弧形高层带（160～200m）及其他开发带高层建筑所围合。

（3）滨江建筑高度及其变化顺序：高层带与外滩间隔600m—1200m—800m，高层带建筑高度可以定为180m，重点建筑可达200m，有的可定为160m，以形成有韵律的起伏。

（4）基础设施应超前，按20世纪90年代初的估算，2000年前后预计将开发200万～240万m²，占总量50%～60%；今后几年将重点开发基础设施，包括地铁、共同沟与发展轴综合开发，延安路隧道复线和泰东路隧道，区内田字形干道及双层单行环路，人行隧道及轮渡改造，220kV变电站，集中供热及通信港。这些工程需要政府重点政策扶持，同时，还应当吸引境外重大投资项目，以平衡巨大的初期投入。

（5）给水：中心区最高需水量10.5万m³，近期由浦东水厂供水，远期浦东水厂将搬迁，供水水源由临江水厂提供。中心区输水管网管径DN600～DN1000，沿花园石桥、银城西路、银城中路、陆家嘴路布置，中心区其他道路下布置DN300～DN500配水管。

（6）雨水排水：陆家嘴中心区排水体制采用分流制，规划暴雨重现期P=3年，中心区内建一座14m³/s的雨水泵站，雨水经管网收集后排入黄浦江。在雨水管网布置上以世纪大道为界分为南北两个排水片区。南块雨水干管沿花园石桥路、银城南路、东昌路布置；北块雨水干管沿银城路、银城西路布置，雨水干管管径DN1000～DN2400。

（7）污水排水：中心区污水排放系统以陆家嘴路–世纪大道为界分为两个排水区域。南块规划污水量为4.51万m³/d，北块污水量为3.65万m³/d，合计污水总量8.16万m³/d。中心区北块2.2万m³/d经栖霞路至东方路泵站，提升后接入南干线，其余污水量经银城东路汇入花木南区污水总管。污水管管径为DN450～DN1200。

（8）供电：陆家嘴规划总用电负荷56.1万kW，负荷密度为27.5～32.2万kW/km²。规划设2座220kV变电站，9座35kV变电站。中心区内均以地下电缆线路敷设。

（9）供气：陆家嘴中心区燃气气源来自世纪大道天然气次高压管，经高压调压后，进入中心区中压（0.4MPa）管网。中心区规划高峰用气量为37万m³/d。

（10）通信：陆家嘴中心区电话总需求为24.4万号线，规划在中心区现有东昌路电话局的基础上新增陆家嘴、银城东两座电话局，三座电话局总设备容量26万门。

（11）共同沟：沿发展轴及高层带设共同沟，并设支线通向滨江，可服务92％的总建筑量。开发地下共同层，将核心区、高层带地下商场与四个地铁站联成地下城。

（12）埋深平衡：对几个地下空间交错复杂的节点，做出埋深平衡剖面。

第二节　高效：完善的供应系统

一、稳定可靠的供水系统

1965年之前，浦东地区只有浦东水厂1家水厂，1965年起新建周家渡、杨思、居家桥和八号桥等水厂。目前，浦东水厂由陆家嘴水厂、居家桥水厂2个水厂组成，总供水能力为20万t/d。其中陆家嘴水厂位于陆家嘴金融贸易区中心，始建于1937年6月，供水能力为10万t/d，主要供水区域为浦东小陆家嘴地区和西北部分区域；居家桥水厂1987年7月建成，水源来自黄浦江上游引水工程临江取水口，供水能力10万t/d，主要供水区域为金桥出口加工区、部分张江高科技园区和陆家嘴金融贸易区。上海具有丰富的黄浦江水资源，由于遭受污染，上海又成为一个水质型缺水城市。目前这2个水厂全部采用长江青草沙水源。

规划预测2020年陆家嘴金融贸易区人口将达到65万。按照《城市给水工程规划规范》中城市万人每天的综合用水量指标0.8万m³，则规划期最高日用水量为52万m³。陆家嘴金融贸易区供水属于上海浦东威立雅自来水有限公司范围，水源来自长江口青草沙水库，由金海水厂和临江水厂供水，现状已形成布局合理，设施高效，安全可靠的供水网络。现状浦东大道、张杨路、杨高路、锦绣路、龙阳路、浦东南路、东方路、源深路等城市干道下有供水干管，规划在滨江大道、锦绣东路下增加供水干管。另外区域内有现状原水管和原水泵站，为居家桥水厂，杨浦区水厂供水。

陆家嘴中心区用地范围原属浦东的旧区部分，沿江一带多为工厂仓库，其余主要为住宅用地。至

1993年，东方电视塔，海关大楼，证券大厦等项目已建成投运，另外如金茂大厦等一批项目也已陆续建成，陆家嘴中心区及邻近地区现由浦东水厂供水。浦东水厂位于现状游龙路西段，供水规模为10万m³/d，占地1hm²，水厂已引用黄浦江临江段原水，原黄浦江边水取水头部已作备用，浦东水厂上游引水管东自源深路、经乳山路、浦东南路，东昌路后，向北沿黄浦江至水厂西段的提升泵房，管径为DN1200，全长约4km。

根据陆家嘴中心区深化规划设计方案，市政基础设施原则上按400万m³总容量，较高标准增加30%容量统一规划配置，为此，未预见水量和管网漏失量约31390m³/d。规划供水量陆家嘴中心区最高日需供水量约10.5万m³/d左右。陆家嘴中心区远

陆家嘴地区的供水系统规划图

期的供水水源将由临江水厂（二期）提供，而原浦东水厂位置将改建成为水库泵站，以满足陆家嘴中心区整体环境和用水的需要。

二、节能环保的供电系统

根据城市建设和发展的需要，上海实施发电、输电、变配电的整体规划和同步建设，北部石洞口电厂和宝钢电厂，南部吴泾电厂、闵行电厂和金山电厂，东部外高桥电厂，形成的三大发电基地，浦东新区的电源来自外高桥电厂。外高桥发电厂是国家"八五"重点工程，也是上海浦东第一批十大基础设施工程投资最多的一项工程。

根据浦东新区供电系统规划，陆家嘴金融贸易区220kV变电站现有4座，规划新增2座，35kV（110kV）变电站现有32座，规划新增6座。

在陆家嘴中心区范围内，至1993年，规划建筑总面积达446.5万m²，其中金融、贸易、商业行政办公综合楼358.4万m²，商场53.1万m²，文化娱乐设施10万m²和高级住宅25万m²。由于这些建

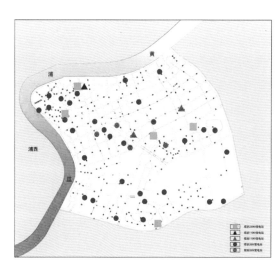

陆家嘴地区电力设施规划图

筑容量大，标准高，所以用电水平也较高，参照国内外同类建筑功能的用电标准，估算用电负荷可达32万～38万kW，另考虑地下建筑、隧道、地下车库等市政设施和用电同时系数，陆家嘴中心区总用电负荷预计达34万～40万kW。负荷密度为19.5万～23万kW/km²。根据陆家嘴中心区深化规划制定的原则，市政基础设施按30%余量配置，则陆家嘴中心区总用电负荷47.8万～56.1万kW。负荷密度为27.5万～32.2万kW/km²。为了节约用电和满足陆家嘴中心区的环境要求，新建35kV变电站，尽量结合

建筑设置或建地下变电站。

三、高效低耗的燃气系统

1990年浦东开发开放初期，上海城市煤气系统规划，以大幅度增加供气量，提高民用煤气普及率为重点。1991年日产煤气200万m³的浦东煤气厂建成投产。此外，在充分利用高桥石化公司生产的液化气，发展液化气用户，规划建设了高桥石化公司至杨高路罐装站全长16km的输液管道，开创了上海用管道输送液化气的先例。随着东海天然气的开发成功，1999年4月起，浦东新区对原使用人工煤气的用户逐步进行天然气转换，设计供气能力120万m³/d，2000年10月完成全部转换，实现浦东地区天然气化。

根据天然气系统规划，浦东新区气源主要有东海平湖天然气（总供气量200万m³/d）、"西气东输"天然气（200亿m³/a）、进口液化天然气（LNG）。通过北蔡储配站和川沙门站，航津路高–高压调压站、合庆高–高压调压站，进入浦东新区天然气主干网。天然气管网系统由0.8MPa、1.6MPa、2.5MPa高压输配气管道，高中压调压站，0.4MPa、0.1MPa中压管网，中低压调压站，低压管网和输配管理系统组成。

陆家嘴金融贸易区天然气气源来自北蔡门站。区域内现有高中压调压站4座，分别为陆家嘴站、花木站、杨东站、联洋站。现状沿杨高路、龙阳路、罗山路、世纪大道、浦东大道、东方路等干道下敷设天然气高压管，其余道路敷设有天然气中压管道。按照上海市城市总体规划的要求，陆家嘴金融贸易区内将建设成为气源充足、结构合理、运行安全、调配灵活、高效低耗、经济技术指标先进的现代化燃气供给系统，满足地区经济发展和居民生活水平不断提高的用气需求，形成完善、合理的高中压然气管网布局。

陆家嘴中心区内于1993年浦东南路下敷埋有DN1200煤气管，东昌路下敷埋有DN200燃气管，陆家嘴路下敷埋有DN500～DN300煤气管，其气源来自浦东煤气厂，由于陆家嘴中心区原属旧区，是浦东煤气厂供气管网的末端，除上述道路沿线地区外，尚未完全实现城市煤气全范围供应。

陆家嘴中心区规划高峰用气量为37万m³/d（折人工煤气92.5m³/d）。由于陆家嘴中心区近远期的燃气气源存在较大变化，为节约中心区内输配管道工程投资，减少供气系统由人工煤气向天然气转换时可能遇到的困难，因此在选择管材上拟采用钢管或燃气用聚乙烯塑料管，同时在供气方式上，由中心干管直接引出专用配气管至用户通过用户专用调压器所需压力，并经计量后供气。进入陆家嘴中心区的中压管，再由中压配气管接出专用配气管道至用户，通过用户专用调压器至所需压力，并计量后供用户使用。规划结合世纪大道辟建布置燃气输气管，将杨高路下DN500高压管内高压输气接至规划设于商城路，崂山西路处的高中压调压站。经调压后通过布置世纪大道下DN300中压管送入陆家嘴中心区燃气中压管网，并在陆家嘴中心区内布置DN300及DN200中压管网。

陆家嘴地区天然气系统规划图

第三节 前瞻：安全的排水系统

一、疏堵结合的排水系统

（一）雨水系统

上海市地形平坦，地面标高低于高潮水位，因此，上海城市雨水排水系统规划确立了"围起来，打出去"的城市排水方法，沿苏州河和黄浦江规划建造防汛墙，规划建设排水管网和泵站。

陆家嘴金融贸易区涉及排水系统共17个，其中16个排水系统专业规划已编制完成，仅车站地区还未编制。已建成的排水系统有12个：陆家嘴、陆家渡地区、张家浜地区、塘桥地区、花木南块（西）、花木南块（东）、花木北块、由由新村、泾西地区、泾东地区、金桥出口加工区生活园区（部分）、南码头。20世纪80年代以前建造的排水系统有南码头雨水排水系统；80~90年代建造的排水系统有陆家渡、张家浜、塘桥雨水排水系统；其余9个系统均是90年代后建造。汇水面积合计33.94km²，现状排水能力（泵排流量）169.5m³/s。部分建成的1个：干部学院和浦东文化公园。在建排水系统有3个：上海船厂地区、培花地区、朋大地区。通过多年的建设，陆家嘴功能区雨水管道和泵站已基本实现了全覆盖，能够满足地区雨水排水的需要。目前，内环线以内系统的管网覆盖率约为93%。

陆家嘴中心区范围内排水体制采用分流制，根据有关排水专业规划，按照暴雨重现期P=3年，地面径流系数ϕ=0.6的标准，区内已有一座14m³/s的陆家嘴雨水泵房，中心区内的雨水管道分区收集后纳入已建雨水泵站后排入黄浦江。在雨水管道系统的布置上，考虑到中心区交通设施复杂，尤其是世纪大道下有较多地下交通设施，规划以世纪大道为界，将中心区分成南北两块泄水区。

（二）污水系统

作为上海城市总体规划的一个组成部分，1984年编制《上海市污水系统规划》，提出保护黄浦江，确保给水水源不受污染，严格限制污水处理厂尾水排入。根据浦东新区污水排水专业系统规划，浦东新区集中处理污水排放系统有2个：白龙港污水排放系统及竹园污水排放系统。

陆家嘴金融贸易区的污水属白龙港污水排放系统，通过污水支线收集后接入白龙港污水排放系统的中线总管，向东接入白龙港污水处理厂。浦东新区共有污水支线48条，与陆家嘴功能区相关的污水支线有9条：陆花、沪南、泾西、庆宁寺—沪东、严桥、培花、博文路、锦绣路及咸塘浜污水支线，目前均已建成投入使用。这些污水支线目前运行正常，现状排水能力约30万m³/d，能够满足金融贸易区远期污水排水的需要。污水纳管处理率为85%，是浦东新区污水纳管率最高的地区。

陆家嘴中心区在1994年的"上海市陆家嘴中心区交通、市政综合实施性规划"基础上作了较大调整，

陆家嘴地区污水排水系统规划图

其污水规划如下：污水排放系统以陆家嘴路—世纪大道为界将整个中心区分为南北两块池水区。南块：自银城西路，银城南路至银城东路口与北块污水汇合，污水管径为DN450-DN1200，全长约1.3km，污水量约2.9万m³/d。北块：自银城西路、东园路、银城路、银城东路穿越陆家嘴路，轴线大道至银城南路口与南块污水汇合后沿银城东路向南至东昌路口，北块污水管径为DN450~DN1200全长1.6km，污水量为2.85万m³/d。

上述南北两块污水至浦城南路、东昌路口，接受东昌路上的支管污水量约0.84万m³/d后浦城南路下，经后续管道输送，泵站提升，进入花木开发区污水总管中，最终排入污水治理二期工程总管至白龙港外排入长江。

二、清洁先进的环卫系统

浦东新区目前有大型生活垃圾处置场所3处，分别为黎明垃圾填埋场，御桥焚烧场，老港垃圾填埋场。

根据总体规划，陆家嘴金融贸易区应该坚持"全面规划、合理布局、依靠群众、清洁城市、化害为利、造福人民"的环卫工作方针，科学制定环卫设施发展项目、标准和规模，形成高效完善的环卫体系，以适应区域发展的要求。建立先进的垃圾分类收集、密闭清运、卫生处理系统，完善公共厕所的配套建设。根据规范要求，每0.7~1.0km²设置小型垃圾转运站1座，或按每2.5万~3万人设置一处垃圾道班房。每10~15km²设置大、中型转运站一座。区域内垃圾分类收集、密闭运输，至浦东新区城区生活垃圾分流转运中心后进行分类处理和回收利用。预计到2020年，人均垃圾产量将达到1.077kg/（d·人），日均垃圾产量达到700t。

第四节　智慧：便捷的邮电系统

陆家嘴金融贸易区为上海市CBD组成部分，为适应其功能要求和社会发展需要，应规划建设适当超前的城市通信网络。建立集语音、数据、有线电视和图文于一体的数字化、宽带化、综合化、智能化和个人化的通信网络，传输网以光纤为主、微波为辅；合理规划电信设施用地，建立畅通的地下管网和空中微波通道系统；提供电信、邮政服务质量，贯彻"以人为中心"原则，建立极其方便的"用邮、用讯"环境。

陆家嘴金融贸易区内现有上海市东方电视台及东方明珠广播电视塔。规划尽量利用现有局所，在现有局所中选择位置和局房条件合适的局址建成大容量交换机局，大量采用远端模块或新型用户接入方式，满足光纤到户的要求。

开放浦东后，高起点的浦东邮电规划纳入《浦东新区总体规划方案》。规划明确"现代的信息系统"是浦东新区的特征，是新区的第三产业的主体产业之一。规划提出浦东新区城市化地区的通信水平在近期内应赶上并超过中心城浦西地区。逐步形成以光纤传输、程控交换等先进技术为主体的、功能齐全、通信便捷、安全可靠的全方位立体通信网。

在各分区规划中，电话区局作为分区的电话管理中心，在陆家嘴—花木地区规划通信枢纽或信息中心，在长江边规划卫星通信地面站，发展浦东地区的国际国内长途通信业务，发展大容量光纤传输，规划建设现代化信息港（或信息城），积极发展移动通信、传真通信和数据通信，为开发国际商务数据传输业务、图像综合传输业务以及可视电话、移动电话等通信业务和实现计算机联网创造条件。

陆家嘴中心区层面，根据邮电部门对市区现有商务区邮政业务量调查、测算，中央商务区以建筑面积为单位可达每平方米通信业务量4.10元/年，而陆家嘴中心区年邮政业务量将超过1000万元。规划在陆家嘴中心区内设邮电所一座，建筑面积500~600m²。经办邮政全部业务，以便公众用邮。

陆家嘴中心区是上海中央商务区的重要组成部分，也是一个金融贸易信息流的集散地和交会中心。电话配置拟采用较高标准，陆家嘴中心区和1-4地块的电话总需求量为24.4万号线。需电话交换设备容量28万门。规划在保留现有通信管道的基础上，结合道路及共同沟的建设，布置通信管道，以形成中心区内完整的通信网络。

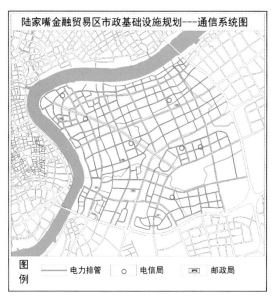

陆家嘴地区通信系统规划图

第五节　创新：共同沟的首次实践

共同沟也叫作城市地下管道综合走廊，是指将设置在地面、地下或架空的各类公用类管线集中容纳于一体，并留有供检修人员行走通道的隧道结构，即在城市地下建造一个隧道空间，将市政、电力、通信、燃气、给排水等各种管线集于一体，设有专门的检修口、吊装口和监测系统，实施统一规划、设计、建设和管理，彻底改变以往各个管道各自建设、各自管理的零乱局面。各管线需要开通时，只需通知有关负责部门，接通接口即可，既便于修理，又节省了国家的资源。发达国家一百多年前就开始建设共同沟，早在1833年，法国城市巴黎为了解决地下管线的敷设问题和提高环境质量，开始兴建地下管线共同沟，目前为止，已经建成总长度约100km、系统较为完善的共同沟网络。1926年，日本开始建设地下共同沟，到1992年，日本已经拥有共同沟长度约310km，而且在不断增长过程中。

共同沟的优势：① 各类管线均集中设置在一条隧道内，消除了通信、电力等系统在城市上空布下的道道蛛网及地面上竖立的电线杆、高压塔等，避免了路面的反复开挖、降低了路面的维护保养费用、确保了道路交通功能的充分发挥。② 道路的附属设施集中设置于共同沟内，使得道路的地下空间得到综合利用，腾出了大量宝贵的城市地面空间，增强道路空间的有效利用，并且可以美化城市环境，创造良好的市民生活环境。日本阪神地震的防灾抗灾经验说明，即使受到强烈的台风、地震等灾害，城市各种管线设施由于设置在共同沟内，因而也就可以避免过去由于电线杆折断、倾倒、电线折断而造成的二次灾害。发生火灾时，由于不存在架空电线，有利于灭火活动迅速进行，将灾害控制在最小范围内，从而有效增强城市的防灾抗灾能力。

一、研究设想

早在浦东开发开放初期，有关部门和专家就提出共同沟的研究设想。当时，上海的工业化城市性质和庞大的居住人口造就了丰富多样的地下管线，而上海的道路密度很低，道路狭窄，众多的地下管线只能拥挤地埋设在有限的道路空间下。很多道路下方已呈饱和状态，地下管线已经很难增设和扩容，这就大大阻碍了城市市政基础设施的发展，制约了上海经济高速度发展，而在一些勉强还能增容的道路上，由于管线增设扩容而造成道路大面积开挖，加之地下管线的内在质量、受外界因素损害而需维修抢修的频率也越来越高，这些都导致频繁的挖掘道路，严重影响道路交通，使原本十分拥挤的交通更加拥挤堵塞。1990年4月国务院总理李鹏同志在沪正式宣布了开发开放浦东新区的重大决策，浦东新区将按照"面向21世纪、面向现代化的战略思想"的总目标有计划分阶段地进行，明确"要首先搞好交通、通信和基础设施的建设，把浦东开发与上海老区的改造和发展很好地结合起来"。

根据浦东新区总体规划中提出"管线综合要集约和渠化，设集中管线用地、管线走廊和管线共同沟"。当时在浦东新区筹建的大型道路工程中建设综合管道的呼声也很高。1992年上海市科委组织了7家单位共同承担的《浦东新区城市综合管道可行性研究》成果获得专家高度评价，对上海道路下的管道系统埋设方式的根本变革起到关键作用。1994年，上海市政府规划建设了国内第一条规模最大、距离最长的共同沟——浦东新区张杨路共同沟。该共同沟全长11.125km，共有一条干线共同沟、两条支线共同沟，其中支线共同沟收容了给水、电力、信息与煤气等四种城市管线。

1995年编制的《陆家嘴花木分区规划》在市政公用设施规划中提出，为了适应陆家嘴金融贸易地区管线众多，节约地下空间，避免修建地下管线重复开挖路面，规划建设张杨路（浦东南路—上川路）的地下管线共同沟。今后陆家嘴中心区及轴线（世纪）大道将进行设置共同沟的规划方案。共同沟的管理控制中心设在张杨路、崮山路。1995年编制的《陆家嘴开发区（19平方公里）控制性详细规划》，重点协调了公共服务设施和基础设施的整体布局，对于共同沟规划，该规划前瞻性的提出陆家嘴地区将建成国际一流的金融、贸易、商务办公中心，今后各类设施对市政容量的需求将大大提高，敷设市政管线的种类和管径将不断增加，地下空间也将更趋紧张。为了使陆家嘴金融贸易区的市政基础设施能够逐步达到国际一流水平，避免重复开挖路面，以确保交通畅通和环境整洁，规划在拓建张杨路（浦东南路–上川路）的同时建设管线共同沟工程，这也为浦东新区的重要地区和路段（如陆家嘴中心区和轴线大道等）实施共同沟积累了经验，陆家嘴中心区和轴线大道等道路共同沟方案有待进一步研究。为便于对张杨路共同沟的维护和管理，规划在张杨路、崮山路口建设共同沟管理控制中心。

二、张杨路共同沟实施评价

从1994年张杨路共同沟土建工程完成至今，张杨路共同沟只有部分路段的电力线路达到饱和，整个上水管道和燃气管道却并未启用。究其原因：沟内铺设的上水管道直径300mm，而现在的水管直径起码在1.5m以上，因此达不到供水要求；当初设计的方案是人工煤气，而人工煤气对输气管压力的技术要求与后来浦东使用的天然气不同，之前铺的管道就无法使用。根据计划，政府打算在共同沟建成后，将这一路段的燃气、电力、通信与上水4大类管道全部放进去，不允许张杨路再次开挖。但管线单位仍有对策：绕过这条路，在其周边道路铺设管线。由于共同沟修建在道路下面，里面铺设的是市政管线，因此，与建设、道路、市政等好几个部门都有关系，但又不完全属于任一部门的管理范畴。张杨路共同沟建成后，浦东新区政府专门成立了一个共同沟管理所，挂靠在道路管理部门下面；后来，这个部门被划到区环保局，归排水署管理；到了2011年，又划拨给原本只负责水电煤气的公用事业署。

尽管张杨路共同沟已经有20年的历史，但有关共同沟的各种管理规定与标准却是一片空白。国外共同沟建设的突出经验可归纳为两点：① 立法优先，如对已建共同沟路段禁止开挖的规定，共同沟的产权问题、地下空间有偿使用问题等都有明确的规定；② 整体规划，即必须将共同沟与地铁、地下综合体等地下工程统一纳入城市地下空间规划。

共同沟要充分发挥作用，一定要把前期规划做足。共同沟造价昂贵，设计的运行寿命一般都在100年，这就要求在建设之前，对各方面的规划都考虑充分——不仅是共同沟本身，还有它所在区域的规划，乃至整个城市的规划。

三、陆家嘴中心区共同沟规划

在1993年8月上报的陆家嘴中心区规划中，规划从提高市政设施运行与管理水平，减少建设与维护过程中的开挖路面状况等方面出发，在参照并初步研究了国际上类似开发地区的共同沟建设情况（法国巴黎德方斯、日本横滨MM21），建设中心区内高容量开发地带采用共同沟方式，以适应中央商务对市政公共管线配套的需要，规划沿银城路布置管线共同沟，北段沿东园路、银城西路至银城东路，南段沿花园石桥路，银城西路至银城南路，同时结合世纪大道的辟建布置

张杨路共同沟施工实景图

管线共同沟，西段与布置于银城路东侧的管线共同沟相接，东段至浦东南路口。

中心区土地开发方式为先地下后地上（如法国的德方斯），即完成道路与市政设施的配套建设后，再进行地面房地产开发。鉴于市中心的市政道路建设已经开展，由于受到资金、动迁工程技术等方面条件的限制，中心区内近期无法做到整体开发，只能按照目前旧城改造的模式进行，即拆几片、批几幅、配几块，在这样开发机制下中心区的道路与市政基础设施建设也只能逐步进行。

与地面建筑具有相对独立性不同，市政管线是网络系统，牵一发动全身，虽然有时仅是一个地块的配套，但涉及建设的绝非一个地块，有容量配套标准，进出安排等整体系统问题。实施以后再调整有很大难度。如果中心区大部分道路与市政已完成之后，再去实施远期共同沟，只能说理论上是有这个可能性，而实际操作却几无可能，也无实际意义，除增加投资外，还要影响市政服务的正常运行。

共同沟布局主要考虑服务高容量高需求地区，中心区即是高层带及超高层区域。为此深化规划建议地下管线除雨污水、燃气管外，尽量安排在共同沟内，方案的走向由世纪大道引入并沿高层带展开，同时设一支线通向"富都"地段，区内全长2.83km，（世纪大道1km+高层带1.38km+富都支线0.45km）。要求共同沟统一规划开发，向沿线用户提供有偿服务。估计共同沟服务覆盖范围占85%，向相邻街坊延伸后可达98%。

在方案的深化过程中，以原方案为方案一，并保留原方案实施可能性为前提，又提出了两个方案进行比选。为避免共同沟进入高层带来过多跨越路堑环路（以地块为单位，需14个简易配线跨越桥，以街坊为单位，需6个跨越点），提出方案二：世纪大道走向不变，至银城路向南北延伸分别至花园石桥路与东园路集中一点跨越路堑至银城西路，再分别向南至银城南路，向北至银城东路，通过街坊道路进入各地块，该方案既不影响服务范围，又不增加共同沟长度，与路堑环路的矛盾亦大大减少。方案三南面走向同方案二，北面世纪大道走陆家嘴路，再转银城西路至银城东路。由于在陆家嘴、银城路以及陆家嘴路银城西路两个节点较难处理，在进行多次汇报讨论后，倾向按第二方案实施。

第五章

城市设计与景观设计

　　20世纪90年代，以上海浦东开发建设为契机，推动了陆家嘴中心区城市设计国际咨询及上海中心城区的城市设计，也从一定程度上推动了中国城市设计的发展。从陆家嘴中心区到花木行政文化中心区、世纪大道两侧地区、新国际博览中心等重点地区，陆家嘴金融贸易区的规划编制始终将城市设计作为重要的前期基础性研究，使之成为融建筑、交通、绿化、景观环境为一体的综合规划设计指南。

　　此外，在城市空间景观的品质打造上，陆家嘴金融贸易区各个重要的城市开敞空间、公共空间和界面，都进行了细致的景观设计，有些地区甚至进行了多轮不同深度和角度的深化设计，以满足复杂多变的实施情况。对景观设计的重视，使陆家嘴金融贸易区成为最精致、最优美、最人性化的现代化城区。

　　在陆家嘴金融贸易区的城市设计和景观设计历程中，融入了众多国际、国内顶尖设计机构的智慧和心血，借助国内外设计机构的良好合作、紧密衔接，这些设计成果既实践了国际先进理念、展现了国际一流水平，又充分契合了陆家嘴金融贸易区的开发实施特点和规划管理程序。如今，陆家嘴金融贸易区不论是在城市空间品质、功能活力还是在城市美学艺术上，都达到了极高的建设水平，反映了城市建设管理者们高瞻远瞩的眼光，以及上海在浦东开发开放时期领先全国的城建开发规划和组织能力。

　　本章简要介绍陆家嘴中心区城市设计，以及世纪大道、滨江大道、陆家嘴中心绿地、世纪公园等道路、绿地的景观设计。

第一节　核心：陆家嘴中心区城市设计

　　根据1993年12月上海市政府正式批准的陆家嘴中心区规划所确定的土地使用性质、交通系统及市政设施，1995年4月，由加拿大工程规划FSC公司与加拿大泛太平洋设计发展集团联合开展了陆家嘴中心区城市设计工作，并完成《上海陆家嘴中心区城市设计总图》报告。

一、规划目标

　　目标一是为陆家嘴中心区创造出强有力的特征与整体性——通过街道景观的设计、轴线大道的绿化设计以及滨江地区、中心绿地公园与核心区三座塔式超高层建筑的整体设计。

　　目标二是为陆家嘴中心区的中高层建筑区域创造完整与和谐的形象，高层建筑区的塔楼体现出独特的建筑形象俯瞰着中心绿地公园；商业建筑区以大型百货公司、拱廊，交通环岛处的喷水池以及陆家嘴广场，在轴线大道西端创造出喧闹的商业气氛；文化设施及开敞区域，设计强调具有大片的开敞空间及良好的越江景观、视线，内容包括主要的文化、娱乐设施、东方明珠电视塔以及旅游商店等。

二、规模预测

预计2020年陆家嘴中心区的总就业人口数将达到18万人左右，其中74%将为办公楼雇员，19%为商业类雇员。城市设计总图提供了近80万m²建筑面积的商业空间。

三、慢行与公共交通组织

地下与地面的步行系统将连接陆家嘴中心区所有部分，包括办公楼、地铁与轻轨车站、主要商业中心与公园，并且与越江人行隧道直接相通。这一步行网络系统的建立，可以确保陆家嘴中心区的雇员、居民、来访者与旅游者都有一个安全、舒适、方便与四通八达的步行道，通过将商业空间、绿化空间与步行系统相结合，使得陆家嘴中心区能够向人们提供极其丰富多彩的生活，也为开发商带来更大的经济效益。

公共交通将由地铁、轻轨及公交车承担。据预测，近80%的陆家嘴中心区雇员将使用公共交通系统来往于陆家嘴地区。设计者认为，在2020年应该建造轻轨线以满足届时的交通需求。

陆家嘴中心区最终将禁止自行车进入，但在开发的早期阶段仍然容许自行车在其部分地区行驶。规划2020年时的自行车道将设在滨江大道与规划一路、泰同路、浦东南路以及东昌路一线，使得自行车可以来往于轮渡码头和相邻地区，而不必穿过陆家嘴中心区。

四、绿地景观

关于陆家嘴中心区的绿化空间，其主要功能是提供游乐、休闲的场所，为建筑创造良好的背景环境，以及连接区内不同部分的商业中心人流、公共交通乘客。同时，绿化空间也是连接滨江地区、中心绿地公园的纽带。

滨江地区拥有大量服务于来访者与旅游者的文化娱乐以及商业设施，绿化空间系统的重要功能是为人们提供休闲空间，为建筑群体创造出园林环境，并通过创造一个强有力的框架，将陆家嘴滨江各不同组成部分连接统一起来。滨江绿地设计方案较为正式工整，具有水体小品与园林绿化，以及良好的越江视线与景观。结合绿化空间构筑散步道系统，使各地块具有良好的滨江可达性。

与此相反，中心绿地公园被设计成更为自然的形态，有着茂密的树木、自然的地形、蜿蜒的小径和优美的湖泊，在设计手法上与周围都市化、呈几何形态的建筑、街道形成对比，弥补了四周高层建筑塔楼所造成的硬冷的高科技城市形象。当人们在公园中漫步、小坐，或从办公室窗口眺望时，可以感受到充满魅力的传统中国式园林绿化。公园的植物采用中国品种，包括落叶与常青乔木、灌木以及草皮等。

陆家嘴中心区城市设计总图1995年版

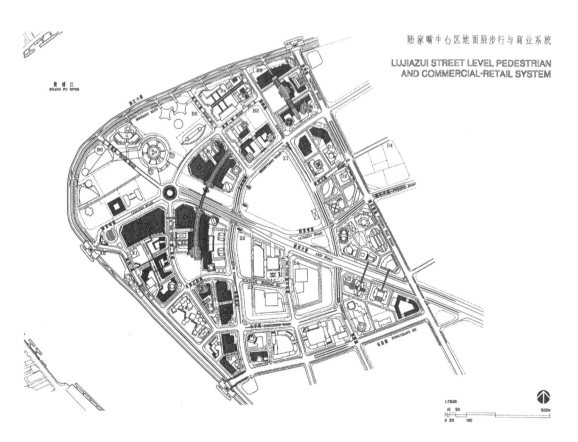

陆家嘴中心区城市设计——地面商业步行系统

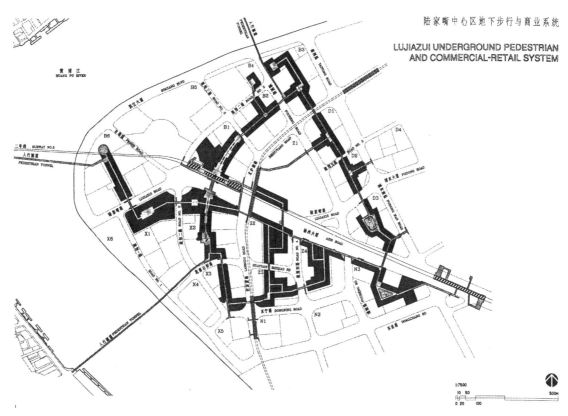

陆家嘴中心区城市设计——地下商业步行系统

五、建筑景观

陆家嘴中心区的建筑景观由三个基本部分组成，高层带办公建筑、中高层带商业建筑、滨江开敞空间部分。

高层带办公建筑区域由环绕中心绿地公园的"高层带"办公楼以及核心三塔、中心绿地公园组成。建筑包括裙房和塔楼两部分，所有建筑都将经历各自不同的建筑设计过程，从而使陆家嘴的视觉形象丰富多样。

中高层带商业建筑区域由三大购物中心与大百货公司，以及连接相邻办公楼与旅馆塔楼的拱廊组成，本区域建筑体量较大，高度相对较低，一般9~10层左右。建筑设计无疑将反映其共同的商业性功能要求，因而形象也将与周围的建筑有较大的不同。

滨江开敞空间部分是交通圆盘以西，规划二路以西的沿江地区，主要有大片的公园与绿地，文化娱乐与科教性建筑；尽管建筑在类型上极不相同，但滨江地区的绿化设计将体现其游乐、休闲主题；该区域的使用者主要是外来者与旅游者，而不是陆家嘴本地的就业者。因此，开敞与绿化的滨江空间，在功能与视觉特征上，与其他两个具有高密度、高层建筑的区域有较大的不同。

陆家嘴中心区城市设计——东侧景观

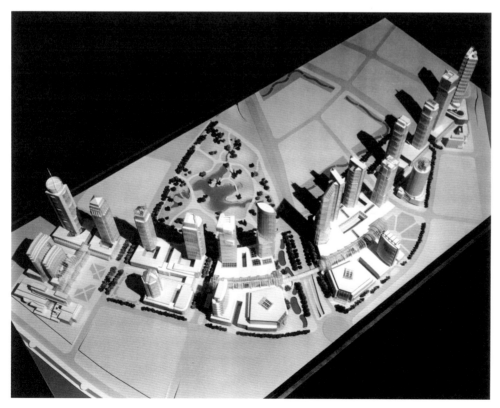

陆家嘴中心区城市设计——西侧景观

陆家嘴中心区城市设计——北侧景观

六、街道景观

　　城市环境的所有设计元素中，街道最能反映都市生活的质量。同时，街道是人们用来评价城市繁荣、伟大、机会与个性的手段。因此，陆家嘴地区的所有不同街道应当有其特别的景观设计，主要是指尺度与确定尺度的建筑，车流与人流、树木、街道小品等等，通过设计组合来体现本区与上海传统相呼应的现代化的活力及其都市化风貌景观设计。

　　高层带办公建筑区域——内环路及其连接道路与支路。内环路景观作为视觉主体，而与之相连道路的景观则处于同一主题的从属地位。例如内环路两侧设有双排同一品种的高大行道树，而连接支路则安排一排单行树。同样，该区域的人行道铺地的色彩、质感、图形等方面紧密相连。街道两旁裙房外侧设置的排列整齐的柱廊将进一步强化这一区域的特性。

　　中高层带商业建筑区域——轴线大道与规划二路相交处的交通圆盘的景观设计将作为特色之一。圆盘将由3排特殊类型的行道树环绕，这一环形曲线将重复出现于周围的建筑界面与外侧柱廊，以及人行道的铺地图案等等。

　　滨江开敞空间部分——滨江大道及其连接支路的景观设计将结合区内的绿地设计综合进行，从而在视觉上把滨江地区的具有与众不同的建筑、工程与绿化设计的各不同部分组合在一起。这一区域相对较低的建筑密度以及广阔的空间感，与邻近高层建筑的巨大体量形成鲜明的对比，并对其起到了完美的视觉衬托效果。

陆家嘴中心区的整体性——表现全区统一环境效果的主要元素是轴线大道的街道景观、区内多层建筑、综合的步行道系统。最后，应当强调的是，尽管3个部分景观各不相同，但是它们之间的区别是基于协调、统一的主题，由树木类型、建筑材料、裙房高度、建筑退界等等来体现。

第二节　主轴：世纪大道景观设计

一、世纪大道两侧城市景观规划

1997年黄菊同志对浦东开发提出"早出形象，早出功能"和"缩小战线，扩大战果"的指示精神。随着世纪大道的加紧开通、地铁2号线的抓紧建设，以及2001年APEC第九次领导人非正式会议在花木地区召开，世纪大道及其沿线成为浦东新区开发建设的重中之重，是实现上海市跨世纪战略目标的关键步骤，是体现上海市繁荣繁华的主要场所，是展现浦东新区建设成就的重要舞台。

1998年上半年，浦东新区组织五个国家和地区的规划专家进行世纪大道的规划竞标。"一道三区"范围内汇集了不同时期、不同单位编制的各个层次的规划成果，规划覆盖了"一道三区"的所有街坊，不少地块已经按规划要求开发建设，初步形成了现代化的城市功能和城市景观。同时世纪大道正在根据国际竞标的结果进行道路市政的深化设计。

《世纪大道两侧城市景观规划》编制：此次规划的主要任务是汇总世纪大道沿线地区的已有规划，掌握规划实施和开发建设的状况，并且侧重从城市景观的角度提出规划设想，尤其注重世纪大道近期的景观整治，使世纪大道在明年建成的同时拥有与之相匹配沿线景观环境，并且为将来沿线更大区域的开发建设提供更全面合理的规划依据和指导思想。

（一）现状和规划汇总分析

世纪大道西起延安路隧道浦东出口，东至花木行政文化区的锦绣路，全长约4.5km，红线宽100m，贯穿了陆家嘴中心区、新上海商业城、竹园商贸区和花木行政文化区。本次景观规划包括世纪大道串联的各功能小区和两侧街坊。近期景观整治规划以世纪大道及其两侧地块为重点内容。

陆家嘴中心区以浦东南路为界，占地168hm²，规划建筑面积约为400万m²，以高层次的金融、贸易、信息中介服务为主要功能，并适当发展商业、旅馆、文化娱乐和高档公寓。沿江带和中心绿地四周首先启动开发，目前陆家嘴中心区已批租用地面积41.49hm²，包括东方明珠塔在内共有17幢大楼已建和在建，未开发地块除东昌路沿线还保留原有民宅、公房外绝大多数都已拆除地面原有建筑。

地铁东昌路站地区处于梅园街道内，世纪大道贯穿乳山一村、乳山二村、乳山三村、崂山四村等早期建设的居民区，以及东昌中学、青年菜场、崂山地段医院、海运学院成人教育学院、金茂工业公司等用地。规划以地铁2号线东昌路站和新上海商业城为中心。本区已建大楼除房地大厦、世界广场外，主要集中于新上海商业城内，共有18幢大楼。

竹园商贸区以商贸、零售、办公为主要功能，并配以不同档次住宅，占地约90hm²。目前竹园商贸区主要沿东方路和浦电路进行开发建设，已建和在建大楼项目共有32个。世纪大道两侧有竹园新村、潍坊新村以及东方路潍坊路商业街。

（二）存在的问题分析

世纪大道的规划是汇集众多领导、专家、学者集体智慧的结晶，将来无疑将以其宏伟的气势、不凡的情调、赏心悦目的景观著称于世。但是在目前的辟建和近期开发建设过程中，仍存在不少问题，主要表现为：

（1）沿线景观落差大：世纪大道串联的区域，既有体现浦东现代化城区的摩天大楼，如金茂大厦、中心绿地四周办公楼、新上海商业城、九六广场，又有品位不高的临时商业建筑，如东方路、潍坊路商业街，又有破旧的老公房和单调的新公房，如乳山一村、竹园新村等，还有杂乱的棚户工厂企业，如栖霞路浦东南路口民宅、东昌路消防站、金茂工业公司等。随着世纪大道的加紧辟建，这些良莠不一的景观毫无保留地展现出来。因此必须采取有效措施改善沿线景观。

（2）沿线绿化广场少：世纪大道本身是一个线形的开放空间，向西北渗透到滨江绿地、明珠公园，与浦西外滩相映生辉，向东南与市政广场相连，并通过40m宽的人行天桥，跨越锦绣路，融入中央公园（即世纪公园）。而世纪大道沿线除中心绿地外，现状和规划都缺少大型块状的绿地，与世纪大道的功能不相称。因此近期整治和远期规划都应有足够的绿地广场等用地。

（3）三角地块难处置：世纪大道与原有方格路网呈斜交，在大道辟建过程中，拆房后不可避免出现三角地块。这些地块如何使用，如何开发建设，并且能体现景观大道这一独有特性，是一项关系重大的工作。

（4）道路交通难组织：世纪大道宽度大，与原有方格路网斜交，同时沿线拥有常规交通、立交桥、地铁、轻轨、人行地道等错综复杂的交通形式。因此要协调组织顺畅便捷的车行交通、安全方便的人行交通、舒适优美的道路景观是一项极富挑战性和创造性的研究课题。

（三）功能定位

世纪大道除了具备交通功能之外，更主要的功能是提供认知和感受现代化新城区的场所，是浦东新区的城市景观大道。法国夏氏建筑师联合事务所的世纪大道规划方案提出五条创造城市空间的原则，即一条展示性大道、城市的调和沟通、全面展示自然、各种交通汇集的转换区、一座人们安居乐业的城市。根据世纪大道的功能定位，对城市景观大道进行内涵诠释：是景观平台，欣赏浦东现代化城区的建设成就；是绿色长廊，以绿为主的世纪大道串联不同类型的公园绿地；是城市起居室，汇集游览观光、休闲漫步、交通转换、文化娱乐等多种活动形式。

（四）城市轮廓线规划引导

经过精心规划和系统组织的城市轮廓线是人们整体认识城市最直接的媒介。

世纪大道沿线结合不同功能特征的区段组织轮廓线，每隔1~1.5km分别以陆家嘴中心区、新上海商业城、竹园商贸区、行政中心形成四个波峰，整个轮廓线以突出陆家嘴中心区最高峰为主线，强调其中央商务区的功能和形象，波峰由西北侧的460m向东南侧的130m有序递减，形成波澜壮阔、起伏跌宕、延绵不断的世纪大道轮廓景观。

世纪大道沿线规划四个波峰是城市轮廓线中的强音，乐章中强音是通过弱音铺垫而显现，因此各区段建筑群体的功能布局和形态组合应服从和强化世纪大道整体空间结构，波峰周围的建筑物在高度意象、外观风格、色彩倾向等方面与波峰建筑形成对比而非攀比，并且在标志性建筑物周围规划绿地、广场、游园等开放性空间，供人们逗留、欣赏各区段特色景观。

（五）开放空间系统规划

开放空间是城市中向全体市民开放的空间区域，包括各类广场、公园绿地等，规划形成"一线五点"的开放空间系统。

"一线"：世纪大道红线宽100m，两侧有步行道和宽阔的绿化带，是一条以绿为主的线形开放空间。

"五点"：世纪大道沿线串联五处不同类型的活动场所。中心绿地是以草坪为主的公园，游人置身其间犹如进入巨大的露天环行影院，可尽情饱览陆家嘴中心区高楼大厦的英姿；在新上海商业城的西北角，把M8-5、M8-6地块约1hm²的土地改变为市民广场，可以把游人导入新上海商业城的步行街，把休闲娱乐和商业购物有机结合；在地铁东方路站规划一条垂直世纪大道的休闲广场，与九六广场相通；在竹园商贸区内，商城路与浦电路之间规划一漫步通道，分别可以通往源深体育中心和张家浜绿地；在行政中心正在建设的市政广场是进入中央公园（世纪公园）的导入空间。

二、世纪大道景观设计国际咨询方案

1998年5～8月期间，浦东新区管委会组织了世纪大道景观设计国际咨询工作，景观设计路段长度为4.3km。EDAW、RTKL和法国夏氏公司参与了此次国际咨询方案设计。

（一）EDAW公司的方案

1. 设计目标

创造一条具有仪典性、纪念性的都市林荫大道，是代表上海与世界其他重要大城市相互争辉的标志性大道。

以务实具有弹性的设计结构作基础，来包容浦东未来的成长；以强烈的设计概念达到一种不随时间褪色的现代空间品质。

将浦东新区其他的各项工程建设连接起来，使其发挥最大效益。提供一条贯穿浦东各个金融区、商业区、高级住宅区及市政中心的大动脉，并在沿线创造展现各区特色的公共户外空间。

创造一条在交通上确保行车顺畅，在人性化上给行人以安全和多样化的都市空间体验。

创造具有充沛活力的环境，使市民在文化上和对地区的感情上都能够强烈认同。

2. 设计构思

以传统中国园林的哲学精髓，来处理不同尺度的空间，其中加入了自然与人工、传统与科技、历史与未来、静与动、软与硬、垂直与水平、量体与平面等多元化的对立思考，期望由大而小、具体而微地将不同层次的空间精髓，展现在设计中。

3. 道路标准剖面设计

方案一：世纪大道总宽度100m，包括北侧40m断面（包括人行道8m，绿化带9.5m，公交停靠站7m，机动车道15.5m），中央分隔带绿化20m宽，南侧40m断面（包括机动车道15.5m，公交停靠站7m，人行道8m，绿化带9.5m）。世纪大道两侧高层建筑的裙房考虑设计为屋顶绿化休闲带。

方案二：世纪大道总宽度100m，包括北侧44m断面（包括人行道8m，绿化带13.5m，公交停靠站7m，机动车道15.5m），中央分隔带绿化12m宽，南侧44m断面（包括机动车道15.5m，公交停靠站7m，绿化带13.5m，人行道8m）。世纪大道两侧高层建筑的裙房考虑设计为屋顶绿化休闲带。

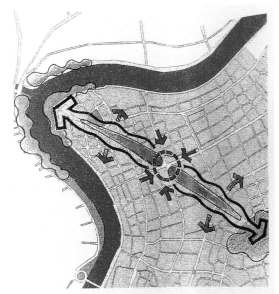

世纪大道EDAW构思方案

世纪大道EDAW方案一

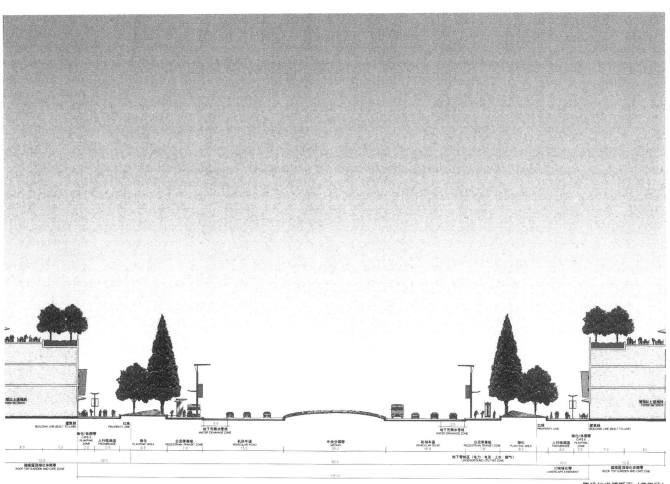

路段标准横断面（商贸区）
TYPICAL ROAD SECTION (RETAIL / COMMERCIAL DISTRICT)

世纪大道EDAW方案二

4. 植栽设计

在植栽设计上考虑大方向和小细节，在每个层次安排不同的植栽设计，俯瞰整条世纪大道，马路两旁由南洋杉及盈树组成2～3排的行道树和两侧裙楼屋顶上的植栽形成主要绿带轴线。路中央分隔岛以小草丘作为车行道之间实现缓行的景观带。

（二）RTKL公司的方案

1. 基本构思

创造通向未来的轴线——这条轴线是未来强有力的象征，保证大道轴线尽可能不被实体构筑物遮蔽，同时通过景观设计对轴线加以强化。

创造一个线形的公园——这条干道应该被视为独特的城市绿化空间，为居民及游客提供必要的绿化荫蔽。景观设计应该强化街道上车辆区和行人区的范围划分。

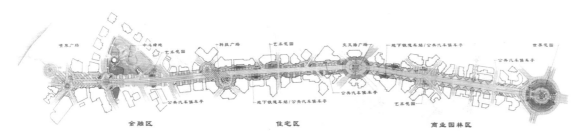

世纪大道RTKL构思方案

创造一串珍珠——各地区的节点组成了一系列场所，由大道本身如珍珠般串联起来。这些地区的焦点鼓励人们前来汇集，参与日间、夜间以及周末和平常时间各具特色的活动。针对各相邻功能部分的独特需求和特点而精心设计的元素，创造出多样化的主题环境和强烈的场所及都市感。

2. 交通组织

简化交叉口来帮助车辆的流通，道路路口需作严密信号管理或加以简化，应鼓励单行道。减少横穿世纪大道的交通，鼓励右进右出的车辆活动。增加直行车道，每个方向有3～4条。将地下的街道等步行设施与零售及其他

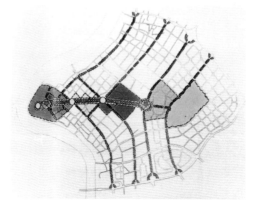

世纪大道景观结构设计概念图

交通形式，诸如地铁车站和公共汽车等形式组团布置。在每个方向都设置2个车道以供计程车上下车。

3. 分区景观引导

金融区：陆家嘴中心区应该具备高密度的高层建筑物、连续的底层附设零售店的停车裙楼、设计优雅的都市公园和咖啡馆，以及有绿荫的闲坐区。这里的庭院设计风格应以正式和硬质景观为主。这个地区内的广场可以装饰艺术品，并有规划整齐的树木提供清凉的座位区。

住宅区：应由都市化高层建筑物、轻松的袖珍公园、游戏场所和提供家庭式活动的林荫道组成混合体。停车场裙楼内应附设小型零售商店、超级市场、托儿设施和餐厅。

商业区：总体环境感觉应类似校园，重点是绿化景园的设计。从街道上望去建筑透过绿化边界带若隐若现，排列整齐的树木填满建筑的空隙。

4. 行道树设计

行道树是世纪大道成为上海的世界级宏伟大道的关键因素，创造出真正世界级的品位。

世纪大道两侧应整齐、间隔地种植高大浓郁行道树，形成极具规模的林荫大道，成为一条宽广舒展、巨木排列、尺度相宜、特征鲜明的庆典大街。

较低矮的浓荫树应该整齐地排列在人行道旁，为行人遮阳并在该区树立一种地区特色。行人活动区域由精心配置的绿化和景观元素加以划分，特殊的地区则由奇花异木予以烘托。此外，灌木、葛藤、草皮以绿带和盆栽的方式沿人行道，或人行区四周布置，以此作为边界，屏蔽交通及噪声，并利用植物的调节作用创造宜人的小环境。

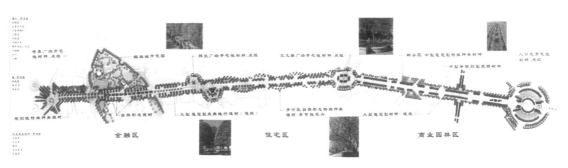

世纪大道RTKL行道树方案

5. 节点规划和设计

科技广场：布局国际新闻亭、游客中心、以现代科技对上海生活的影响为主题的互动式的博物馆、与电脑有关的零售店、咖啡厅及电子广告招牌。和纽约的时代广场相似。

艺术公园：将世纪大道以对角线穿过现有街道形成的小块三角形地区规划为艺术公园，成为活动场所和观赏点。布局大型艺术品、小型零售店、水景设计、树荫、座位、汽车站和公共厕所等。类似芝加哥的迪尔本大道。

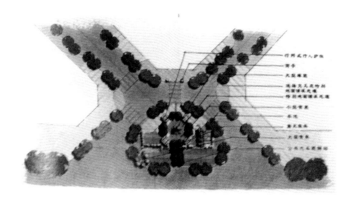

世纪大道城市设计节点示意图

6. 地面铺装设计

节点/广场、公共汽车和出租车专用道、人行道、散步道等，均采用不同的特殊铺装。

7. 环境小品设计

小商亭：可以每隔100m，或是在每条街区之间沿街设置，而在活动集中的地点应更为密集。但是，必须考虑与毗邻建筑的使用性质相协调。

椅凳/盆栽：座椅可与盆栽和喷泉结合起来，以强化人行道的空间效果，并且应以50m以上的间距布置，或在街区中段布置。

地铁入口：同时涵盖公共汽车候车、零售及行人过街地道入口等多种功能。其建筑形象应表现出轻盈、优雅和有效的特点，使其成为沿街一处重要的视觉标志。

公共汽车候车站：设计考虑可单独设立，也可与地铁入口结合成一体，建筑风格必须表现21世纪的精神。

垃圾桶：应设在所有有人活动的地点、街道中间和路口处，或沿街每50m设置1个。

行人路障：在人行道旁设置1m左右高的路障，阻止行人随意穿越马路。

铁马：设在诸如人行横道与便道平交处及候车站等步行区域，以阻止机动车辆进入行人区。

8. 环境艺术设计

世纪大道环境小品设计示意图

"东方之门"：在世纪大道的最东端圆盘处矗立一座宏伟的拱门，可以一览浦东和浦西风光，称之为"东方之门"。拱门有电梯可载游客登上观景台，鸟瞰周围城市和海岸的全景。

大型喷泉：在世纪大道的最西端金融中心内设置大型喷泉，喻示着河流对上海的历史和未来所具有的深远意义。芝加哥的白金汉喷泉，标志着从河岸到城市的过渡，在此可供借鉴。

其他行人尺度的艺术品：在世纪大道沿线每隔200m的范围内创造有趣的视觉焦点（公共雕塑），将公共艺术以一定的连续性结合到步行区内。公共雕塑品宜置于广场的中心，与喷泉结合或用来突出公共建筑的入口。

（三）法国夏氏公司的方案（EPAD）

1. 功能定位

在整个城市的尺度上，创造一个名副其实的公共场所，使世纪大道成为继南京路、外滩、东方明珠之后的又一处商界云集的中心地带，同时又为城市居民提供理想的游憩场所，并将成为一国际性的游览胜地。

2. 设计原则

（1）世纪大道将是一条魅力非凡的展示性大道，作为城市中人们演绎的舞台，具有多重的意义和价值。

（2）使步行者可以直接通达，易于辨认，在大道和其他道路组成的规划网格中，各种交通都便利的条件下，更着重于行人的优先权。

（3）全面地展示自然，是我们这个时代共同的价值。

（4）为整个浦东地区提供便利交通，为城市密度的提高带来保障。

（5）世纪大道贯穿金融贸易区、商业办公区，两侧将为众多的城市活动提供可能性，将集居住、旅游、娱乐为一体。

● 世纪大道设计八条出发点

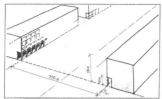
6. 两道覆顶长廊，各居大道一侧，与大道相伴相行。
6 UNE DOUBLE GALERIE COUVERTE LE LONG DE L'AVENUE DU SIECLE

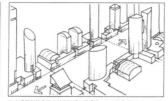
7. 大道两侧的高楼由长廊相系，形成统一的沿街景观。
7 DES TOURS DANS UN ALIGNEMENT COMPATIBLE AVEC LA GALERIE COUVERTE

8. 4200米之长的大道拥有唯一的典型剖面，以保证大道统一的形象。
8 UNE SEULE COUPE TYPE SUR 4200m

9. 规则种植的林荫道，牵系江边绿带至中心花园。
9 UN JARDIN LINEAIRE RELIANT LA "RIVIERE" ET LES PRINCIPAUX PARCS DE PUDONG

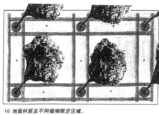
10. 地面材质及不同植物限定区域。
10 UN NOMBRE LIMITE DE MATERIAUX DE SOL ET D'ESSENCE D'ARBRES

11. 风格统一的城市环境设施。
11 UNE "LIGNE" UNIQUE DE MOBILIER URBAIN

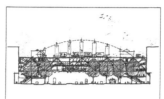
12. 标志物和交叉路口为这条迷人的大道创造节奏。
12 UNE MISE EN SCENE DE PRESTIGE RYTHMEE PAR DES "SIGNAUX" ET DES CARREFOURS URBAINS

13. 日夜辉煌的节日气氛。
13 UNE AMBIANCE LUMINEUSE NOCTURNE FESTIVE

世纪大道设计主要原则（法国夏氏）

3. 世纪大道中段功能规划

世纪大道两端联系着已初具规模的金融商贸区，同时也是公共交通的便利路线，将成为内部居民区的重要联系途径，因此，中段地带将成为商业、居住、办公等混合区域，以向内部居民区过渡。

在商业方面，主要面向旅游业、观演艺术及高档购物。

旅游业：本区域将配设高级宾馆、饭店、咖啡酒吧、艺术馆、货币兑换中心及旅行社。

观演艺术：本区域将会聚众多的电影院、剧院、马戏场、电视演播中心等各类设施，作为公共活动中心。

高档购物：本区域将云集中外大型百货商场、高档名店、大型中外汽车展销及各大银行。

世纪大道将成为一个日夜繁华的场所，为各种节日及重大活动提供不同的场景。

4. 世纪大道步行林荫景观设计

世纪大道将成为一个步行林荫道，其景观构成三要素分别是行道树、苗圃、中华植物园。

行道树：根据地下管线现状及地质研究，统一的行道树沿4200m的大道排开，创造气魄不凡的场景。

苗圃：矮墙围合出规模一致的方形苗圃，一旦进入这小巧精致的天地，便犹如置身于喧嚣城市之外。

中华植物园：在2个苗圃之间是中华植物园，这里汇集着祖籍中国而广播四海的多种植物，经历了几世纪的飘零游子，重会在世纪大道。

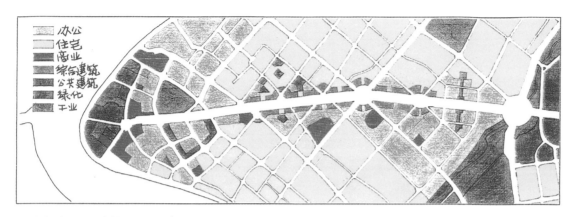

世纪大道设计图（法国夏氏）

世纪大道步行林荫道设计图（法国夏氏）

第三节　岸景：陆家嘴滨江大道

滨江大道既是陆家嘴中心区绿化步行系统与道路交通系统的组成部分，也是中心区整体景观的组成部分，集防汛墙体、江边大道、亲水平台、游艇码头于一体，被称为浦东的"新外滩"。

早在陆家嘴金融贸易区建设之初，滨江大道就与东方明珠一起，成为代表浦东开发开放形象的表征。

一、滨江大道总体规划

1992年3月，上海市陆家嘴金融贸易区开发公司征集滨江大道设计方案，上海市建委组织专家进行评审，并发了《关于陆家嘴滨江大道总体规划设计方案审核意见的函》（沪建规〔93〕第0143号），确定以上海市政工程设计院与同济大学方案为基础，进一步深化，同年8月，上海市政工程设计院与同济大学联合编制完成了《上海浦东陆家嘴滨江大道总体规划优化方案》，明确了滨江大道开发的总原则与方案构思。

（一）布局原则

滨江大道的工程布局以超前意识、环境意识和系统工程意识为指导，努力提高陆家嘴滨江地区的环境效益、社会效益和经济效益。综合满足该地区的防汛交通、观光、旅游、环境文化等方面的要求；

陆家嘴滨江大道总体规划优化方案示意图

立体开发，充分利用空间，提高土地使用效率；以绿化和水为主，优化美化生态环境；考虑分期实施的可能性。

（二）宽度

滨江大道的宽度，由黄浦江岸向内陆方向，自规划驳岸线起至规划中的车行道外侧止，泰同栈轮渡广场至明珠广场为50～64m，明珠广场至东方广场为46～50m，东方广场至陆家嘴轮渡广场为46～70m，陆家嘴轮渡广场至富都广场为67～70m，富都广场至东昌路轮渡广场为60～67m。

（三）立体标高

按照上海市黄浦江防汛标准，滨江大道的顶标高应该大于7.00m，为了使外滩视野中的陆家嘴滨江大道有较大的景深和较丰富的层次，避免岸壁直立对江面造成的沉闷感，滨江大道的临江一侧设计成斜坡形，沿斜坡设3层平台（分别在标高4.00m、5.80m、7.00m），用作沿江的人行步道，以便游人在不同高度眺望外滩和黄浦江景。最外一层平台的标高尽可能压低，以加强在这一层平台浏览江面的游人的临水感。各层人行步道之间广植各类观赏植物，设置各种美化、服务和休息设施，以营造良好的旅游观光环境。

滨江大道的下层则为机动车道，并在用地许可处安排地下商业街，以充分利用空间并减少滨江大道的填方量。

（四）广场系统

滨江大道设广场6处，作为垂直滨江大道方向的交通出入口，人员及机动车可以分别进出滨江大道的上层和下层。其中，3处为过黄浦江轮渡站，人员及机动车可以分别经过滨江大道的上层和下层进出轮渡站。在每一处广场均设垂直方向的设施，以便游人上滨江大道顶层游览眺望。一般情况下滨江大道上层为人行步道，不准自行车或机动车进入，保持人行步道的安静环境。但在必要时，机动车可由滨江大道的两端进入，以便安排乘车游览或急救抢险；同时，在3处轮渡站，如果有需要，也可以利用滨江大道，疏散进出轮渡站的自行车，避免因拥挤造成交通事故。

（五）防汛要求

根据上海市区的防汛标准，陆家嘴地区采取千年一遇潮位要求，新建防汛墙顶标高7.00m。防汛堤设计成斜坡形，堤顶标高7.00m，在标高4.00m、5.80m设有平台。由于黄浦江在一年中水位变化幅度较大，确定最低一层平台的标高显得十分重要，标高高虽然浸水机会少，但亲水感弱，标高过低虽然亲水感强，但浸水机会多。

（六）交通组织及道路设计原则

滨江大道的交通，主要是为到滨江地区游览、观光、购物及到该区工作的人员提供服务，故过境交通应加以限制；人行步道与机动车道分层设置，上层为人行步道，下层为机动车道，上下两层间保持人行交通联系，必要时机动车可以从两端进入上层人行步道进行观光、急救等活动。

二、滨江大道详细规划

《上海浦东陆家嘴滨江大道总体规划优化方案》编制完成后，1993年滨江大道建设了210m的样板段。随后，上海市政工程设计研究院陆续开展了余下各路段的详细规划，对原滨江大道总体规划方案的道路交通组织进行进一步梳理，并明确滨江大道各重要节点的规划控制要求，为下一步深化景观设计提供依据。

（一）分段布局

滨江大道的总体布局以满足该区的防汛、交通、观光、旅游、景观及提高环境质量等方面为前提，进行立体开发，充分利用空间，提高土地使用率，以绿和水为主题，创造上海新的滨江景观，并在工程实施上，考虑分期实施的可能性。滨江大道全长约2500m，沿江布置按照城市主要道路与轮渡站的分布，总体上分为南、北2段。

（二）横向的立体开发规划

横断面的布局，首先考虑滨江大道既能美化滨江生态环境，创造良好景观，又兼具防汛功能，并考虑工程施工条件及陆家嘴中心区道路交通规划要求，滨江大道的断面组成仍采用原来确定的半地下厢体断面方案。其次，按照黄浦江防汛标准，滨江大道的顶标高应大于7m，临江一侧设计呈斜坡型，结合黄浦江水位标高的变化特征，沿斜坡分设3层平台，标高分别是4m、5.8m、7m，平台用作沿江人行步道，以便游人在不同的高度上观光、游览，亦可丰富滨江景观特色，其中7m标高为主要步行平台，需要全线贯通。由于南、北2段宽度不同，断面采用两种典型形式，在断面较宽处，结合厢体在靠江边一侧设置停车场地，靠开发地块一侧按四车道标准设置半开敞式车道（车道外侧有绿地斜坡与相邻地块衔接）；在断面较窄处，则只设置半开敞式车道。结合原有轮渡站的改建，设置3处轮渡站交通集散广场。

（三）纵向的步行系统规划

纵向的布局，首先考虑结合原有轮渡站的改建，形成3处交通集散广场，其次按照该地区道路与步行系统，设置3处休息性广场，如北段结合东方明珠电视塔项目设置明珠广场和东方广场，南段结合富

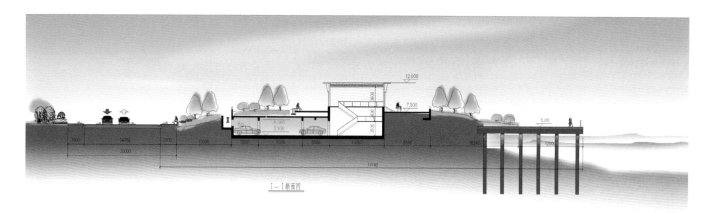

陆家嘴滨江大道剖面图示意

都世界项目设置富都广场。6处广场将滨江大道分为5段，既有利于形成滨江大道的景观特征，也方便游览人流的活动与休息。

（四）交通组织

滨江大道的交通组织，以陆家嘴中心区道路交通规划为依据，在已经明确的道路交通条件下，合理安排人流车流的到达，与滨江大道游览人流的流线。

滨江大道的交通组织考虑两个层次，第一层次为滨江大道与外围各种交通方式的衔接，主要考虑该地区地面车行交通的到达与离开、相邻公交终点站的衔接、轮渡站人流的到达与疏解、越江人行隧道的到达与集散、相邻街坊之间的步行联系。第二层次为滨江大道内部交通组织，主要考虑沿线各层平台游览人流的组织。

滨江大道交通组织的设计要点：① 限制过境交通，为滨江地区游览、观光购物及到该地区工作的人员提供服务；② 分层设置，滨江大道上层为人行道，下层为机动车车道，上、下2层间保持人行交通联系，但是必要时，机动车也可以从3处轮渡站进入上层人行步道进行观光、急救等；③ 滨江大道半开敞半地下车道与城市道路均以3%～5%坡道连接；④ 充分考虑轮渡站与广场处的客流集散，尽可能在附近布置公交停车场、出租车停车场、自行车停车场及社会停车场。

（五）重要节点与项目控制

滨江大道是以绿化为主的滨江游憩带，详细规划以为市民提供开敞宜人游憩环境为主要目标，因此原则上不应该安排过多的娱乐项目；对于已经批准的部分项目，应按照批文及规划要求实施，并尽可能降低建筑高度以减少景观视线遮挡。详细规划从总体上对各节点及已确定的项目提出如下控制要求。

（1）轮渡站：轮渡站的建设应以满足越江轮渡功能为主，滨江大道范围内的3个轮渡站均规划为双层轮渡，上层为步行人流，下层以自行车为主；轮渡站的建筑容量与轮渡的客流量相吻合，且与浦西相应的轮渡站保持均衡；轮渡站的容量与高度的确定在满足基本功能要求的前提下，以减少景观遮挡与减轻交通压力为设计准则；轮渡站必须考虑无障碍设计，设置较大面积的广场来组织疏导各方面交通。

（2）广场：广场的布局为滨江大道总体规划确定的明珠广场、东方广场、富都广场。明珠广场位于明珠公园东北角与滨江大道相接处；东方广场位于丰和路与滨江大道相接处；富都广场位于花园石桥路与滨江大道相交处。3处广场是作为滨江大道的水平及垂直交通枢纽。到滨江绿化带观光的人流及车流通过各广场进入，上层行人，下层通车、停车。明珠广场与南面的明珠公园绿地构成一体，广场下层设置停车用地，半地下车道与相垂直的规划道路衔接，标高1.7～4.0m，上层人流活动广场，分别与相邻街坊通过步行天桥联系。东方广场与已经确立的东方明珠电视塔沿岸综合开发项目结合，规划要求地面建筑面积规模控制在5000m²以下，建筑自亲水平台起高度不大于10m，必须保持南北两端亲水平台（4m标高）、滨江步行平台（7m标高）及半地下车道（1.7m标高）的贯通，并注意与这几个标高的衔接。富都广场注重花园石桥路的对景。

（3）公交：滨江大道范围内的公交终点站有一处。按照陆家嘴中心区交通规划，应设置不少于3条公交终点站的规模进行深化设计。各条公交线路主要由陆家嘴路左转进入公交枢纽站。

（4）越江人行隧道出入口：主要解决浦东、浦西沿江地区游览人流江边到江边的越江交通，亦作为陆家嘴中心区越江工程的补充。根据陆家嘴中心区规划，滨江大道范围需保留3处越江人行隧道出入口，由北向南依次在泰同栈轮渡、东方广场与富都广场。其中，东方广场南侧的黄浦江人行隧道目前正在进行工程可行性研究与规划编制阶段，出入口应该设置在滨江大道步行平台上，浦西对应出入口设置在外滩陈毅广场北侧。

（5）旅游公务码头：滨江大道是以绿化为主的滨江游憩带，是黄浦江畔的主要景观，同浦西外滩一样，对旅游与公务码头的设置应严格控制，除了已经批准的东方明珠沿江工程（含旅游交通码头）项目外，原则上不再设置旅游与公务码头。如果确实要安排必需的旅游或公务码头，可以在滨江大道南段适当位置设置，但是仍需严格按照上海市港口岸线管理办法所规定的程序与要求进行。

（6）与相邻街坊地块的步行衔接：滨江大道是陆家嘴中心区步行系统的组成部分，因此，滨江步行平台与相邻街坊地块的步行系统应该有便捷的联系，步行接口需要在进一步设计与开发中落实。

（7）与陆家嘴中心区城市道路衔接：根据陆家嘴中心区道路交通规划，滨江大道由北至南与中心区相接的道路有泰东路、浦成路、规划路、丰和路、陆家嘴路、花园石桥路、东宁路、东昌路。滨江大道半地下车道处于1.7m标高，与之相交的城市道路处于4m标高，高差约2.3m，因此，需要采用坡道衔接，坡道的坡度取3%～5%，坡道长度控制在50～80m。

（六）分期建设

根据建设形象需要与景观要求，邻近地块的开发顺序与工程实施的难易程度，规划上建议分为3期实施。一期为已经开工建设的富都南段，以及陆家嘴轮渡站至东方明珠广场，包括陆家嘴轮渡站的改建；二期为富都北段及泰同栈轮渡站的改建；三期从东方明珠广场到泰同栈轮渡站，包括东昌路轮渡站的扩建。滨江大道横断面的实施原则上宜一次形成，以避免资金浪费与工程重复。

三、滨江大道景观设计

（一）主要景点

滨江大道主要景点有抚今思昔、欢乐广场、三泉戏珠、听涛观景、天地归一、宁静致远、情人低语等。沿江已建成上海国际会议中心、香格里拉大酒店、似海鸥展翅飞翔的东方游船码头、海洋水族馆等项目。

漫步在宽阔的滨江大道上，满目争奇斗艳的花草与名贵树木，眺望浦西外滩全景，聆听黄浦江上传来悠扬的汽笛声，大都市中少有的静谧和安逸在心头油然而生。夜晚，喷水池中彩灯，在夜色中大放光彩，江边上是铁链的栏杆，岸边有休闲的双人椅，江水和船只构成美丽的风景，令人流连忘返……

（二）分段景观设计

滨江大道南段（富都段）是现代建筑艺术和喷水广场的融合。一个80多米的水池里，布置了21组拱形喷泉，象征着我国昂首阔步奔向21世纪。别具一格的喷泉广场，在厢体顶上圆形广场内旱式水池喷出的风帆水柱，象征浦东开发的航船鼓帆远航。水经过坡地台阶状的叠水池，跌落到亲水平台中的水池里，水池里又是一组变化多姿的喷泉。沿跌水涧两侧拾级而下，可直达弧形临水平台进入临水步行道。滨江江堤富临亭、都乐轩二处尖顶小筑。兼作地面与半地下机动车道的垂直通道，乘机动车前来可经此直达滨江江堤。江边还有全透明的风景观光厅和举行广场文艺演出的欢乐广场。特别令人发思幽情的是，这里是有70多年历史的原上海立新船厂码头的旧址，现已改建成观光码头。因此设计时匠心独具地保留了缆桩，特意设置了链式栏杆和巨型铁锚。望着这高高耸起的铁锚，人们的思绪既可回归过去，又可观赏现在，向往未来。

滨江大道（中段）东方明珠段是整个浦江东岸风景"协奏曲"中最精彩的乐章。在这坡地绿化带中，树木枝繁叶茂，草坪青翠欲滴，鲜花夺目怒放，整个景致显得错落有致，立体感十分强烈。当浦江潮起时，即可踩水，去亲近浦江，感受回归自然的乐趣。此外，还有多处喷水池、水幕墙、露天音乐广场等设施。亲水平台中央有个水景广场，由叠水喷泉、流水墙面和瀑布组成，从高到低，三景一气呵成，别具一格，给人以美的享受。在亲水平台上人们可凭栏临江，面对荡漾的浦江水，背靠东方明珠，眺望外滩古老的建筑群，使人产生心旷神怡的感觉。

滨江大道的北段有一块近5000m²的大草坪让人豁然开朗、心旷神怡。江边兴建的，似海鸥展翅飞翔的东方游船码头等景观，是人工与自然、端庄与典雅的巧妙结合。船上的游客将可直接在此登陆游览滨江大道和浦东新区。在亲水平台一侧逐渐升高的坡地上，鲜花、灌木镶嵌在翠绿的草丛中，给人们创造了一种远离大都市的安逸、憩静的环境。在原浦东公园内的石板路、木扶手和绿色丛林给人以回归自然的享受。此外，还有为迎接新世纪的到来专门制作的巨大的世纪铜钟。不久，水族馆也将一展海洋世界的风采。

四、滨江大道改造工程方案设计

至2007年，滨江大道大部分已实施贯通，仅余下东方明珠公园至浦东南路之间900m未建。其中东园路往西的450m位于浦东公园范围内，环境较好；东园路往东一段现状防汛墙岸线外侧有6处废弃的码头，景观效果差。

为此，2007年上海市政工程设计研究院编制完成了《陆家嘴滨江大道改造工程（浦东公园—浦东南路）方案设计》。

改造工程规划设计主要通过在黄浦江码头前沿控制线范围内重新规划滨江亲水平台，在滨江50～80m腹地内，结合周边地块的情况规划有高品质休闲和时尚文化特色的滨江大道，实现滨江大道从游览流线上的贯通和规划理念上的突破。

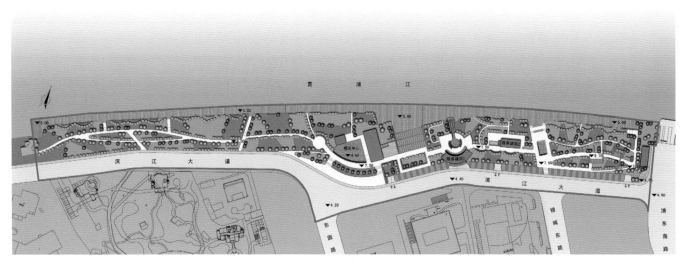

陆家嘴滨江大道设计范围图

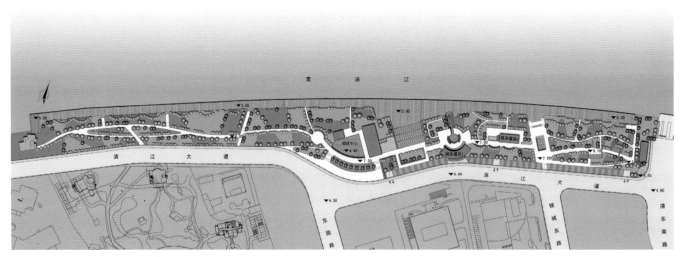

陆家嘴滨江大道道路红线图

（一）流线设计

1. 人流组织

人流的入口与周边道路和景观轴线结合，主入口布置在东园路、银城东路、百步街、浦东南路与滨江大道的交叉口位置。残疾人通道布置在滨江公园东园路主入口和浦东南路次入口。亲水平台和7.5m标高台地之间的衔接通过符合残疾人要求的缓坡园路、残疾人专用坡道以及跌落式休息平台、台阶等方式，形成趣味性的空间环境。

2. 车流组织

滨江机动车道作为城市支路，既满足该地区的交通功能，又增加城市道路的景观效果。把更多的空间留给绿化景观，不仅为该区域提供舒适宜人的环境，提升其品质，也为该区域提供可持续发展的空间。滨江机动车道的主要服务对象是游人。

陆家嘴滨江大道人行流线图

陆家嘴滨江大道车行流线图

（二）岸线防汛设计

规划驳岸线在现有防汛墙以内3m至防汛墙以外13m，亲水平台前沿控制线在现有防汛墙以外23～35m。设计亲水平台标高5m，宽20m，采用高桩梁板式的结构形式。

防汛体系。东园路以东的现有防汛墙原则上改建为二级挡墙的形式。东园路以西的现有防汛墙原则上加以保留利用。

（三）地下空间利用

重新规划东园路—浦东南路的滨江机动车道，在满足规范要求的前提下，紧邻高级商务区的规划红线布置，以留出尽量大的滨江腹地。沿滨江机动车道布置浅埋式地下车库，车库位置距道路红线控制在10m。车库为双车道两侧垂直式停车。车库长度约308m，宽度18m，柱网间距8.4m，车库高度3.4m，净高控制在2.6m，停放小型机动车为主。地面商业服务用房的厨房、设备间、公园的厕所均结合浅埋式地下车库设计，车库靠近道路一侧侧窗采用敞开式，解决车库和辅助用房的通风和部分采光。

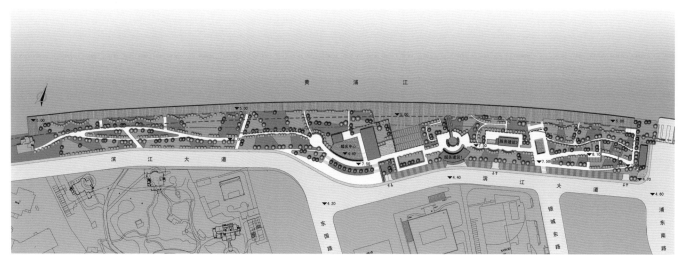

陆家嘴滨江大道设计控制线图

车库沿道路完全被隐藏在绿化坡地景观中。在满足功能要求的同时，达到浑然天成的自然景观效果。浅埋式车库建筑面积约6122m²，为一个防火分区，设置自动喷淋系统，可停放车辆约168辆，车库设计了3个双向车流出入口，4个人行出入口，数量和间距满足相关规范要求。

第四节　开放：陆家嘴中心绿地

　　陆家嘴中心绿地，位于浦东新区陆家嘴金融贸易中心区的核心地段，延安东路隧道浦东出口处左侧，范围为陆家嘴路、银城路、陆家嘴环路围绕区域，形状为三角形，面积约8.5万m²，由东外滩逸飞公司和上海市园林设计院规划设计。

　　1992年，当来自法国、英国、日本、意大利以及中国的建筑规划大师在描绘和勾勒陆家嘴金融中心区这块未来的上海中央商务区的远景时，都不约而同地构思要在高楼林立的现代建筑群中镶嵌一块自然绿地，以实现陆家嘴金融中心区人与自然高度和谐的现代城区规划主题。在1993年12月市政府批准的《上海陆家嘴中心区规划设计》中，陆家嘴中心绿地得到正式规划确定。

　　1996年，上海市、浦东新区提出"集中力量，扩大战果，加快陆家嘴中心区开发建设"的决策，陆家嘴中心绿地的建设作为上海迎接"97香港回归"，展示浦东形态、功能开发成果的重要内容，正式开始。1996年6月由东外滩逸飞公司和上海市园林设计院2家单位分别编制了陆家嘴中心绿地规划设计方案。

　　经过短短10个月的时间，投资近8个亿，动迁3500多户居民，30多家单位，20多万m²的建筑被夷为平地，一片开阔葱绿的大草坪终于镶嵌进了陆家嘴的高层楼宇间。

　　2012年5月8日，为促进陆家嘴贸易中心区公共空间优化和环境提升，推进陆家嘴金融城建设，陆家嘴金融城中心绿地健身步道建设项目正式开工，主要工程量包括新建健身步道800m，旧园路改造3600m²，绿化种植2000m²，小品设施维修等，该工程历时3个月后顺利完工。

　　中心绿地从入口广场开始，就给人们一种博大而富有时代气息的印象。绿地进口处是一组以"春"为主题的雕塑，这组雕塑由8朵绽放的钢结构蘑菇灯组成，通过高低、大小、粗细的错落变化，以强烈的节奏感表现出一种充满生机、蓬勃向上的生命力。

中心绿地布局以绿为主，水景为辅，地形高低起伏，错落有致。草坪面积达65000m²，播撒着德国冷季型草种，四季常绿。中心绿地香樟大树成荫，垂柳、白玉兰、银杏、雪松、广玉兰、黄杨、红枫等植物点缀着绿地，为绿地增添了无限生机与活力。成片的绿茵和以东方明珠电视塔为轴心的林立高楼构成一首美不胜收的城市交响曲。绿地的灯光、椅子、雕塑小品都经过精心安排，与环境融为一体，800m左右的健行步道上，设置了休闲座椅、直饮水机等一系列设施。

绿地的中心是面积8600m²呈浦东新区版图形状的人工湖，蜿蜒在草坪上的道路勾勒出白玉兰的轮廓。人工湖的中央设置了一个40m高的主喷泉，四周是副喷泉，水从喷泉喷出时，双层环形副喷泉簇拥着高耸入云的主喷水柱，犹如银龙飞舞，十分壮观。

人工湖的南面是亲水平台，平台上有一组白色的欧式凉棚，凉棚下摆放着石头圆桌和凳子，外面围以矮矮的木篱笆，中西结合的田园组合体现了海纳百川的包容性。亲水平台一侧近草坪处有2组雕塑，一组是3个背着双肩包的外国年轻人正抬头仰望林立的高楼，另一组雕塑是3个白领年轻人在聊天。人工湖的西面是形似巨大的白色海螺的观景篷，占地600多平方米，内部服务设施一应俱全，可供游人休息，也可进行中小型演出活动，从东方明珠电视塔上远眺，整个篷帐形如在湖边的一只白色海螺，在开阔的绿地内营造出一个休闲、安逸的场所。

陆家嘴中心绿地的南面有一幢印刻着岁月沧桑的宅院，是在这片寸金之地动迁时，保留的唯一一处民居，它有一个雅致的名字，叫颍川小筑，因其别出心裁地把中式与西式建筑风格糅合在一起，当地人又叫它"绞花房子"。

陆家嘴中心绿地建设中，对这所宅院进行了多次的研究、修缮，现成为了吴昌硕纪念馆。

（一）建筑特色

这幢宅院原为居民陈桂春的住宅，始建于1914年，建成于1917年，当时占地3000多平方米，建筑面积2765m²，为砖木结构。

从平面上看，该宅院坐北朝南呈长方形，为四进三院二层，是中国传统民居的做法。其中央为五开间的正房，以北是主客厅、餐厅，两侧则是三开间的厢房，主要布置有书房、小客厅等其他房间，这一部分共有房间

陆家嘴中央绿地实景

48间。位于东西两侧厢房外是两长排厢房，层高较正房为低，室内装修稍差，主要供一些普通客人、佣人居住，共有房间22间。

从立面造型看，该宅院体现了中西建筑文化的交融。一是表现在墙面上，该宅院墙面采用红砖和青砖相间隔，以红砖作为墙面分隔线条来联系门面上的门、窗、雕刻等各种元素，在这其中有许多西式的装饰，如封火山墙上的西式装饰。二是表现在门的式样上，该宅院出现了近十种门的式样，有的是传统的中国格栅门，上面雕有十分精细的中国传统的戏文、花草鱼虫的纹样，也有不少门完全是高大厚重的西式门。三是表现在房间的装饰风格上，沿着中轴线的房间，也就是比较重要的房间均采用中式的门窗、传统的雕花，厢房等相对次要的房间则集中了许多西式的壁柱、门窗、雕花。

该宅院的细部设计十分精致。在住宅中的门窗不论中式还是西式都有精美的雕花，甚至在门槛上都刻有各种图案，图案的内容有花鸟、鱼虫、狮子，也有欧式的柱头、卷涡。除了门窗外，在各个入口、山墙面，以及几乎所有的木梁、柱上均有石雕或木雕，尤其是在进厅处木梁上的雕花样式繁多。

（二）建筑用途的变迁

抗日战争期间，颍川小筑曾被日军和伪军占用作警备司令部，解放战争期间它曾被国民党军事机构占用，直至1949年5月上海解放后，作为国家的财产回到了人民手中。动迁前，住宅内共有80余户居民，200多人。

1996年，陆家嘴绿地建造时，颍川小筑也被修缮一新，作为上海浦东新区陆家嘴开发陈列室向游人开放，陈列室以珍贵的资料和照片详细记载了浦东新区改革开放的过程。陆家嘴开发陈列室曾被评为浦东新区十佳景点之一。后来，新的浦东展览馆建成后，陆家嘴开发陈列室随之迁移出去。

2010年4月，原设立于浦东华夏公园内的吴昌硕纪念馆迁址于重新修缮的陈桂春老宅内。作为勇于创新的海上画派巨擘，吴昌硕以诗、书、画、印四艺卓绝、相互辉映的独特成就蜚声海内外，被艺界公推为西泠印社首任社长。吴昌硕与颍川小筑早有渊源，20世纪初，他便与颍川小筑的主人陈桂春结识，并曾在此挥毫创作。馆内现辟有吴昌硕生平陈列室、大师画室和作品展示厅，以纪念这位艺术大师汲古融今、海纳百川的海派人文精粹。

第五节　绿岛：世纪公园

世纪公园原名浦东中央公园，位于世纪大道终端，浦东花木行政区（新区办公中心）东南侧，北临世纪广场和上海科技馆，占地140.3hm²，总投资10亿元人民币，由英国LUC公司规划设计。

一、总体布局

世纪公园是内环线中心区域内最大的富有自然特征的生态型城市公园，享有"假日之园"的美称；体现了东西方文化的融合、人与自然的融合，具有现代特色的中国园林风格。

公园以大面积的草坪、森林、湖泊为主体，建有乡土田园区、湖滨区、疏林草坪区、鸟类保护区、异国园区和迷你高尔夫球场等7个景区，以及世纪花钟、镜天湖、高柱喷泉、南国风情、东方虹珠盆景

世纪公园实景图（项宇清 摄）

园、绿色世界浮雕、音乐喷泉、音乐广场、缘池、鸟岛、奥尔梅加头像和蒙特利尔园等45个景点。园内设有儿童乐园、休闲自行车、观光车、游船、绿色迷宫、垂钓区、鸽类游憩区等13个参与性游乐项目，同时设有会展厅、蒙特利尔咖啡吧、佳蛊苑、世纪餐厅、海纳百川文化家园和休闲卖品部，园内乔灌相拥、四季花开，湖水荡漾、溪水蜿蜒，竹影斑驳、草木葱郁，是大都市中的一片绿洲，繁华中的一片宁静，是休闲、度假的怡人佳境。

乡土田园区内洋溢着清新与纯净的自然气息：东方虹珠盆景园的160余株盆景，品种繁多，造型各异；缘池景色幽雅，环境宜人。

湖滨区的世纪花钟是公园的标志性景点，既具有科学性、艺术性，又具有实用性；音乐喷泉极具观赏性，合着音乐的节拍，魔幻般水体呈三维立体的变化，给人以乐起水腾、音变水舞、音停水息的动感境界。

疏林草坪区按照四季更迭分为春、夏、秋、冬4个园。每个园区都拥有该季节的代表花卉，姹紫嫣红，美不胜收。春园位于镜天湖的西南角，占地0.6hm^2。园内种有梅花、蜡梅、迎春花、晚樱、桃花、海棠、金丝桃、竹、柳等早春植物，每当万物复苏的季节，园内便会散发出浓浓的春意。夏园位于森林群落景区，占地0.5hm^2，每当盛夏季节，园内杜鹃啼血，榴花烘天，紫葳抽穗，葵心向日，木槿摇风，槐花浸月，栀子馨香，凌霄登架，夏园将为您营造出姹紫嫣红，绿树郁葱，草木丰茂的景象。秋园位于森林群落景区，占地0.3hm^2。每当秋季来临，园内金秋送爽，丹桂飘香，芙蓉照水，雪泛荻芦，决明育子，红叶胜火，层林尽染，菊花东篱下，柿子闹枝头，初之寒蝉犹噪，鸟雀争食，共同编织靓丽的秋景。冬园位于森林群落景区，占地0.3hm^2。每当寒冬，园内枇杷累玉，蜡瓣舒香，瑞香郁烈，山矾畅发，海红逞四时之丽，山茶含五色之葩，尤其是松骨、竹韵、梅风尽现。虽说冬景万物休眠，但冬园里却处处孕育生机。

异国园区内，硕大的奥尔梅加头像向人展示着古老的奥尔梅加民族精湛的雕刻技术，奥尔梅加民

世纪公园夜景（项宇清 摄）

族雕刻技艺出众，头像雕塑更是其文明成就的集中体现。该"奥尔梅加头像8号"的复制品，系墨西哥维拉克鲁斯州政府赠予上海市政府的礼物，是两地人民友谊的象征。绿色迷宫则以绿色植物"珊瑚"围合而成，集生态性与娱乐性为一体，传递着融融乐趣。

二、节点景观设计

（一）入口设计：世纪花钟与镜天湖

世纪花钟是世纪公园标志性景点，它背靠镜天湖，面向世纪大道。圆形的花坛直径达12m，以绿色的瓜子黄杨为刻度，以花卉作点缀，整个花钟绚丽多彩。世纪花钟由卫星仪器控制定时，误差仅0.03s，既具有科学性、艺术性、又具有实用性。公园于2000年4月18日正式对外开放，为纪念这个具有跨世纪的意义，加之该钟处于世纪大道末端，故称为世纪花钟。步入世纪公园1号门，映入眼帘的便是面积为12.5hm^{2}的镜天湖。它由人工挖掘而成，最深处达5m，目前是上海地区面积最大的人工湖泊。镜天湖与公园外缘的张家浜相通，湖的东面建有水闸，用以控制湖内的水位。每当微风拂过，湖水波光粼粼，碧波荡漾；每当天高气爽，湖水清澈如镜，天空的云彩被映照得栩栩如生，故名为镜天湖。

（二）露天音乐广场

倚坡而建的露天剧场位于世纪公园西侧，占地面积8000m^2，前区观众席可容纳人数2500座，全开放条件下可接待游客4000人次。观众席前设舞台及音乐罩、灯控、声控及一些辅助用房，目前是全国最大的人造露天剧场。这白色钢膜制成的音乐罩是用于增强音响效果的，它可以将演唱者的声音汇集起来传向观众，声音异常清晰、响亮。广场面向绿水、背倚山林，游客在此无论是欣赏还是自娱演唱，都不失为莫大的享受。

（三）音乐喷泉

位于观景区，该喷泉集声、光、动、形、韵为一体，具有极强的观赏性、多视角的艺术性和游客的参与性。它的设计理念采用了几何图形排列，20m×20m正方形旱喷泉分割成4m×4m的单元格。每个单元格由8个DN25可调直流喷头以1.33m等距排列，采用一泵一喷头，多媒体电脑变频控制；每个喷头下设3只不同色彩的专用防水灯，208个喷头和600只彩灯使光和水融为一体，达到了完美的效果，体现了高、新、尖技术。

（四）云帆桥

位于世纪公园中央，西临镜天湖，东依公园生态湖泊——鸟类保护区，南北连接公园两大游憩区域。该桥造型采用悬索结构形式，跨度达43m，是上海地区公园中最大的步行桥，桥体造型优美，倒映水中的桥影恰似一叶云帆，与云影浑然一体，成为世纪公园最美丽的景色之一。

绿色世界浮雕墙：由花岗石制成，全长80m，总面积178m²，作品展现了亚洲太平洋地区的29种动物和植物，其中动物有中国熊猫、泰国大象、越南水牛、澳大利亚袋鼠、美洲鹰、俄罗斯熊等；植物从左至右依次为热带、亚热带、湿带、寒带，由陆地到海洋，体现了物种与生态环境的合理过渡。该雕塑设计制作由著名旅美画家陈逸飞先生担任艺术总监，集中展示了人与自然和谐的主题。

（五）观景平台

位于镜天湖北侧，上下呈四层阶梯状，错落有致。沿着平台拾级而上，您可观赏到四时花境内种植的多种植物，如欧亚活血丹、美丽月见草、牛至、吊绅柳、绯甲草和德国鸢尾等，在平台西侧还栽种了具有传奇色彩的扬州琼花。登上顶端，极目远眺，波光粼粼的镜天湖尽收眼底。

世纪公园活动（项宇清 摄）

第六章

交互空间：从平面走向立体

第一节　空间的需求：规划初期的设想

陆家嘴中心区发展之初规划编制指导思想十分重视地下空间利用。1993年编制的《陆家嘴中心区深化规划》和1998年编制的《陆家嘴中心区交通市政规划》，对陆家嘴中心区地下空间利用问题的研究结果明确提出了三方面的规划设想：一是规划了一条路堑式地下环路，目的是与规划的两条隧道出入口、主要高层建筑地下空间连通，过江车辆可以直接进入各地块内的地下停车库，提高道路容量；二是规划了两条轨道交通线和两个车站，目的是为地区提供快速便捷的客运服务，同时将轨道站点与核心区地下商场之间联成地下共同层，综合开发地下公共活动空间；三是沿世纪大道和银城中路规划设置Y形共同沟。1997年，为了保持陆家嘴金融中心区在下世纪发展中仍能立于较高水平，陆家嘴开发公司向市规划局提出了组织编制《陆家嘴金融中心区的地下空间实施性专业规划》的请示。

2005年6月，上海市规划局会同浦东新区人民政府就陆家嘴中心区地下空间开发利用作为重大问题进行研究。当时，陆家嘴中心区规划总用地面积1.7km²，规划建设56个项目，地上总建筑面积控制在455万m²。截至2005年6月已竣工建筑物配建的地下建筑面积约为47.5万m²，其中地下停车泊位约为5100个；已建、在建项目配建的地下建筑面积约为76万m²；同时，规划建成的地下空间公共配套设施主要包括1条轨道交通2号线和陆家嘴车站、延安路越江隧道、2处车行地道、外滩人行观光隧道及1座滨江35kV地下变电站，共计地下面积约7万m²。

陆家嘴中心区的地下空间开发虽然有一定的规模，但缺乏地下公共空间的综合开发利用，地下空间利用各自为政，缺乏整体性和系统性，地下空间交通利用明显不足。同时，建设实施频频受阻，地下环路实施条件和功能受制，地下管线共同沟也已经无法实施，其他市政设施地下化明显滞后。为了进一步提升陆家嘴核心区功能，针对目前存在问题，充分分析规划实施的既有条件，对完善其地下空间开发进行规划研究并提出建议，并进行了地下空间的重点梳理和规划。

第二节　交互的城市：多层次空间的实践

随着陆家嘴土地价值的提升，城市空间成为稀缺资源。与此同时，陆家嘴商务功能的不断注入给地区的交通带来较大压力，人车矛盾、地下空间零散、交通量过大等众多问题涌现，由此展开了多层次立体空间的实践和探索。

2006年3月举办的陆家嘴中心区二层步行连廊建筑方案设计国际征集活动，致力于解决陆家嘴中心区公共交通、过境交通、停车空间交通、人行交通等难题，创造连续安定的步行空间，也实现了陆家嘴中心区内各个办公、商业区域的联通。

2008年上海市政府以沪府〔2008〕56号文件批准了《黄浦江沿岸E14单元控制性详细规划》（E14单元是陆家嘴中心区的范围），展开了陆家嘴地下空间的系统利用。2011年9月，为构建陆家嘴中心区立体交通体系，实现人车合理分流，改善步行环境，加强商务楼宇之间的联系，进一步提升陆家嘴金融贸易区商务环境，陆家嘴开发公司启动了陆家嘴中心区地下空间开发工程。重点考虑与上海中心的建设相结合，同步实施地下通道工程，在上海中心、环球中心、金茂大厦、国际金融中心之间建立起5处地下通道，并且建设为公共绿地下面的交通疏散大厅。

陆家嘴中心区立体空间的完善

一、项目概述

（一）项目背景

陆家嘴金融贸易区已具备了世界金融中心所需的城市设施条件，但由于建设时间短，所需的配套设施尚不齐全，对该地区就业人员造成很多不便。此外，由于陆家嘴核心功能区为上海繁华地段之一，车流量较大，原有交通体系逐渐暴露出诸多问题，对日常的商务办公、生活娱乐、出行安全带来不便。为更好地优化陆家嘴地区的空间结构，形成国际金融中心、金茂大厦、上海中心、环球金融中心的聚集、联动效应；实现将上海建成国际金融和贸易中心的发展目标，进一步调节功能、完善配套设施，迎接新一轮的机遇和挑战；同时，也为改善地区交通状况，方便市民、游客出行，减轻道路压力，保障区域交通安全，对该地区进行地下空间开发，建设地下连接通道。

（二）项目建设的必要性

1. 符合黄浦江沿岸E14单元发展规划、完善中心区空间功能设置

根据2008年8月上海市人民政府发布的《关于原则同意<黄浦江沿岸E14单元控制性详细规划>的批复》，黄浦江核心段E14单元规划范围为西、北至黄浦江，东至浦东南路，南至东昌路，总用地面积约168.7hm²，该单元将成为以金融、商务、服务、文化旅游等为主导功能的中央商务区。

规划中明确提出黄浦江沿岸E14单元地下公共空间开发重点是以地下交通枢纽建设（轨道交通2号线、14号线）以及地块地下空间开发相结合的方式，形成具有一定规模的，功能多样、层次丰富的地下综合公共活动空间。规划建议对金茂大厦（Z2-2地块）、环球金融中心（Z4-1地块）、上海中心（Z3-1地块）三地块地下空间进行整体开发、综合利用。在三地块围合区域（花园石桥路、东泰路交叉口区域）进行整体的地下空间开发，并与三地块各自的地下空间相连，设置相应的公共服务设施。西侧与规划中的轨道交通14号线地下站点相连，形成整体的地下空间。

项目的建设符合黄浦江沿岸E14单元发展规划的要求，将有效整合地下空间资源，完善城市功能，不仅提高了公共资源利用率，还使国际金融中心、金茂大厦、环球金融中心、上海中心等几大陆家嘴"地标"建筑实现地下相通、步行即达，消除空间割裂感，极大地改善陆家嘴中心区大楼与大楼之间通行难、大楼与地铁站之间通行难的现状，有助于提高区域可达性与吸引力。

2. 改善陆家嘴地区的交通组织结构，完善立体步行交通系统的需要

项目北侧紧邻世纪大道，世纪大道是浦东地区的一条交通干道，作为城市重要的轴线，与城市原有的方格状路网斜向交叉，形成数个五岔路口、六岔路口。世纪大道周边集中了多个城市旅游景点及

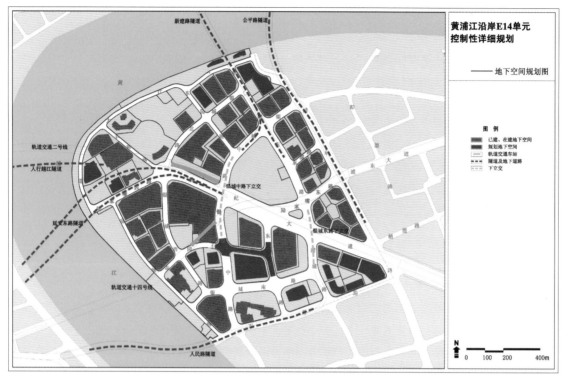

黄浦沿岸江E14单元控制性详细规划（地下空间）

众多高层办公建筑，车流量、人流量都比较大，车辆时常拥堵，行人过街距离很长，往往未能完全通过绿灯就已结束。在人流最密集的陆家嘴地段，目前仅有刚建成的二层步行系统，尚无地下步行通道，步行很不方便。

项目对金茂大厦西侧的公共绿地进行地下空间开发，其建设将与"陆家嘴空中连廊"工程一起，形成地下步行通道和二层步行系统相连接的立体步行交通体系，对改善陆家嘴地区的交通组织结构，缓解交通压力，保障行人步行安全具有重要意义。

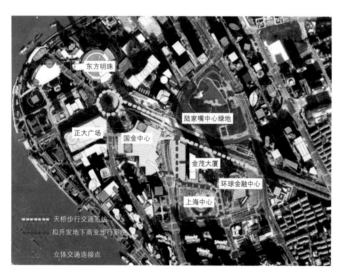

陆家嘴中心区地下空间开发及地下通道位置图

二、规划情况

陆家嘴中心区地下空间开发项目处于陆家嘴中心区域，基地北侧临世纪大道，南侧临花园石桥路，西侧临银城中路，东侧毗邻金茂大厦。一期项目用地总面积13138.9m²，绿地地下空间及地下通道的总建筑面积6902m²，地上部分总建筑面积为95m²，地下部分总建筑面积为6807m²。

项目在南边花园石桥路路口和绿地中部靠近西侧银城中路附近，布置2个人行下沉式广场，下沉式广场既可作为地下人流行至地上的垂直交通枢纽，也可满足地下空间和通道的消防疏散需要；地下空间内部设置两层通高的交通疏散大厅作为地下一、二层人流的主要转换空间。地下人行通道，设置于公共绿地之下，因此设计中尽量减小对绿地破坏，除必要的疏散楼梯和电梯外，不设置其他地面建筑。

工程各方面都充分考虑到残疾人士的需要，无障碍设计的实施范围和设计部位包括建筑基地及入口、水平通道、垂直交通、公共厕所。建筑入口与室外地面高差处以斜坡过渡，室外场地有高差处设有坡度小于1:12的坡道，坡道净宽度大于1.2m。乘轮椅通行的走道宽度不小于1.5m。指定2部电梯为无障碍电梯，到达各层及公共活动区域。地下空间区域设有无障碍专用厕所，设施符合规范要求。

项目通过绿地地下空间的建设，另外结合设置4条地下通道，将陆家嘴绿地和上海中心、金茂大厦、国际金融中心、环球金融中心等地下部分相连通，结合基地北侧地面人行天桥，形成一个完整的立体步行网络系统，对陆家嘴中心区的步行网络系统起到很好的补充和完善作用。

三、建设情况

（一）"上海中心"项目的同步建设

2010年3月，400余辆重型搅拌车不停来回运输，18辆混凝土泵送设备现场作业，500多名施工工人24小时不间断作业，这一幕发生在上海中心大厦的项目施工现场。整个工程项目在2013年结构封顶，2015年竣工交付使用。"上海中心"项目的建设，标志着陆家嘴中心区地下空间开发已从规划进入实施方案阶段，未来上海中心等3座"品"字形超高楼宇的地下空间将实现互通。上海中心大厦的建设作为一次契机，带动整个陆家嘴中心区地下空间统一规划、整体开发，形成立体交通网络，在最大程度上解决区域人流疏散问题。

过去陆家嘴中心区的地下空间虽有统一规划，但现在各企业尚停留在单独开发、互不连通的阶段，社会各界关于改善陆家嘴地区步行系统的呼声一直不绝于耳。"上海中心"地下通道向东延伸至东泰路道路中心线，向北延伸至花园石桥路中心线，起到连接国际金融中心、金茂大厦和环球金融中心地下空间的作用，并与轨道交通2号线、14号线相连通，形成整体地下空间，这一公共地下通道工程将大大加强该区域的交通疏导能力，把人流以最快的速度引导到周边公共交通站点。

陆家嘴中心区地下空间将与"上海中心"同时竣工。2012年12月31日上午，由"上海中心"代建的"陆家嘴中心区地下空间开发项目"正式开工建设。该项目将把"上海中心"与金茂大厦、国际金融中心、环球金融中心等地下部分相连通，形成一个共同的地下空间，作为"城市通衢"，将人们与内设的公共服务设施及地铁交通相连接，在陆家嘴金融城工作的白领也可以不再受到地面交通和风雨寒暑的影响。总投资额约1.88亿元的"陆家嘴中心区地下空间开发项目"由连接上海中心、金茂大厦、环球金融中心、国际金融中心、金茂大厦西侧绿地的5条地下通道和设在地下的转换大厅组成。通道长度共约105m，转换大厅面积约7221m²，地上设有楼电梯出入口。项目建成后，将进一步完善陆家嘴中心区立体交通体系，实现人车合理分流，改善步行环境，加强商务楼宇间的联系。项目将与正在建设中的"上海中心"在2014年同时竣工。

（二）地下隧道的建设

地下隧道一般挖成圆形，但在陆家嘴中心区的银城中路下面，一根宽约6m，高约3m多，通向国际金融中心的矩形隧道正在推进。这是陆家嘴中心区地下人行路网的一部分，工程完成后，上海中心、金茂大厦、环球金融中心、国际金融中心这4座大楼可以从地下连通，并通过国际金融中心来连通2号线陆家嘴站及未来的14号线陆家嘴站。这处地下隧道为何做成矩形？因为矩形更适合人车流量大的商圈地下施工，以弥补原有设计中对地下空间利用的不足。

陆家嘴中心区地下空间开发工程位于银城中路、世纪大道、花园石桥路和金茂大厦间的绿地内，总面积6400多m²，包括地下2层交通疏散大厅，2个下沉式广场和2个地面出入口。工程围绕交通疏散大厅还设有4处通道，分别为地下空间至金茂大厦，地下空间至国际金融中心，地下空间至上海中心及上海中心至环球金融中心。其中地下空间至国际金融中心的通道最长，有60m，最短的是到金茂大厦的通道约15m，另外2条则是20多米，已完成。

陆家嘴中心区地下空间开发工程涉及4座大厦，其中3座已投入使用，1座在建，无论运行还是在建施工都不能因此受影响，4条通道中有3条通道穿越的道路交通繁忙，更不可能用封闭交通的方法开挖道路，因此用了近年来新开发的矩形顶管技术建造矩形隧道。

第三节　人性的空间：步行连廊的整合

为解决交通困难和步行空间缺失的问题，陆家嘴地区立体交通正在规划建设中。其中"明珠环"跨越多条交通要道，通过它可到达新鸿基大厦、东方明珠、正大广场及陆家嘴轨道交通站，大大提高了人流交通疏散能力。

一、规划设计国际征集

陆家嘴中心区二层步行连廊工程借鉴日本和我国香港地区城市立体交通建设的成功经验，旨在解决陆家嘴中心区公共交通、过境交通、停车空间交通、人行交通等难题，努力把陆家嘴金融贸易区建设成国际水准的中央商务区和现代化的金融社区。

2006年3月，通过上海国际招标有限公司，由陆家嘴（集团）公司出资，浦东新区规委办委托日本森大厦株式会社、SOM设计公司和奥雅纳工程咨询（上海）有限公司3家设计单位承担陆家嘴中心区二层步行连廊建筑方案设计国际征集活动。2006年6月组织召开了专家评审会，各位专家听取了各家设计团队的方案介绍并进行了提问，同时观看了设计方案三维演示、模型和效果图，对各家设计团队的二层连廊设计方案作了评述，认为各设计团队提交的设计成果基本符合任务书要求，并各有特点和可取之处。

（一）SOM方案

方案强调连廊以交通功能为主的设计理念，认为连廊上附属的商业功能会对交通带来影响。设计引用DNA系统构造、标准模块的手法：包括DNA模块钢结构系统、标准24m跨度空间桁架结构、模块工具箱、地面铺装DNA图案等。天桥平均高度7m，人行步道宽6~8m。顶棚3m的玻璃顶膜，也可以用太阳能材料，提供夜间景观照明。地面铺装采用多孔的可以吸收雨水的材料。

专家评述：总的设计原则可取，功能明确，即突出连廊的连通性。这个方案设计利用模数化，简洁、空间谦让、不张扬，比较容易处理与其他建筑的关系，从结构看，造价可能较低，但装饰部分造价可能会高。但整体设计比较单调，全部清一色圆管造型，缺乏韵律、变化，不够美观，设计应按标书要求，在环境、景观、舒适性方面加以考虑。相对于另外两家设计方案，其设计深度较浅。建议招标公司与SOM联系，要求其按照征集方案的合同，完善设计内容。

天桥连接处的城市街道剖面
Urban Street with Skybridge Connections

4.天桥设计
4. Skybridge Design

街道立面 Street Elevation

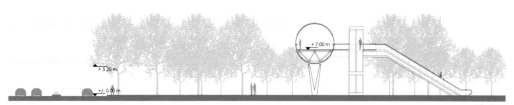

街道立面 Street Elevation

陆家嘴二层连廊规划图（SOM）

陆家嘴二层连廊效果图1（SOM）

陆家嘴二层连廊效果图2（SOM）

陆家嘴二层连廊效果图3（SOM）

（二）ARUP方案

　　方案分为主桥、副桥、地下空间三部分。设计较为深入细致，整个连廊系统主要采用钢混结构。跨隧道口的人行主桥采用蝴蝶拱结构。连廊柱距达60m，以减少对地面人行交通的影响。桥的宽度根据人行交通流量计算需求后定，主桥宽6～11m。设计考虑了连廊与城市各节点的连接，包括各节点的垂直交通的连接与数量。连廊顶采用玻璃膜与铝合金结合的材料，具有遮阳避雨及广告功能。灯光效果设计成烟花的效果，旨在体现陆家嘴地区的繁荣繁华气氛。设计考虑了到金茂大厦北侧连廊落地的方案，以不破坏金茂大厦现有立面为目的。

　　专家评述：基本功能以交通为主，适当考虑行人的游憩、观景功能。整个设计从结构角度来考虑，研究较细，设计深度较深。按交通流量分析设计步道宽度的考虑是合理的。造型设计形式比较陈旧，设计的艺术性不够，造型过于繁琐。蝴蝶形的拱桥形象过于突兀，与环境较难协调，整个连廊大波浪玻璃顶太张扬、过重。

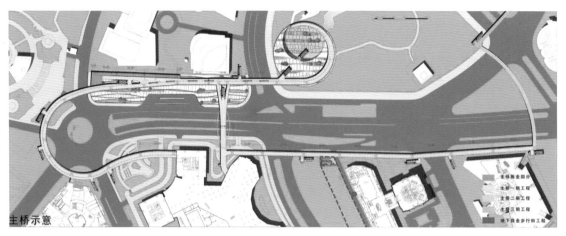

陆家嘴二层连廊规划图（ARUP）

陆家嘴二层连廊效果图（ARUP）

（三）森大厦方案

　　设计命名为东方天城，包括世纪天桥、世纪连廊、明珠环、东方浮庭等。方案将连廊设计作为公共环境的设计，不是纯粹的步行通道，陆家嘴地区需要更加繁华、热闹，桥融入环境之中，体现人性化、综合功能、创造新地标。空中连廊标高，高于地面7~8m。方案提出分阶段实施方案，考虑用附属设施的经营来支撑连廊系统使用维护成本。

　　专家评述：设计理念较好，较有创意。突出城市化设计理念，重点突出城市的功能性，强调人性化的设计本身的步行环境较好，沿世纪大道的连廊线形自然流畅。整个设计方案商业建筑搞得太多，许多节点设计了过多的平台、建筑等，体量过大、笨重，对地面产生压抑感，应适当做减法。柱距较密，对地面交通可能产生影响。不能占用第三栋超高层建筑的用地。设计过多采用斜拉桥元素，值得商榷，结构设计可以进一步深化。

二、工程建设

陆家嘴中心区二层步行连廊（一期）工程实施方案由"明珠环"、"东方浮庭"、"世纪天桥"以及"世纪连廊"四部分组成，总投资4.88亿元，规划利用天桥将一座座高楼串起来，凭借纵横交错的人行天桥，通过打造陆家嘴的二层步行连廊系统，解决地面交通问题。人们从陆家嘴轨道交通站出

陆家嘴二层连廊规划图（森大厦）

来，不再需要横穿马路，而是可以通过二层步行连廊，到达正大广场、东方明珠、国际金融中心、金茂大厦、环球金融中心等重要的商贸大厦和旅游景点，实现楼宇间互通互联，有效缓解"看得到、走不到"的困扰。

明珠环：位于陆家嘴西路、世纪大道、陆家嘴环路、丰和路交叉口上，总投资1.33亿元，2008年4月开工，以人行功能为主（兼有"观光回廊"的功能），辅以部分外部环境。

东方浮庭：位于地铁2号线陆家嘴车站上盖及车站北侧，以人行及商业配套设施为主，辅以外部环境。其一层扩充公交车辆停车位和便利设施，二层新设商业配套设施并且施以屋顶绿化。

世纪天桥：从陆家嘴车站跨世纪大道至新鸿基大厦，以人行功能为主。

世纪连廊：包括陆家嘴中心绿地至地铁车站和新鸿基大厦至金茂大厦地块，以人行功能为主，辅以外部环境，工程全长约543m，标准桥宽9m。2012年11月9日凌晨，随着一根48.8t的钢箱梁被吊装到国际金融中心旁的银城中路上空，陆家嘴中心区二层步行连廊（一期）工程最后一部分"世纪连廊"

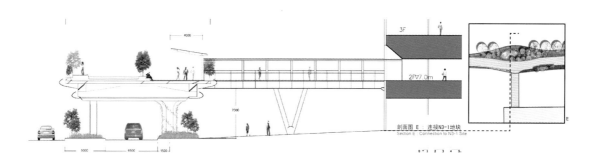

陆家嘴二层连廊剖面图（森大厦）

陆家嘴二层连廊效果图（森大厦）

进入到全面施工阶段。2013年1月14日上午，随着4块总重95.36t的钢箱梁在世纪大道人行道上空吊装到位，陆家嘴中心区二层步行连廊（一期）工程——"世纪连廊"主体结构贯通。"世纪连廊"分别直通国际金融中心和环球金融中心二层的2个接入口也已投入使用，建设中的最后一个接入口Z4-2地块建筑二层接入口，于2015年春节前竣工。

　　陆家嘴步行连廊系统建设对于解决陆家嘴地区的地面交通，完善陆家嘴地区的商业和服务功能起到了重要作用，有利于提升社会和经济效益。

（一）立体城市的利用

　　通过人车分流和充实各自的功能，确保城市交通的安全性。利用二层连廊连接建筑物、广场和绿化等外部环境，实现了城市功能的联系；周边大楼裙房部分的集聚效果可以使社区产生商业周游环境，整体提高了城市中心区的魅力。

（二）完善功能的举措

　　立体连廊在人车分流的大前提下，将传统的地面功能提升至二层以上（人工室外环境），区别常规的天桥，充分满足城市的综合功能，实现方便人行，尺度适宜的功能。

（三）简洁轻便的景观

　　作为城市景观设计的一环，除了考虑城市景观以及与周边建筑关系之外，工程本身将成为一道美丽的风景线，立体连廊的下部空间以简洁的造型（端部曲面设计）和明快的饰面（倾斜底面的日光导入以及明亮饰面的形成开放型空间）为主，晚间通过LED等节能照明灯具以及简洁的照明手法，营造这一地区的整体艺术氛围。人们在连廊上可以眺望陆家嘴金融贸易区的美景。

（四）人性化设计手法

利用本工程的灯光照明系统，在发生灾害的情况下，扶手和桥面对应的灯带将呈现导向式的发光形式，引导桥面人员尽快向安全方向疏散。同时，所有自动扶梯将自动切断电源停止运行，按固定楼梯的形式提供疏散。根据实际需要，设置了残疾人垂直电梯，可供残疾人方便上下。采用技术先进，节能型低损耗的非晶合金变压器。照明灯具采用节能型LED灯具及T5荧光灯管，配电子镇流器。电子镇流器相比传统的电感镇流器可节能13%左右。

（五）环保节能的措施

室外型自动扶梯下部桁架安装有油水分离器，油污被收集处理避免了其对城市水网的污染，自动扶梯也做到了环保控制。同时，自动扶梯通过光控或压力触点自动启动和停止自动扶梯，并采用旁路变频节能装置进行节能控制。安全可靠的监控：各主要扶梯出入口及周边环境的视频监控和对给排水、照明、电梯等设施运行状态的设备监控。有效的监控管理手段，为系统的安全、可靠、高效率运行提供有效保障。

专家视角

束昱（同济大学土木工程学院教授，地下空间研究中心主任）

    共同沟是一个新概念，是城市基础设施现代化的重要标志之一。工程技术上不是太难，但是要集成多种类型的管线在一个地下隧道里面，就要打破原来传统的条块分割的概念。记得当时，浦东新区管委会把共同沟定位成浦东新区现代化城市重要标志之一的基础设施项目，通过考察日本6个城市的8条共同沟，收集了大量资料并消化吸收，集成应用到张杨路共同沟，组织了8家单位共同来做，当年设计，当年施工，当年建成。张杨路共同沟对中国现代城市发展20年具有重要意义，第一，当时的领导、专家，后来全国各地的规划、建设、市政工程局的领导和专家都来参观借鉴；第二，对上海城市发展的影响，张杨路共同沟建成之后，上海市又继续在松江大学城、嘉定新城、世博园区建设了共同沟（世博园区的共同沟开创了中国共同沟的地方标准）；第三，张杨路共同沟建成之后，很多城市都把共同沟作为城市基础设施现代化的主要标志，对全国影响很大，共同沟正进入到一个建设热潮，除了上海外，北京、广州、宁波、合肥等多地都建有共同沟，青岛修建了50km的共同沟，为全国最长。2014年6月，国务院办公厅印发了《关于加强城市地下管线建设管理的指导意见》，提出要在全国36个大中城市开展共同沟试点工程，探索投融资、建设维护、定价收费、运营管理等模式，提高共同沟建设管理水平。

    陆家嘴早期的规划、研究都提出了地下地上系统开发的理念，由于种种原因没有实施，如果考虑政府支持和民间资本参与，高楼地下室是否可以实现连通？展望未来，城区特别是核心区将来就是一个立体的城市（也叫双层城市），目前的地下层缺乏一个体系，缺乏完整系统，缺乏一种连通，缺乏一些设施的整合，将来可以考虑道路下面的空间开发，中心绿地下面的巨大空间资源的开发，考虑地下和地上的和谐，建筑与周边环境的和谐。地下空间开发，一是通过地铁车站带动地下空间与周边联动发展，比如科技馆站的地下空间配套功能，二是应该架构新的体系，促进城市问题的解决，可以考虑城市发展到一定阶段以后的再开发。

苏功洲（上海市城市规划设计研究院总工程师）

确定世纪大道为城市景观轴，不单单是从城市结构上来讲，还要从城市设计的观点来看，它沟通了陆家嘴与花木地区，对城市很重要。从实施情况来看，滨江、陆家嘴、世纪大道在城市意象和交通上也是起了很大的作用。当时，浦东新区沿江旧区，做轴线不容易，草图上画了一条直线笔直，但是真的要做时就不是那么容易的了，涉及整条街坊的拆迁。除了一条直线还有没有其他办法？我们做了折点方案（一个、两个折点或者弧线方案，弧线方案不行，轴线景观就弱了，两个折点太多），因为这条路宽，角度不大，影响不大。后来轴线大道的道路设计方案进行了国际征集。

国际方案征集效果很好，一是接触到国际上对于城市中心区设计的先进的理念和技术；二是对陆家嘴浦东新区开发开放是很好的宣传和影响，表明开放决心，鼓舞了投资者信心。当时理念对规划界产生了重要的影响。

陆家嘴一开始明确滨江的公共空间，首先考虑防汛要求，之后市民直接亲水。与浦西外滩比较，滨江大道首先是绿化多，第二亲水性做法比较好，考虑了人往腹地走的感受，滨江大道规划设计综合了亲水、生态、防汛等多方面要求，也考虑了经济因素，应该说从现在使用情况来看，是一个很好的方案；后来黄浦江开发以后（2000年以后），滨江公共空间的形式就比较多了。现在做滨江设计的时候，需要把握原则就更广一点，除了要满足市民活动需求外，要把这里作为一个场所而不单单是开发空间，除了亲水性还要有活动空间，提供人驻留机会；第二，滨江开放空间应该成为上海中心城生态环境的重要组成部分，更加生态化的岸线处理手法；第三，讲历史文化保护，滨江地区的近代工业化的痕迹很重，尚没有纳入历史文物和优秀历史建筑名录，国际上重视这一块，我们现在认识到尽可能注意历史传承；后来类似北外滩式、老码头式（民生码头），现在南延伸段和世博会就更加生态了，还有徐汇滨江做法（不做平台了，彻底把道路抬高了，滨江景观更好了，南栈保留后的翻板设置），这些变化，有利于黄浦江沿岸滨江空间的活力形成。

陈小鸿（同济大学交通运输工程学院教授，中国城市交通规划学术委员会常务委员）

陆家嘴中心区在规划、建设乃至管理整个过程中，一直非常重视交通规划的作用，是上海第一个在概念规划、形态规划阶段就同时开展综合交通规划并且采取国际咨询的地区规划。一方面是由于独特的地理区位使得交通成为地区发展制约性的要素，另外一方面也是作为上海改革开放之后第一个集中开发地区的地位和规划的时机。应该说，当年规划的基本理念、布局形态和开发规模都基本实现了。其中，滨江大道的公共空间和步行环境、中心绿地、世纪大道、核心区人车分离设计等，在20世纪90年代，均是创新的规划理念与方案，尽管有些设计理念由于建设时序配合等问题未能实施。

但陆家嘴中心区规划得以"基本不走样"地实施，并不完全依赖于最初的一个总体规划和综合交通规划。在确定了城市空间布局和道路等基础设施骨架之后，建设过程中对于既有规划一直在不断地完善、优化：2000年前后就开始对骨干路网进行评估，根据动态交通的通行能力来平衡停车位的总量，回答是否可以、是否应该在中心绿地地下修建大型集中式停车场；根据黄浦江两岸CBD经济金融中心建设进程，规划增加了人民路、新建路越江设施和高架步行道，局部改造陆家嘴环路，使得当年立体交通系统的设想通过另外一种方式得以部分实现；金茂大厦、环球金融中心、上海中心等主要标志性建筑都在规划阶段同步进行了交通影响评价和交通改善方案；1994年就完成了第一轮公共交通专项规划，之后不断完善，针对办公区白领通勤建立了金融城1线等适合区域特性的公共交通服务系统。陆家嘴中心区建设的成功，得益于从一开始就建立起来的尊重规划、遵守规划的传统，通过持续的规划使得地区发展与基础设施服务能力维持在良好的水准。

陆家嘴中心区规划注重形态而功能配合略显不足，体现在慢行交通和生活配套略显不足。陆家嘴中心区最初的规划定位是CBD中央商务区，由于其滨江区位自然具有旅游目的地功能，还有商业休闲娱乐功能。但步行环境包括人行道宽度、沿街活动、过街条件等与作为规划标杆的巴黎香榭丽舍大道比有明显差距，基本没有考虑自行车骑行，特别是世纪大道至今没有自行车道。大量岗位聚集，日常餐饮服务和工间活动空间，后来都成了需要专门解决的问题。

钱爱梅（上海市浦东新区规划设计研究院副院长）

浦东开发20多年后，当我们新区规划院和相关单位一起承担新一轮浦东总体规划修编任务时，工作组的同志们希望在开篇位置放一组照片，以此来反映浦东改革开放的巨大变化，毫无疑问，放一张陆家嘴地区的城市面貌变化的图片是大家的共识。直到目前，陆家嘴地区的规划建设仍然是"中国的城市奇迹"，也基本接近规划师、建筑师心目中的可持续发展城市模式。

如果说对浦东新区上一轮规划提出的"外向型、现代化、多功能的新城区"以及新一轮总体规划提出的建设"全球城市核心区"这些规划目标最直观的阐释，那就是请朋友们到陆家嘴实地走一走，看一看。

陆家嘴曾经的成就是举世公认的，作为年轻的本地规划师，更多的是想展望未来，思考陆家嘴下一步还能完善些什么？

（1）转型引领发展。从浦东开发之初，上海城市发展"东进"的第一步，如今的陆家嘴地区，早已成为中心城区的核心部分。其中，陆家嘴中心区与外滩、人民广场共同组成市级公共中心和商务中心（CBD）。纵观世界主要城市新一轮战略规划的发展趋势，如大伦敦空间发展战略（2011～2031年），提出伦敦未来的核心区域，由伦敦金融城（约1平方英里，2.6km²），扩大至22km²的范围，称之为"中央活动区"（Central Activity Zone，CAZ），除了既有的金融、办公、商业外，进一步整合居住、文化、教育、传媒等功能，缔造具有全球竞争力的新城市空间。陆家嘴金融贸易区31.78km²范围内，荟萃了体现高端服务功能和国际都市风貌的诸多空间元素，完全有实力塑造中国最具国际竞争力的城市中央活动区。

（2）更新重塑活力。根据现状用地梳理，陆家嘴金融贸易区已开发约30.6km²，占区内总用地的96.3%，可以说"开发殆尽"。未来时期，"四个中心"、科创中心和自贸区建设等国家战略的落地，没有增量可用，只能依靠存量优化。新区规划院最近完成了一项课题研究，实地收集了陆家嘴金融贸易区范围内196栋商务办公楼宇的最新数据，包括建设年代、建筑规模、容积率、租金、物业费等。分析研究表明：高端商办空间和能承受最高水平物业成本的企业，均集中在陆家嘴中心区，尤其是世纪大道南侧区域；由于陆家嘴中心区南侧地区和东扩区没有建成，出现"蛙跳式"的空间衍生现象，距离陆家嘴中心区较远的竹园商贸区建设、发展态势较好，未来可与花木地区形成组合型城市副中心；而新上海商业城地区因其建筑年代和建筑品质，加之物业水平参差不齐，有成为"洼地"的风险，也是城市更新的典型区域。在上海全面推进城市更新战略的背景下，陆家嘴地区应再次引领潮流，先行先试，走在前列。

（3）品质决定未来。新一轮上海市城市总体规划编制，特别强调"提升城市品质和文化内涵"，这一理念贯穿于城市规划、建设和管理的全过程，建设具有海派文化魅力和国际一流品质的全球城市。寸土寸金的陆家嘴地区，已进入精细化开发阶段，提升城市设计水平，培育高品质城市空间，不仅是营造城市魅力、吸引人才的需要，也是增强城市软实力和竞争力的途径。也许，不远的将来，设计方案没能胜出的理查德·罗杰斯先生，再一次踏上陆家嘴的土地，眼前的景象会让他释怀："一座生态的城市、一座公平的城市、一座开放的城市，一座易于活动、便于交往的城市，更重要的是，一座美丽的城市，建筑和景观使人感动和精神满足"——这是他作为设计师的城市理想，也是城市空间可以向世界展示的人类价值观——一个值得期待的未来陆家嘴。

后记

今日的陆家嘴不是一天建成的。1990-2015，25年间，沧海桑田。那一幢幢高楼大厦、一条条宽畅大道背后，凝结着多少费心的思量、忘我的投入？那一个个火热的日子、一幕幕动人的场景，让多少与这片热土紧密相连的人们，难以忘怀？

一念缘起。如果不是编撰《梦缘陆家嘴——上海陆家嘴金融贸易区规划和建设》这样一套兼顾史料价值和可读性的丛书，我们也许就会错失这样一次与历史精彩对话的机会。

所有的繁华，掩不住最质朴的心。当国外的规划设计师们艳羡中国同行能在有生之年亲历蓝图化作现实之时，曾参与陆家嘴规划编制和开发的建设者们想得更多的是如何才能更少地留下遗憾。"后人永远有比我们更先进的技术和更高的眼光，只要别人肯定我们的用心和勤奋，就已经很满足了"，老开发的话语，自谦中透出最朴素的情感——用心，将个体的命运和荣辱，与一个时代的变迁、一座城的崛起，紧紧连结在一起。

在本套丛书的编写过程中，最让我们感动的，也是这份用心。有一种精神，叫老开发精神；有一种情结，叫陆家嘴情结。它们在陆家嘴的开发建设者们的心中，用心浇筑，历久弥坚。

心有所属，才能心无旁骛。在"陆家嘴"的成长过程中，开发建设者们从未懈怠，一直在思考。当他们意识到，汇聚于此的人们不仅是为了工作，同时也在追求更加丰富、便捷的生活时，继续秉承开发初期"无中生有"、敢想敢做的精神，在科学论证的基础上，不断与时俱进、自我完善：滨江大道改造工程，在满足黄浦江防汛基本功能的同时，引入亲水平台、绿化景观和商业配套；斥资数亿元打造的陆家嘴二层连廊，将人车分流、改善交通的作用，与观光、餐饮、休闲等功能相融合，大楼之间实现的互连互通，也使工作、生活在这里的人们拉近彼此距离……一次次以人为本、因地制宜的实践，为整座金融城平添一道道新的风景,彰显"城市，让生活更美好"。"有苦干才有实绩，有智慧才有神奇，有忠诚才有正气"，这是陆家嘴人的自勉，又何尝不是今日陆家嘴所有成果的由来？

Epilogue

As Rome was not built in a day, so does Lujiazui. Everything has undergone enormous changes for the past 25 years from 1990 to 2015. Every skyscraper and every road is crystallized with endless thoughts and dedication. People closely connected to this precious land would never forget each and every fiery day and moving scene.

If it were not for this series of books with both historical values and readability, we would have probably lost an opportunity to converse with history.

A humble and pure heart cannot be covered by its superficial prosperity. While foreign architects envied their Chinese counterparts because of the chance they had to carry out their blueprints into reality, architects participating in Lujiazui planning were thinking of how to avoid regrets and imperfections to the minimum. "Future generation would always have more advanced technologies and higher visions than that of today's architects. As long as our diligence and hard work is acknowledged by others, we would be definitely satisfied." These words by today's architects show their purity and humbleness. They put their own destiny and glory together with the changing times and a rising city.

It is their devotion for this cause that moves us deeply during the process of editing this series. There is a spirit we call the old developer's spirit, and a complex called Lujiazui complex. They grow deeper in architects' hearts and stronger as time passes.

One cannot be easily distracted with a solid goal in mind. During Lujiazui's development process, architects and developers never got slack on the work, and kept their mind running all the time. They gradually realized people came to this land for not only their career but also a convenient and colorful life. So they kept on improving the planning as time advanced in a courageous and scientifically proving spirit: the reconstruction project of Binjiang Avenue introduced waterside platform, green landscape and commercial infrastructures without compromising flood control function of the Huangpu River; Lujiazui second-floor passageway that cost hundreds of millions RMB successfully separated pedestrians from vehicles to improve traffic. The passageway connected different buildings, which integrated sightseeing, dining and recreation around a single area and sufficiently shortened the distance among citizens living and working there. Every practice aiming at improving people's lives and local environment created new scenes for the entire financial town, perfectly illustrating the slogan "better city, better life". "Hard work brings achievement, wisdom brings amaze, and loyalty brings justice", this is how people of Lujiazui encourage themselves, and the reason Lujiazui thrives today.

　　几十位不同时期参与陆家嘴金融贸易区规划编制和开发建设的亲历者，投身本套丛书的编辑工作，秉承"开发者写开发，建设者写建设"的宗旨，近两年来，他们利用空余时间，查阅了25年累积的数以吨计的档案、资料，访谈了上百位的专家学者、老领导、老开发。在此基础上，反复甄别核对，精心研究编撰，从实践者的角度，对这段历史进行了深入的总结和反思，从而保证其史料性、准确性，同时又具有一定的可读性。

　　无论来自何方，去向何处，在陆家嘴开发建设的日子里，总有一种使命感牢牢牵绊。正是这份使命感，让陆家嘴的开发建设者们始终激情澎湃、继往开来。也正是这份使命感，让这些为金融城精心打磨一砖一瓦、悉心栽种一草一木的"园丁"们，敞开心扉，记录历史，为后人留下宝贵的精神财富。

　　上海陆家嘴（集团）有限公司携手上海市规划和国土资源管理局编撰的这套丛书，不仅如实展现了陆家嘴从一个开发区到一座金融活力城的建设成果，也忠实记录了其政策设计、形态开发和功能实现的实践历程，全面公开了截至2014年底，陆家嘴开发建设进程中的历年数据"家底"。以史为鉴可以知兴替，我们要做的，便是以一种尊重历史的态度，留下真实的印记。这是企业精神的体现，更是面对社会责任时的责无旁贷。

　　一千个人心中就有一千个陆家嘴。它是中国的，也是世界的；是不甘寂寞的，也是耐得住寂寞的……就像有人说的那样，这是一个有生命力的、活的城市，无数人怀揣梦想在这里启程，城市自身也在不断吐故纳新、修筑再生。每一个有幸与它结缘的人，共同的心愿是让它愈发美好。

　　本套丛书的编写，很荣幸得到了曾参与浦东开发的老领导的支持和鼓励。我们将其中历年浦东新区（开发办、管委会、区委区府）主要领导对陆家嘴的讲话摘录编辑成《寄语陆家嘴》，放在本套丛书的首页，以此作为陆家嘴25年发展历程的精华浓缩，也是对今后陆家嘴开发建设的一种激励和鞭策。

Dozens of architects and developers that had took part in the planning and construction of Lujiazui Finance and Trade Zone in different times dedicated themselves to the editing work of this series. They took responsibility of different chapters in accordance with their own occupations, looked into tons of documents and files in the past 25 years during off-work time, and interviewed hundreds of experts, senior government officials and developers. On the basis of these researches, they made careful selections and comparisons to conclude and retrospect the course from their own experiences, which guaranteed the books historical view, accuracy and readability.

No matter where the past came and where the future holds, a sense of commitment have always stayed with us during those constructing days. It is this sense of commitment that keeps people devoting themselves to Lujiazui's passionate development. It is this sense of commitment that keeps the gardeners who planted trees and polished the bricks open their heart and mind to record the history, which would be spiritual wealth for generations to come.

With the cooperation between Shanghai Lujiazui Development(Group) Co., Ltd. and Shanghai Land Resource and Planning Bureau, they successfully showed it to the public the construction achievements of optimizing Lujiazui from a developing zone to a financially active town, and also the practice course of its policy design, morphological development and function realization using data of each year's construction process until 2014. As a Chinese idiom goes, mirror of history can reflect failure and success of the present. What we try to achieve is to record the truth with a respectful attitude toward history. This is a testament to the entrepreneurial spirit and the unshakable social responsibility.

Everyone has a different image of Lujiazui. It belongs to China, and to the world. Sometimes it is quiet, sometimes not. It is a vivid and lively town that evolves and restores every day, with countless people coming here in a hope to realize their own dreams. Each person who is lucky to get to know this town has a common aspiration to make it better.

This series was supported and encouraged by dozens of officials once participated in the development of Pudong District. We selected a few speeches by major officials from Pudong Development Office, Administrative Committee, Pudong District Committee and Government as Wishes for Lujiazui in the first few pages, an epitome of the 25-year developing course and motivation for the future.

　　与此同时，浦东新区发改委、规土局、经信委、商务委、陆家嘴管委会、浦东改革发展研究院、浦东规划设计研究院、上海市规划设计研究院、同济大学、上海交通大学、现代建筑设计集团、上海期货交易所、上海钻石交易所等诸多相关单位的专家学者、领导以及关心本丛书编辑出版的专业人士，也在本套丛书的编写过程中，无私地给予我们指导和帮助，谨在此一并表示崇高的敬意和衷心的感谢！因为你们，让这段历史更加丰满翔实，更坚定了我们书写这段历史的勇气和信心。

　　2015年，中国（上海）自由贸易试验区扩区，上海新一轮总体规划明确了今后的发展目标，陆家嘴的开发建设将进入一个新的历史阶段。如果说，1990年浦东开发开放是陆家嘴建设四个中心的历史性起点，2015年则是陆家嘴二次创业又一次新的征程，陆家嘴金融城精耕细作、前滩建设如火如荼、临港新城雏形初现……陆家嘴集团这支上海城市核心功能区域开发的野战军，似乎永远在路上。

　　总有一种精神，催我们奋勇前行；总有一种情结，令我们义无反顾。这种精神，这种情结，从陆家嘴的老开发们身上一脉相承。无论斗转星移，岁月变迁，建设一个更加美好的陆家嘴，是我们不变的使命和梦想。

李晋昭

2015年9月

Experts, officials and professionals concerned with this series from Pudong Development and Reform Commission, Land Resource and Planning Bureau, Economic and Information Commission, Commerce Commission, Lujiazui Administrative Committee, Pudong Academy of Reform and Development, Pudong New Area Planning and Design Institute, Shanghai Urban Planning and Design Research Institute, Tongji University, Shanghai Jiao Tong University, Shanghai Xian Dai Architectural Design (Group) Co., Ltd., Shanghai Futures Exchange, Shanghai Diamond Exchange also extended to us their selfless assist. Great respect and thanks to all the help we received. It is because of you that we were more determined and confident than ever to make the history real and vivid.

In early 2015, China (Shanghai) Pilot Free Trade Zone expanded its area to Lujiazui with new round of Shanghai overall planning under way. The development and construction of Lujiazui ushered into a new era. While the reform and opening-up of Pudong in 1990 to build the four centers in Lujiazui was the historical start point, the year 2015 would certainly mark the beginning of a new process of Lujiazui's undertaking with financial town, foreshore construction and Lingang City all in their full bloom. Lujiazui Group, field army of Shanghai urban functional zone planning, is always on the road.

There would always be a spirit to push us forward and a complex to let us proceed without hesitation, which passes on from generation to generation. No matter how time changes, to build a better Lujiazui is a dream and a commitment we never cease to fulfill.

Li Jinzhao

September, 2015

图书在版编目（CIP）数据

梦缘陆家嘴（1990—2015）第二分册　重点区域
规划和专项规划／上海陆家嘴（集团）有限公司，
上海市规划和国土资源管理局编著. —北京：中国建
筑工业出版社，2015.10

（上海陆家嘴金融贸易区规划和建设丛书）

ISBN 978-7-112-18439-2

Ⅰ. ① 梦… Ⅱ. ① 上… ② 上… Ⅲ. ① 城市建设−研
究−浦东新区−1990～2015② 区域规划−研究−浦东
新区−1990～2015 Ⅳ. ① F299.275.13② TU982.251.3

中国版本图书馆CIP数据核字（2015）第216327号

责任编辑：何　楠　焦　扬　陆新之
书籍设计：康　羽
责任校对：李美娜　刘　钰

上海陆家嘴金融贸易区规划和建设丛书

梦缘陆家嘴（1990—2015）

第二分册　重点区域规划和专项规划

上海陆家嘴（集团）有限公司
上海市规划和国土资源管理局　编著

*

中国建筑工业出版社出版、发行（北京西郊百万庄）
各地新华书店、建筑书店经销
北京锋尚制版有限公司制版
北京雅昌艺术印刷有限公司印刷

*

开本：880×1230毫米　1/16　印张：18¼　字数：495千字
2015年12月第一版　　2015年12月第一次印刷
定价：152.00元
ISBN 978-7-112-18439-2
（27637）